돈 밝히는
세계사

돈 밝히는 세계사

문학, 철학, 역사를 넘나드는
최소한의 경제 교양

차현진 지음

문학동네

차례

2부 | 돈의 얼굴

3부 | 돈 너머 사람

7장 돈을 다루는 마음가짐

8장 돈 그 이상의 것

9장 그리고 사람

머리말

    인간에게는 오욕칠정五慾七情이 있다. 보고色, 듣고聲, 맡고香, 맛보고味, 만지는觸 다섯 감각기관에서 비롯되는 인간의 원초적 욕망을 말한다. 구체적으로는 재물욕, 명예욕, 식욕, 수면욕, 색욕이다. 재물욕이 가장 앞서는 것이 흥미롭다. 칠정은 희喜, 노怒, 애哀, 락樂, 애愛, 오惡, 욕慾의 일곱 가지 감정이다.

    이 책은 오욕의 으뜸인 재물욕에서 시작되는 칠정, 즉 기쁨, 슬픔, 즐거움, 화남, 사랑, 미움, 탐냄을 다룬다. 전쟁이든 혁명이든 인간의 역사는 실로 돈 문제가 빚어내는 사건과 사고의 명멸이라고 해도 과언이 아니다. 그래서 제목을 '돈 밝히는 세계사'로 잡았다.

    '돈 밝히는 세계사'라는 제목은 두 가지 뜻을 담고 있다. '돈을 밝히는 세계사'라는 뜻과 '돈이 밝혀주는 세계사'라는 뜻이다. 돈이 목적어이자 주어인데, 이처럼 이 책은 상반된 시각으로 역사를 바라본다. 돈은 역사를 이끌어온 중요한 원동력이지만, 돈만으로 인간의 활동이 전부 설명되지 않는다는 게 결론이다. 필자의 전작인 『금융 오디세이』나 『숫자 없는 경제학』과 같은 맥락이다.

흔히 경제는 어렵고 골치 아픈 주제로 취급된다. 단어부터 딱딱하고 거창하다. 잘 알려진 것처럼 경제는 '경세제민經世濟民'의 줄임말이다. '세상을 다스려 백성을 구제한다'는 뜻이다. 그러하니 영어의 'economy'와는 거리가 좀 멀다. 실제로 18세기까지 한자 문화권에서 경제는 영어의 'govern(다스린다)' 또는 'administrate(행정한다)'라는 뜻으로 쓰였다. 율곡 이이가 임금에게 인물(노수신)을 평하면서 "그는 경제할 재주가 있다"라고 말한 것이 그 예다(선조실록 1574년 2월 29일). 영어의 'economy'를 말할 때는 식화食貨나 화식貨殖이라는 표현을 썼다. 먹고사는 일, 재산을 늘리는 일이라는 말이다. 그러니 경제는 어렵고 따분하다기보다는 현실적이고 직관적인 주제다. 이 책이 전하고자 하는 메시지다.

이 책은 코로나19 위기가 시작된 2020년 초부터 2023년까지 4년간 조선일보와 한국일보에 연재했던 글들을 다듬은 것이다. 두 매체에 연재하던 칼럼의 제목이 각각 '돈과 세상'과 '융통무애'였는데, 길이를 빼면 차이는 없다. 인간의 재물욕이 빚어낸 동서고금의 역사를 다뤘다. 그러면서 정치, 경제, 철학, 역사, 문학, 인물평을 아울렀다.

하지만 이미 발표했던 글을 그대로 담는 것은 예의가 아니다. 그래서 몇몇 글을 새로 보태면서 버릴 것은 버리고, 깎아낼 것은 깎아내고, 먼지는 떨었다. 부디 독자들이 편안하게 읽으면서 '경제'에 친근감을 갖게 되기를 바란다.

국내 굴지의 출판사가 필자의 졸필에 관심을 가져준 덕에 오래 묵혀두었던 졸고들이 다시 햇볕을 쬐게 되어 몹시 만족스럽다. 천학비재한 필자에게 인문학적 글쓰기의 기회를 준 한국일보와 조선일보, 그리고 이 책의 출판을 제안해준 문학동네에 감사를 전한다. 끝으로 평생의 동반자 성희와 부모님께도 무한한 사랑과 존경을 보낸다.

2024년 7월

차현진

1부
돈의 탄생

1장
시작과 뿌리

돈에서 숫자를 걷어내면 ||||||||||||||||||||||||||||||||||

축의금은 돈이 아니다

5월은 결혼의 계절이다. 결혼식 풍습은 지역마다 조금씩 다르지만, 부산·경남 지역 풍습은 상당히 특이하다. 식을 마치고 돌아가는 하객들에게 혼주가 새 돈 1, 2만 원이 든 봉투를 일일이 전한다. 일종의 교통비다.

부산·경남의 풍습은 일본의 한가에시半返し 풍습에서 온 것이다. 경조사 때 받은 축하나 위로를 상대방에게 돌려주는 전통이다. 귀한 것을 사이좋게 나누어 중요한 순간을 함께 기억한다는 의미를 담고 있다. 돌려주는 양은, 문자 그대로 받은 것의 절반이다. 돈으로 돌려줘도 좋고, 물건으로 돌려줘도 좋다.

돈과 물건은 애초에 잘 구분되지 않았다. 남태평양 멜라네시아에서는 농번기에 부족끼리 부족한 노동력을 품앗이할 때 그것을 기념하여 조개팔찌(음왈리mwali)와 자개목걸이(술라바soulava)를 주고받았다. 후대의 경제학자들은 멜라네시아인들이 이 물건을 교환수단으로 삼는다는 점에서 화폐라고 해석했지만, 오늘날의 화폐와는 성격이 크게 다르다. 조개팔찌와 자개목걸이는 기념 이외의 용도는 없었다. 그러니까 원시공동체 사회에서 남태평양 원주민들의 교환은 사유재산을 가진 개인들끼리의 상행위가 아니라 일종의 문화적 행위였다. 문화활동에 쓰였던 물건을 경제활동에서 쓰는 지급수단, 즉 돈과 같다고 볼 수는 없다. 한마디로 음왈리와 술라바는 고마움의 상징이었다.

명도전明刀錢은 철기시대의 유물이다. 칼처럼 생긴 명도전은 산둥반도와 한반도 북쪽에서 발견되는데, '명'이라는 글자만 쓰여 있을 뿐 액면금액과 단위가 없다. 무게나 품질도 제각각이다. 오늘날의 화폐와는 확연히 다르다. 명도전도 화폐가 아니라 중국 연燕나라와 고조선의 친선관계를 확인하는 기념품, 즉 물건에 가까웠다.

일본은 결혼 축의금을 그냥 전하지 않는다. 노시のし와 미즈히키水引라는 섬세한 장식이 달린 특별한 봉투에 넣고 후쿠사袱紗라는 비단보자기에 싸서 전한다. 돈의 가치저장 기능만 생각하면 도저히 이해할 수 없는 허례허식이다. 이러한 일본의 전통은 '돈은 마음을 상징하는 물건'이라고 보아야만 이해가 된다.

축의금은 마음을 상징하는 물건이다. 액수는 중요하지 않다. 인공

지능AI이 아닐진대, 인간의 마음이 어찌 숫자로 표현되겠는가! 화폐의 기원이 사람의 마음이라는 점을 생각하면 오늘날 돈 역시 숫자로만 볼 수 없다.

경제학으로 침투한 다윈의 생각

'밈meme'이라는 말은 시중에 빠르게 전파되는, 인기 있는 사진이나 영상, 글을 뜻한다. 원래는 진화생물학자 리처드 도킨스가 문화현상을 설명하기 위해 만든 학술용어였다. 생물의 번식 과정에서 유전자가 복제되며 보존되는 것처럼, 문화의 전파 과정에서 정보 또한 복제되며 전달되는 것이다. 생각, 행동, 복장, 음식 등 어떤 문화적 양식도 밈이 될 수 있다.

진화론도 밈이다. 찰스 다윈이 『종의 기원Origin of Species』을 쓰자 곧 밈이 되었다. 카를 멩거는 제목까지 흉내내어 『화폐의 기원The Origin of Money』이라는 책을 발간했다. 화폐는 우연하게 등장하여 적자생존의 법칙에 따라 진화했다는 내용을 담고 있다. 그 책에 따르면, 현존하는 각국 화폐를 누르고 비트코인이 살아남는, 지급수단의 적자생존도 가능하다. 그런데 진화론적 관점의 특징은 화폐를 설명하는 데 국가는 없고, 경쟁만 있다.

경쟁을 강조하는 진화론은 강자의 논리다. '적자생존'은 영국 철학자 허버트 스펜서가 약육강식의 영국 사회를 두둔하려고 만든 말이다. 미국의 사회학자 윌리엄 G. 섬너는 "부자는 자연도태의 결과"라면서 자유방임과 부익부빈익빈을 옹호했다.

섬너는 "부자가 세금을 많이 내는데 혜택은 적게 받는다"라면서 부자를 "잊힌 사람forgotten man"이라고 표현했다. 그 말이 곧 유행어(밈)가 되었다. 그런데 프랭클린 루스벨트가 그 말을 역이용했다. 자신의 대선공약인 뉴딜정책을 "잊힌 사람을 위한 정책"이라고 선전했다. '잊힌 사람'의 의미가 졸지에 부자에서 취약계층으로 바뀌었다. 정치가의 말 한 마디가 강자의 논리를 약자의 논리로 돌연변이를 일으키게 한 것이다.

한국에서 기본소득의 의미도 비슷하다. 그 말을 처음 들고나온 것은 보수 진영으로, 자잘한 보조금을 통폐합하여 하나로 묶자는 취지였다. 그런데 2020년 미국 대선 과정에서 약자를 위한 진보 진영의 구호(밈)로 탈바꿈했다.

생물학에서 나온 개념들이 상상력을 따라 여기저기 퍼진다. 엉뚱하게 적용되기도 하고 말의 의미가 돌연변이로 달라지기도 한다. 현대 경제학에도 진화론이 깊숙이 침투해 있다.

국민에게 외상 긋는 정부

신용카드는 '긁'는다, 단말기에. 외상은 '긋'는다, 외상장부에.

옛날 보부상들이 전국의 장터를 돌아다닐 때 수중에 항상 돈이 있었던 것은 아니다. 장사가 안되면, 단골 주막에서 외상 거래를 했다. 주막에 붓과 먹이 있을 리 없었다. 주모와 보부상이 글을 배운 것도 아니었다. 그래서 '엄대'라는 나무막대기를 외상장부로 삼아 글자 대신 기호를 남겼다. 술 한 잔, 밥 한 그릇에 해당하는 기호를 엄대에 칼로 그은 것이다. 그 엄대를 주막 한구석의 벽에 매달아두고 빚 갚기를 기다렸다. 거기서 '외상을 긋는다' '외상을 달아둔다'는 말이 나왔다. 김주영의 소설 『객주』의 한 장면이다.

외상 거래는 동서고금의 공통된 현상이다. 우리나라의 엄대와 비슷한 나무막대기를 일본에서는 가케掛け라고 불렀고, 영국에서는 탤리스틱tally stick이라고 불렀다. 나무에 칼로 새겼다는 공통점이 있다.

동서양의 차이도 있었다. 가케는 벽에 달아두었지만, 탤리스틱은 그와 반대로 숨겼다. 씀씀이가 큰 헨리 1세가 염치 불고하고 상인들한테 손을 벌린 기록이라서 왕은 그것을 가급적 감추려고 했다. 왕이 빚을 졌다는 사실이 기록된 탤리스틱을 둘로 쪼갠 뒤 채권자와 반씩 나눠 가졌는데, 그것을 전달할 때는 으레 채권자를 밀실로 불러 몰래 전달했다. 그때 채권자가 가진 반쪽을 '스톡stock'이라고 불렀다.

왕의 꿍꿍이와 달리 스톡은 세상에 금방 공개되었다. 스톡은 세금을 낼 때 누구라도 돈 대신 쓸 수 있는 물건이었으므로 상인들은 상거래에서 스톡과 돈을 구분하지 않았다. 국왕의 채무증서가 돈이 된 것이다. 오늘날 '국채=화폐'라고 보는 '현대화폐이론Modern Monetary Theory, MMT'의 배경이 아닐 수 없다.

코로나19 위기 때 각국 정부는 과도하게 국채를 발행하고, 중앙은행은 그것을 정신없이 사들였다. 그 바람에 금리가 0퍼센트에 가깝게 떨어지면서 돈과 국채의 차이가 흐릿해졌다. 1천여 년 전 헨리 1세 시절로 돌아간 셈이다. 현대화폐이론은 헨리 1세 시대로의 회귀를 대수롭지 않게 본다. 그런 점에서 현대화폐이론은 현대가 아니라 중세 이론이다. 나아가 중앙은행과 화폐의 존재이유를 정부와 재정정책의 관점으로 설명한다. 그런 면에서는 화폐이론이라고 하기도 어렵다. 차라리 재정이론이라고 불러야 한다.

• 탤리스틱

영국의 헨리 1세가 발행한 채무
증서. 일부 부자 상인들에게 미래의
세금을 미리 징수하면서 그 증표로
납세자(채권자)에게 지급했다. 탤리
스틱은 나무막대기 모양으로, 왕과
납세자는 그것을 둘로 쪼개 반쪽씩

12세기 영국의 탤리스틱

나눠 가졌다. 그때 납세자가 가진 반쪽을 '스톡'이라 불렀고, 그것이 마치 돈처럼 시중에 유통되었다. 그때부터 스톡은 권리증을 의미하다가 오늘날에는 주식이라는 뜻으로 쓰인다.

• 현대화폐이론

현대화폐이론이란, 국가부채와 인플레이션은 사소한 문제이기 때문에 돈을 풀어 민생을 살리는 것이 국가의 우선적 목표라는 주장이다. 전 세계적으로 국가부채비율이 계속 상승하고 있으나 파산한 경우는 없으며, 글로벌 금융위기 이후 양적완화에도 불구하고 인플레이션이 나타나지 않았다는 것을 근거로 삼는다.

2016년 미국 대통령 선거 당시 버니 샌더스 후보와 2020년 미국 하원의

원 선거 당시 알렉산드리아 오카시오코르테스 후보(모두 민주당)가 '기본소득'을 주장하면서 그 근거로서 현대화폐이론을 제시하자 큰 주목을 받았다. 그러나 주류 경제학에서는 수용되지 않는다. 이론이라기보다는 일부 좌파 정치인들의 '무모한 가설' 정도로 취급된다.

빚이 빚은 역사 ||||||||||||||||||||||||||||||||||||||||||||||||||||

국채라는 발명품

———

　김치의 원조국 자리를 두고 한국과 중국이 다툰다. 중국은 국수의 원조 자리를 두고 이탈리아와도 경쟁한다. 영국, 네덜란드, 프랑스는 국가부채의 종주국을 놓고 자존심을 건다.

　영국의 설명은 이렇다. 절대왕정시대에는 국가부채라는 개념이 없었다. 왕이 필요한 만큼 세금을 거둬 쓰다가 여의치 않을 때 외국의 대부업자에게 은밀히 돈을 빌렸다. 그래서 '왕채=사채' 또는 '왕채=외채'라는 생각만 있었다. 그런데 명예혁명 이후 그런 관행이 중단됐다. 부족한 재정자금을 정부가 상인들에게 차입했다. 1694년 민주정부가 영란은행(영국 중앙은행), 즉 국내 상인 세력에게서 연 8퍼센트의 고금리로 공개리에 조달한 120만 파운드가 국가부채의 시초다.

네덜란드가 영국을 비웃는다. 영국이 일으킨 120만 파운드의 국가부채는, 윌리엄왕이 명예혁명 전 네덜란드에 머물 때 현지에서 보고 배운 것이기 때문이다. 당시 신생독립국 네덜란드는 항상 돈이 부족하여 시민들에게 영구채rente, 즉 만기가 없는 채권을 발행했다. 그러므로 네덜란드가 국가채무의 원조다.

프랑스는 네덜란드를 조롱한다. 영구채는 분명히 프랑스의 발명품이기 때문이다. 영구채는 이자만 지급할 뿐 원금은 상환하지 않는다. 그래서 대부업을 금지하는 교회법에 저촉되지 않았다. 그런 구실로 프랑스 왕실이 영구채를 발행했고, 그 기원은 13세기 초까지 올라간다. 프랑스의 그런 유구한 역사를 따라잡을 나라는 없다.

1648년 네덜란드공화국이 발행했던 영구채 일부가 미국 예일대학교에 보관되어 있다. 네덜란드 정부는 양피지로 만든 실물을 확인한 뒤 그동안 밀린 이자 300유로를 흔쾌히 지급했다. 그러자 프랑스 정부는 대혁명 당시 영구채 발행원장을 뒤져 최초 투자자와 그 후손을 찾았다. 그리고 영문도 모르는 후손에게 밀린 이자를 지급했다. 고작 1.2유로였지만, 2019년 〈월스트리트저널〉이 그것을 보도하자 세계적인 톱뉴스가 되었다. 국채 종주국의 자리를 지키려는 눈물겨운 쇼였다.

'국가부채의 시조'라는 타이틀을 둘러싼 영국, 네덜란드, 프랑스의 자존심 경쟁은 끝이 없다. 네덜란드와 프랑스의 협공 앞에서 영국이 위축될 만도 하지만, 전혀 밀리지 않는다. 명예혁명이라는 근대 시민사회의 포문을 연 세계사적 사건 때문이다.

명예혁명은 재정혁명이다
——

쿠데타는 모양새가 중요하다. 권력에 무관심한 사람이 마지못해 추대되는 듯해야 설득력이 있다. 1506년 중종반정이 그랬다. 연산군의 폭정을 참다못한 신하들이 거사에 성공한 뒤 연산군의 이복동생인 진성대군을 왕으로 추대했다.

1685년 영국 몬머스의 난은 그 반대였다. 찰스 2세의 사생아 몬머스가 삼촌인 제임스 2세의 왕위를 차지하려고 직접 쿠데타에 나섰다가 지지를 얻지 못하고 참수되었다. 하지만 제임스 2세는 진짜 정치를 못했다. 참다못한 신하들이 다시 쿠데타를 모의했다. 설령 실패하더라도 피바람이 덜 불도록 왕의 친딸과 사위를 공동 왕으로 내세웠다. 그 계획은 왕에게 탄압받는 신교도들을 결집하기도 쉬웠다. 제임스 2세는 가톨릭교도인 반면 딸 부부는 신교도였다.

쿠데타 주동 세력은 네덜란드로 밀려난 왕의 사위 윌리엄에게 극비리에 초청장을 보냈다. "폭정에 신음하는 백성들을 못 본 채 마시고 속히 귀국하소서." 고민하던 윌리엄은 5개월 뒤 네덜란드가 빌려준 군함을 타고 귀국했다. 그것은 오랫동안 준비했던 쿠데타의 화룡점정이었다.

당시 쿠데타를 주동한 일곱 명을 '불멸의 7인Immortal 7'이라 부른다. 불멸의 의지로 제임스 2세의 폭정을 버티다가 혁명 뒤에 팔자가 핀 사람들이다. 그들은 쿠데타의 성공을 확신했다. 당시 신생독립국 네덜란드는 유럽에서 민주주의와 상업이 가장 발전한 곳이었다. 영주가 상인들에게 함부로 돈을 뜯지 않았다. 윌리엄은 네덜란드에서 그런 현실을 목격했으므로 난폭한 징세를 자제할 것이라는 기대를 받았다. 윌리엄의 배가 영국에 도착했을 때 상인들은 일제히 그의 편에 섰다. 보름 뒤 왕이 프랑스로 망명했다. 명예혁명이다.

제임스 2세가 망명한 뒤 윌리엄왕은 일단 상인들의 돈으로 중앙은행을 세우고, 그 은행에서 차입하는 방식으로 재정 적자를 해결했다. 시민들은 그런 민주적인 방법이 반갑고 놀라울 뿐이었다. 그래서 경제학자들은 명예혁명을 재정혁명이라 부른다.

국가가 지는 빚

——

국가부채는 민주국가의 부산물이다. 절대왕정국가에서는 왕이 돈이 필요하면, 신민臣民, subject을 쥐어짰다. 그러므로 국가부채public debt라는 개념이 없었다. 행여 세금을 더 거둘 때까지 돈이 필요하면, 왕 개인의 이름으로 국내 왕실 귀족과 외국에 잠깐 손을 벌릴 뿐이었다.

그렇기 때문에 영국인들은 명예혁명 이후 영국 정부가 공개적으로 상인들에게 빚을 진 것을 민주주의 역사의 중요한 모멘텀으로 삼는다. 우리나라의 경우 1895년에 이르러 국가부채, 즉 차관이라는 개념이 등장했다. 갑오개혁의 일환으로 선포된 홍범14조(최초의 헌법)에 따라 왕실 사무와 국정 사무가 분리(제4조)되면서부터였다. 그해 탁지부 대신 어윤중과 일본은행 오사카지점장 쓰루하라 사다키치가 300만 엔의 차관조약을 체결했다.

물론 그전에도 '차관'이라는 말은 있었다. 정부 관료가 일본제일은행 인천지점 지배인들과 차관 도입을 위해 계약을 맺었다. 그때 정부 관료는 왕실의 대리인이지, 정부 대표는 아니었다. 한편, 갑오개혁 이후 체결한 차관도입 계약의 차입 조건은 금리 연 6퍼센트, 2년 거치, 4년 상환(1899년 만기)이었다. 하지만 재정이 워낙 부실하다보니 원리금 상환은 차일피일 미뤄졌다. 대한제국 출범 이후에도 제대로 갚지 못했다. 나라 망신이었다. 그에 대한 각성으로 1907년 대구에서 국채보상운동이 시작되었다. 이렇게 본다면, 국가부채는 우리나라 근대사에서도 민족국가 개념 형성에 중요한 의미를 갖는다.

국가의 또다른 얼굴

———

코로나19 위기를 계기로 비대면의 시대가 열렸다. 하지만 중요하고 은밀한 일은 얼굴을 보고 처리해야 안심이 된다. 은행 대출이 그렇다. 소액 신용대출이 아니라면, 실무자가 서류 심사를 한 뒤 책임자가 고객을 만나 담보와 사업성을 직접 확인한다.

남북전쟁 이전 미국의 상업은행들은 주정부의 허가를 받고 설립되었기 때문에 다른 주에는 지점을 세울 수 없었다. 그렇다고 아무 정보도 없이 다른 주에서 자금을 굴리는 것은 위험했다. 생각 끝에 제삼자의 도움을 받았다. 신용평가사가 제공하는 정보를 바탕으로 다른 주의 기업이 발행한 채권을 매입한 것이다. 신용평가사 덕분에 회사채가 잘 팔려서 대륙횡단철도를 건설할 때 전국에서 돈이 쉽게 모였다.

은행 대출에만 익숙했던 우리나라는 신용평가가 무엇인지 잘 몰랐다. 1980년대에 이르러 자본시장 발전에 도움이 된다는 말을 듣고 반신반의하면서 신용평가사를 세웠다. 그 무렵 한국산업은행이 해외에서 채권 발행을 시도했다. 정부가 원리금을 보증하기로 하자 해외 투자자들이 국가신용등급을 요구했다. 신용평가사 무디스의 직원들이 경제기획원과 재무부를 찾아와 꼬치꼬치 캐물었다. 사무관들은 귀찮았지만, 그래도 내색하지 않았다. 그 덕에 1986년 11월 A2 등급을 받았다.

1997년 외환위기가 터지자 국가신용등급이 투기등급인 Ba1으로 주저앉았다. 이후 신용등급 회복이 국가 과제가 되었다. 부총리는 신용평가사 직원들을 상전 모시듯 예우했다. 덕분에 신용등급이

A3로 올라갔지만, 2003년 봄 북한의 핵 문제가 불거졌다. 신용등급 유지가 부정적이라는 전망에 온 국민이 식은땀을 흘렸다. 그런 우여곡절 끝에 2012년 9월 우리나라의 신용등급이 일본을 제쳤다.

국가신용등급은 국가 경제를 평가하는 하나의 척도다. 일종의 얼굴이다. 오늘날 한국의 국가신용등급은 AA(S&P), Aa2(무디스), AA-(피치)다. 미국보다는 낮지만, 일본보다는 높다. 꽤 잘생긴 편이다.

마음의 빚과 금전적 빚

———

"뭉치면 살고, 흩어지면 죽는다"라는 유명한 구절은 이승만 대통령이 한 말로 알려졌지만, 그 말의 원조는 미국의 벤저민 프랭클린이다. 영국과 한판 대결을 망설이는 북미 식민지 주민들에게 독립전쟁을 촉구하는 메시지였다.

신생독립국 시절 미국의 앞날은 어두웠다. 독립전쟁 참전용사들에게 연금도 지급할 수 없는 지경이었다. 생계를 호소하는 상이군인들을 피해 정부 관리들이 사방으로 도망 다닐 정도였다. 1783년 파리조약을 통해 독립을 인정받은 나라가 1개인지 13개인지도 불분명했다. 결국 13개 주를 하나로 묶는 헌법이 필요했다.

워싱턴 장군의 부관이었던 알렉산더 해밀턴이 헌법의 필요성을 설득하고 나섰다. 궁리 끝에 "뭉치면 살고, 흩어지면 죽는다"라는 옛

구호를 상기시켰다. 연방정부를 만들자는 제안이었다. 하지만 동료였던 토마스 제퍼슨이 제동을 걸었다. 제퍼슨은 연방정부가 주정부를 능가하는 것에 동의하지 않았다.

두 사람은 출신 성분부터 달랐다. 제퍼슨은 부유하게 태어나 프랑스에서 유학했고, 해밀턴은 카리브해 선술집 여주인의 사생아로 태어나 아버지는 물론 자신의 정확한 나이조차 모르고 자랐다. 해밀턴은 술집에서 잔심부름을 하며 자란 덕에 돈 문제에는 훤했다. 자기가 만든 헌법에 따라 초대 재무장관이 되자마자 해밀턴은 독립유공자 보훈 경비를 포함한 7546만 달러의 국가부채를 확정하고, 국채 발행을 서둘렀다. 제퍼슨이 연방정부가 비대해지는 것을 걱정하며 국채 발행을 줄이려 하자 "독립유공자들을 푸대접하면 미국의 미래는 없다"라고 말하며 정면 돌파했다.

1790년 8월 4일 미국의 국채발행법이 통과되었다. 오늘날 31조 달러로 커진 미국 국가부채의 시작이었다. 그 법을 만든 해밀턴은 자기 아버지도, 생일도 몰랐지만, 보훈의 중요성은 알았다. 반면 대한민국은 보훈에 소홀했다. 1948년 미군정청이 떠나며 남긴 적자 1563만 원의 무게에 눌려서 독립유공자를 충분히 챙기지 못했다. 하지만 그들이 없었다면 지금의 대한민국도 없다.

● 명예혁명(名譽革命, Glorious Revolution)

1688년 영국에서 일어난 시민혁명. 의회와 네덜란드가 연합하여 제임스 2세를 퇴위시킨 뒤 그의 사위(윌리엄 3세)와 딸(메리 2세)을 공동 왕으로 추대했다. '피 한 방울 흘리지 않고 명예롭게 이루어진 혁명'이라고 하여 명예혁명이라 부른다.

제임스 2세는 왕권신수설을 고집하던 군주였다. 그가 물러난 뒤 권리장전이 체결되면서 군주의 권한이 절대적이라는 생각은 퇴조했다. 그런 점에서 명예혁명은 전제군주제가 입헌군주제로 전환되는 계기였으며, 영국의 의회 민주주의를 완성한 사건이라고 할 수 있다.

● 국채보상운동(國債報償運動)

국채보상운동은 일본제국이 대한제국에 제공한 총 1300만 엔의 차관을 상환하기 위해 국민들이 자발적으로 벌인 애국 운동이다. 1907년 2월 21일 경상북도 대구에서 서상돈, 김광제, 윤필오 등에 의해 처음 시작되어 전국으로 발빠르게 번져나갔다. 그 소식을 들은 고종과 고관들도 담배를 끊고 운동에 동참했다.

국채보상운동은 1904년(한일협정서) 재정권을 빼앗긴 데 이어 1905년(을사조약) 외교권까지 박탈당한 데 대한 주권회복 운동이기도 하다. 당시 본격적인 내정 간섭(정미7조약)을 준비하던 일본은 이 운동이 크게 확산되자 긴장했다. 국채보상운동을 온정적으로 보도하는 대한매일신보의 발행인 어니스트 베델(한국명 '배설')을 고소하고, 보상금 모금의 책임자 양기탁을 횡령 혐의로 구속했다. 이러한 조직적 방해 때문에 국채보상운동은 다섯 달 만에 와해되었다.

개혁의 소용돌이 ||||||||||||||||||||||||||||||||||||||||||||||||||

조선의 은밀한 화폐개혁

———

조선 건국의 발단이 된 위화도 회군은 쿠데타였다. 쿠데타로 세워진 조선에서 네 번의 쿠데타가 더 있었다. 왕자의 난, 계유정난, 중종반정, 그리고 인조반정이다.

네 번의 쿠데타 중에서 인조반정이 가장 잔인했다. 40여 명이 참수되고, 200명 이상이 귀양 갔다. 유몽인의 경우 일찌감치 관직에 오를 뜻을 접고 전국을 여행하며 글 쓰는 데만 매진했다. 하지만 그는 명나라 사정에 밝은 외교 전문가라 '왠지 꺼림칙하다'는 이유로 처형당했다. 아들까지 함께 죽임을 당했다. 당시 쿠데타 세력은 통제 불능이었다. 논공행상 끝에 기분이 상하면 반란(이괄의 난)을 일으키거나, 자기들끼리 물고 뜯었다. 어제의 동지를 제거할 때는 극악한 처형도 서슴지 않았다. 인조 자신이 그 처형을 지휘했다.

인仁이 크게 부족했던 인조는 명분에 집착하여 외교와 내치 모두 실패했다. 그런데 기이하게도 화폐 문제에서만은 명분보다 실용을 추구했다. 조선 초 발행된 조선통보는 액면가치가 내재가치(3.75그램)에 충실했다. 하지만 임진왜란 이후 재정이 고갈되자 정직한 화폐의 발행이 중단되고, 시중에는 동전 품귀 현상이 나타났다. 민가에서 살았던 인조가 그 불편함을 잘 알았다. 그래서 물가조절을 맡은 상평창常平倉에 화폐 주조를 명령했다. 내재가치를 액면가치보다 살짝 낮춘 법정화폐였다.

두 번의 호란으로 화폐 주조가 또 멈췄다. 숙종이 화폐 발행을 다시 시작하면서 무게를 더욱 낮추고 상평통보라는 새 이름을 붙였다. 하지만 사람들이 거부했다. 유통을 위해 조정은 종로 상인들에게 무이자로 대출하는 대책을 마련했다.

액면가치와 내재가치가 다른 법정화폐의 시작은 인조다. 인조는 왕이 되기 전에 능양군이라 불렸다. 1623년 능양군이 반정을 일으켰다. 그는 남대문 옆 민가에서 태어났다. 지금 그 자리에 물가를 관리하고 법정화폐를 발행하는 한국은행이 있다. 묘한 우연이다.

국가의 힘은 지갑을 못 뚫는다

중국의 우스갯소리 중 이런 말이 있다. "술 담배를 하지 않은 린 뱌오는 63세에 죽고, 술은 멀리했지만 담배를 좋아한 마오쩌둥은 83세에 죽고, 술과 담배를 모두 즐긴 덩샤오핑은 93세에 죽고, 술과 담배에 여자까지 밝힌 장쉐량은 103세에 죽었다." 중국 현대사의 풍운아 장쉐량張學良은 영원한 로맨티시스트로 기억된다.

장쉐량의 여복은 가히 전설적이다. 장제스蔣介石를 상대로 반란을 일으켰다가 실패했는데도 처형되지 않았는데, 그것은 순전히 연인 때문이었다. 그는 장제스의 아내 쑹메이링의 첫사랑이었고, 그녀의 읍소로 형량이 줄어 가택연금에 그쳤다. 44년간의 가택연금 기간에 도 늘 행복했다. 자신의 비서였던 14세 연하의 두번째 아내와 24시간 붙어 지낸 덕분이다.

그가 반란을 일으킨 연유는 이러하다. 청나라가 망한 뒤 만주를 지배하던 봉천군벌 장쭤린張作霖이 1928년 열차 폭발 사고로 사망했다. 일본 관동군의 소행이었다. 그러자 그의 아들 장쉐량이 일본에게 복수하려고 아버지의 라이벌이었던 장제스를 찾아갔다. 아버지의 휘하 부대를 이끌고 장제스의 부하가 된 것이다. 그런데 장제스는 대일투쟁보다 공산당 토벌을 우선했다. 참다못한 장쉐량이 장제스를 감금한 뒤 공산당과 힘을 합해 항일투쟁부터 하자고 설득했다. 1936년 '시안西安사건'이다. 장제스가 마지못해 그 요구에 응했다. 국공합작이었다. 덕분에 지리멸렬하던 공산당이 기사회생하고, 역사의 물꼬가 달라졌다.

그러나 장제스가 마오쩌둥에게 패한 것이 장쉐량의 반란 때문만은 아니다. 장제스 정권은 여러 가지 패착이 있었고, 그중에는 화폐제도의 혼선도 있었다. 신해혁명 이후 국민당 정부는 은본위제도(1911년), 금본위제도(1928년), 은본위제도(1932년), 관리통화제도(1935년)를 오락가락했다. 일본이 그 틈을 파고들었다. 금본위제도에 뿌리를 둔 조선의 화폐를, 즉 조선은행권을 통해 베이징 이북의 화폐제도를 장악했다.

민심을 잃으면 법화도 밀려난다. 20세기 초 중국이 그랬고, 지금 북한의 접경 지역이 그러하다. 그곳의 장마당에서는 미 달러화가 주된 지급수단이다. 독재자의 절대 권력이 인민의 얄팍한 지갑에는 미치지 못한다.

10원 한 장

———

2022년 대통령 선거전이 한창일 때 윤석열 후보가 자신의 장모에 대하여 "10원 한 장 피해 준 적 없다"라고 옹호했다. 그러자 젊은 사람들이 "10원 한 장이라니?"라며 의아해했다. 그들은 10원짜리 지폐를 본 적이 없기 때문이다. 하지만 일제강점기를 거쳐 1959년까지는 물자가 부족하여 우리나라에는 지폐만 있었을 뿐 동전이 없었다. '10원 한 장'은 우리나라가 종이돈만 쓸 때 나온 관용구다.

오늘날에는 화폐를 지폐와 동전으로 나눈다. 금속화폐시대의 서양에서는 화폐를 공식 화폐와 비공식 화폐로 나눴다. 부동산 거래나 국제무역처럼 거래 금액이 크면 금이나 은으로 만든 공식 화폐(주화)를 쓰고, 거래 금액이 작은 생필품 거래에서는 비공식 화폐를 썼다. 평민들은 죽을 때까지 공식 화폐, 즉 고액의 금화나 은화를 구경하기 힘들었다.

물론 공식적으로 만든 소액 주화도 있었다. 그러나 액면가치에 비해 제조 비용이 커서 각국의 왕들은 소액 주화 만들기를 싫어했다. 그래서 언제나 턱없이 부족했다. 생필품을 사고팔아야 하는 평민들은 하는 수 없이 소액 주화에 프리미엄을 지급했다. 귀족들이 일부러 쪼개놓은 부스러기 금화나 은화를 실제 가치보다 비싸게 받아들였다. 그러니 소액 주화를 웬만큼 모아서는 공식 화폐와 바꾸지 못했다.

소액 주화에 붙는 프리미엄에는 시장 원리가 작용했다. 수급에 따라 그 수준이 출렁였고, 그때마다 민생에 주름이 졌다. 문제는 거기서 그치지 않았다. 영국에서는 온전한 금화보다 잘게 쪼개진 채 유통되는, 정체불명의 금화가 많아졌다. 급기야 파운드화 전체의 신뢰가 흔들렸다. 엘리자베스여왕에게 재상 그레샴이 "악화가 양화를 구축하고 있다"라고 보고했다. 아버지 헨리 8세가 민생을 가볍게 본 데 대한 부작용이라는 의미였다. 그 보고를 받은 여왕은 1561년 유통되고 있던 불량 주화를 수집해서 새 주화를 찍었다.

소액 주화는 제조 비용이 많이 든다. 일제강점기에 동전이 없었던 이유다. 비용을 고민하던 한국은행은 2006년 10원짜리 동전의 크기를 줄였다. 요즘에는 그것마저 천덕꾸러기다. 10개 중 9개가 서랍 속에서 잠잔다. 소액 주화가 곧 민생이라는 그레샴의 말이 빗나갔다. 그렇다면 10원짜리 동전을 없애는 것이 정답이다. 1원과 5원짜리는 이미 사라졌다.

다모클레스의 칼

———

위기에서 살아남은 사람들의 기억과 증언은 언제나 극적이다. 우연과 필연이 씨줄과 날줄처럼 잘 얽혀 있다. 그래서 그 말을 듣고 있다 보면, "그 일은 결국 그렇게 될 수밖에 없었다"라는 결론에 이르게 된다. 그런 공감을 끌어내는 힘을 핍진성verisimilitude이라고 한다. '그 럴듯함'이다.

1950년 6월 24일의 증언도 핍진성이 넘친다. 오전 10시 육군본부 상황실에서는 장도영 정보국장(훗날 국방장관)의 주재로 국장급 회의가 소집되었고, 그 자리에서 북한반장 김종필 중위가 "적의 공격이 임박했다"라고 보고했다. 동료 박정희와 작성한 정세 보고서의 결론이었다. 하지만 참석자들은 콧방귀를 뀌며 자리에서 일어나 저녁에 있을 '장교구락부 준공기념 파티' 준비를 위해 흩어졌다.

혼자 남은 김종필 중위는 알 수 없는 불안감을 느꼈다. 아니나다를까, 그날 창밖의 세찬 빗소리를 들으며 당직을 서다가 새벽 4시 의정부 제7사단 정보장교의 다급한 전화를 받았다. 38선 지역 11개 지점에서 4만에서 5만 명의 북한군이 탱크와 함께 일제히 남하한다는 보고였다.

1950년 6월 25일은 일요일이었다. 밤새 내린 비가 그쳐 서울의 하늘은 아주 청명했다. 그날 오전 중앙청에서 임시 국무회의가 열렸으나 흐지부지 끝났다. 경제 부처 장관들은 외국 사절들과 함께 남해안 일대를 산업 시찰중이라 대거 불참했고, 국방부의 보고도 건성이었다. 38선에서 작은 충돌이 있었지만, 곧 수습될 것이라고 얼버무렸다.

월요일이 되자 분위기가 확 달라졌다. 당시 유일하게 외국환을 취급했던 한국은행 창구에는 아침부터 주한 외교사절들이 몰려들어 순식간에 65만 달러가 인출됐다. 점심때가 되자 의정부에서 피란민들이 내려오고, 여의도(당시 경기도 지역) 상공에서는 소련군 야크기와 미군 무스탕기가 공중전을 벌였다. 김포에서는 북한군 전투기가 공항을 폭격했다.

오후 6시 경제 부처 장관들이 급히 지방에서 열차로 올라오자 8시에 국무회의가 열렸다. 새벽까지 계속된 그 회의에서 수도를 대전으로 옮기고 한강 인도교를 폭파하기로 결정했다.

그때까지 한국은행은 아무것도 몰랐다. 27일 새벽 라디오에서 수도를 옮긴다는 뉴스를 듣고서야 피란 계획을 세웠다. 그런데 운송 수단이 없었다. 아침부터 여기저기 수소문하다가 점심때가 되어서야 겨우 국방부에서 트럭 한 대를 수배할 수 있었다. 거기에 금 1.1톤과 은 2.5톤만 싣고 오후 2시 남하를 시작했다.

금괴는 시흥, 수원, 대전을 거쳐 29일 새벽 4시 진해항에 도착했다. 거기서 미 해군함에 실려 샌프란시스코로 보내졌다가 다시 뉴욕 연준의 지하 금고로 옮겨졌다. 그리고 1955년 국제통화기금IMF에 출자금으로 납입되면서 다시는 한국으로 돌아오지 않았다.

한편, 28일 한국은행 본점을 접수한 북한군은 눈이 휘둥그레졌다. 지하 금고에 금괴 260킬로그램과 은괴 16톤, 그리고 1억 장의 미발행화폐가 고스란히 있는 것 아닌가! 지폐를 찍는 인쇄기와 인쇄원판도 버려져 있었다. 북한군 병사들의 웃음보가 터졌다.

반대로 우리 정부는 울음보가 터졌다. 대전에 도착한 한국은행의 수중에는 기껏해야 40억 원밖에 없었다. 피란민들의 예금인출 요구에 응할 수 없어 시중은행에서 수표용지를 거둔 뒤 거기에 한국은행 도장을 찍어 임시화폐로 썼다. 현찰, 인쇄기, 인쇄원판을 몽땅 북한군에 빼앗겼으므로 화폐대란과 인플레이션에 완전 무방비였다. 십대 학도병들까지 낙동강 방어선에 투입되던 최악의 상황에서 부랴부랴 화폐개혁까지 해야 했다.

돌이켜보건대 한국전쟁 당시 우리가 겪은 많은 고난은, 첫 72시간 동안 어처구니없을 정도로 우왕좌왕했던 데서 비롯한다. 핍진성이 넘치는 그 무수한 경험담과 회고담의 한결같은 교훈은 유비무환有備無患이다.

유비무환이라는 말은 전쟁중에 나왔다. 전쟁이 끊이지 않던 춘추시대의 진나라는 주변국들과 싸움에 말려들지 않고 외교 분쟁을 잘 중재했다. 그 중재 덕분에 전쟁을 피한 이웃나라가 값진 보물을 보내왔다. 선물을 받은 왕 도공이 신이 나서 이를 부하들과 나누려고 하자 사마위강이라는 참모가 나섰다. "편안할 때 위기를 대비해야 근심이 사라집니다有備則無患." 그리고 선물을 돌려보내라고 충고했다.

하지만 유비무환은 아랫사람의 말을 듣고 선물을 사양하는 겸손에서 그치면 안 된다. 목숨을 걸 정도로 철저하게 그리고 끊임없이 경계하는 태도가 버릇이 되어야 한다. 그런 점에서 '다모클레스의 칼Sword of Damocles'이라는 서양 격언이 더 핍진성이 있다. 가느다란 실 끝에 매달린 육중한 칼이 천장에서 떨어져서 언제 내 정수리로 내리꽂힐지 모른다는, 생활 속의 위기감이다.

우리는 한국전쟁 초기의 실수들을 들으며 웃는다. 하지만 웃을 일만은 아니다. 저출산이든, 국민연금 고갈이든 초기의 골든아워를 그냥 흘려보낸다면, 이 시대의 실수담이 다음 세대에게 핍진성 넘치는 웃음거리가 될 것이다. 다모클레스의 칼을 염두에 두고 개혁 과제들을 꼼꼼히 실천하는 자세가 절실하다.

루브르와 청와대

―――

와인을 좋아하는 사람들은 11월을 기다린다. 프랑스 보졸레 지역에서 난 햇포도로 담근 '보졸레누보'를 맛보기 위해서다. 이 와인은 매년 11월 셋째 목요일에 출시되는데, 그날 내로라하는 프랑스의 사회 저명인사들이 새 술을 맛보며 떠들썩한 자선모금행사를 벌인다.

그 행사는 보통 파리 시내 몽마르트르 언덕의 포도밭에서 열린다. 포도밭이라고 해봐야 크기가 손바닥만하다. 하지만 프랑스혁명 당시에는 꽤 컸다. 원래 교회의 소유였으나 혁명정부가 빼앗아 국유화했다. 교회는 앙시앵 레짐, 즉 구체제에서 시민을 괴롭힌 기득권 세력이라는 이유였다.

당시 프랑스는 화폐경제가 무너져서 물물교환 경제로 전락했다. 혁명정부는 귀족과 교회한테 빼앗은 부동산을 담보로 새로운 지폐를 발행했다. 그 돈의 이름은 '아시냐assignat'였다. '할당assign'이라는 뜻이다. 혁명정부는 "국유지를 담보로 발행되는 지폐는 곧 국유지를 할당받았다는 증표"라며 새 돈의 가치를 장담했다. 이런 선전은 21세기에도 이어진다. 블록체인 기술로 발행되는 NFT, 즉 대체불가능토큰은 천문학적 가격의 예술품이나 부동산의 일부를 소유하는 증거라며 매매된다. 조각투자를 가능케 하는 NFT는 조각할당의 증표요, 21세기의 아시냐다.

18세기 말 프랑스 국민에게 할당된 국유지의 끝판왕은 왕궁이었다. 12세기 이후 역대 왕들이 살았던 루브르왕궁이 전시장으로 바뀌었다. 왕궁의 으리으리한 장식과 왕실 가족들의 휘황찬란한 물건들을 무료로 감상하는 관람객들은 루이 16세와 마리 앙투와네트를 단두대에서 처형하기를 잘했다고 믿었다.

1793년 루브르왕궁이 공개되었다. 그렇게 출발한 것이 루브르 박물관이다. 3대 박물관의 하나로 손꼽히는, 세계문화유산의 하나다. 우리나라에서도 최근 청와대가 일반 대중에 공개되었다. 가히 '청와대누보(새로운 청와대)'라 할 만하다. 그곳을 국민에게 공개 또는 할당하기 위해 치른 것이 낭비일까, 아니면 국민 모두의 조각투자일까?

● 화폐의 이름과 단위

한국은행법(제47조의2)은 "대한민국의 화폐단위는 원"임을 선언한다. 이것은 적절한 표현이 아니다. 화폐에는 단위가 없다.

단위가 없는 것들이 있다. 감정이 그렇다. 감정에는 기쁨, 슬픔, 행복, 고독과 같은 이름만 있다. 언어도 마찬가지다. 한글, 일본어, 영어, 이탈리아어처럼 이름이 있을 뿐, 단위는 없다. 화폐도 그렇다. 원, 달러, 유로, 파운드, 엔, 위안은 각각 화폐의 이름이며 단위가 아니다. 계산단위(unit of account)라는 말이 있기는 한데, 이는 모든 화폐가 지니는 속성을 일컫는다.

외국은 그런 사실을 잘 안다. 각국의 화폐법(coinage act)은 예외 없이 '화폐의 명칭(denomination)'이라는 말을 쓰고 있다. 그것을 바꾸는 작업은 리디노미네이션, 즉 화폐의 개명이라고 부른다. 서양인들이 만일 화폐단위(unit of money)라는 말을 듣는다면, 감정단위(unit of emotion)라는 말을 들을 때처럼 어리둥절해할 것이다.

우리나라는 화폐단위라는 말에 둔감하다. 1953년 2월 27일 급하게 발표된 '통화에 관한 특별조치령'(제2조 제1항)에서 "화폐단위를 환(圜)이라 칭한다"고 선언한 탓이다. 1962년 6월 10일 발표된 '긴급통화조치법'에도 화폐단위라는 말이 쓰였고, 이는 현행 한국은행법도 마찬가지다. '화폐단위'라는 말은 한국전쟁중에 이승만 대통령이 긴급명령권을 발동하면서 엉겁결에 만든 말인데, 야만스럽다는 인상을 지우기 어렵다.

● 최초의 한국은행권

1948년 8월 대한민국 정부가 출범할 때 국가의 경제력은 형편없었다. 일제강점기 때 쓰던 조선은행권을 폐기하고 새로운 화폐를 발행하는 것은 꿈도 꿀 수 없었다. 그래서 일제강점기 때 찍어둔 조선은행권을 당분간 계속 쓰기로 했다(최초의 한국은행법 제117조).

미군정청 시절 조선은행의 최순주 이사는 변화가 필요하다고 느꼈다. 그래서 장차 새 나라가 출범하면 유통시킬 요량으로 새로운 화폐 발행을 기획했다. 그는 1947년 봄, 아무에게도 목적을 밝히지 않은 채 미국 필라델피아의 연방 인쇄국을 찾아가서 새로운 화폐 제작을 의뢰했다.

출국하기 전 최순주 이사는 조선은행 옆 소공동의 충무공기념회를 들렀다. 거기서 조병옥 회장에게 거북선 그림 사본을 얻은 뒤 그것을 필라델피아 연방 인쇄국에 전달했다. 인쇄국은 그것을 토대로 새로운 지폐를 제조했다. 흥미롭게도 그 지폐에는 아직 탄생하지도 않은 한국은행(Bank of Korea)이라는 문구가 실렸다. 조선은행이 활동하던 1947년에 이미 한국은행의 설립이 예정되어 있었다는 방증이다.

그렇게 미국에서 제작된 돈은 조선은행 지하 금고로 들어온 뒤 세상에 공개될 날을 기다리고 있었다. 그러던 중 한국전쟁이 터졌다. 한국은행 총재와 직원들은 그것을 남겨두고 피란을 떠났다. 아직 공식적으로 발행된 적이 없는 것이라서 별로 아쉬울 것은 없었다. 1950년 6월 28일 한국은행을 접수한 북한군은 고민에 빠졌다. 비록 수중에 넣었지만, 그것은 아무 쓸모가 없는 인쇄물에 불과했다. 그래서 인천상륙작전 뒤 북쪽으로 철수할 때 몇 달 전 한국은행이 그랬던 것처럼 지하 금고에 남겨두고 떠났다. 한국은행은 1·4후퇴로 인해 서울을 두번째로 떠나면서 그 돈을 부산으로 실어날랐다. 그랬다가 1953년 2월 17일 화폐개혁에 맞추어 공개했다. 최초의 한국은행권은 그런 우여곡절 끝에 햇빛을 보았다.

정리하자면, 최초의 한국은행권은 미제다. 일제강점기의 조선은행권이 일제였던 것과 대비된다. 최초의 한국은행권은 조선은행 임원의 의뢰에 따라 한국은행의 출범보다도 훨씬 먼저 인쇄되었다. 그것은 한때 북한군 수중에 들어갔다가 돌아오기도 했다. 거기에는 한자 '圜', 한글 '원', 영어 'won'이 함께 적혀 있다. 대한제국 시절의 언어 습관이 반영된 결과다. 그 관습을 따른다면, 대한제국 시절 화폐를 제조하던 '전환국(典圜局)'은 '전원국'으로, 하늘에 제사를 지내던 '환구단(圜丘壇)'은 '원구단'으로 읽어야 한다.

최초의 한국은행권

말과 생각의 뿌리 ||||||||||||||||||||||||||||||||||||||||||||||||||

자연스럽고 타연스러운

영어 단어 '네이처nature'를 보통 자연이라고 번역한다. 별로 좋지 않은 번역이다. 자연은 '스스로 그렇게 있는 것'이고, nature는 '조물주가 그렇게 만든 것'이기 때문이다. nature는 출산을 의미하는 라틴어 '나투라natura'에서 나왔으며 그 말에는 창조론이 숨어 있다. 그러니 어원에 맞춰 번역하면 '타연他然'이 된다. 같은 사물을 바라보는 동양과 서양의 관점이 완전히 반대다.

금융과 '파이낸스finance'도 마찬가지다. 자금의 융통을 뜻하는 금융은 빚을 얻는 데 초점이 맞춰져 있다. 반면, finance는 빚을 갚는 데 초점을 맞춘다. finance의 어원은 끝을 뜻하는 프랑스어 'fin'이다. 끝을 본다는 finish와 뿌리가 같다. 그러니까 finance에는 어떤 상황을 끝낸다는 생각이 숨어 있다. 이처럼 finance와 금융의 관점은 정반대다.

금융이라는 말이 없을 때 중국인들은 '은근銀根'이라는 말을 썼다. 전통적으로 은을 돈으로 쓴 데서 나온 표현이다. 그런데 20세기 초 은본위제도가 무너지면서 금융이라는 말로 대체되었다. 일본에서 나와 한국을 거쳐 중국으로 전파되었다. 일본 대장성 주세국장 메가타 다네타로가 대한제국의 재정 고문으로 부임해서 만든 '지방금융조합규칙'(1907년)에 금융이라는 단어가 쓰였고, 그 말이 중국에 전파되어서 1915년 간행된 사전에 등장했다.

메이지유신 이후 일본은 물밀듯이 밀려오는 서양 문명과 사상들을 새로운 말에 녹였다. 권리와 의무, 귀납과 연역, 긍정과 부정, 내포와 외연, 철학과 과학, 기술과 예술 등이 그 예다. 그러나 엉뚱하게 굴절시킨 말들도 있다. futures는 일정 기간 뒤에 물건을 넘기는 계약인데, 일본은 자신들의 전통 상거래 관습(쓰메카에시詰め替えし)에 맞추어 그 말을 '선물先物'이라고 번역했다. 물건을 인도하기에 앞서 계약부터 맺는다는 의미다. 하지만 오늘날의 선물 거래와 달리 일본의 전통 선물 거래는 가격이 변동한 만큼 주고받는 물량을 나중에 조정했다(쓰메카에시는 '채워넣는다', 즉 '리필한다'는 뜻이다). '물건의 인도는 나중'이라는 의미를 살리려면 '후물後物'이라는 번역이 낫다.

왜곡과 굴절을 피하려면, 남이 씌워준 언어의 색안경을 벗어야 한다. 외부 세계를 날것으로 마주해야 생각이 깊어진다. 괴테는 "외국어를 모르는 것은 모국어를 모르는 것"이라고 단언했다. 외국어에 관심을 갖는 것은 국제화시대의 자연스럽고 타연스러운 태도다.

왜곡과 재창조 사이

번역은 두 언어권을 연결하는 중요한 작업이다. 하지만 원문의 뜻이 종종 왜곡되곤 한다. 그래서 이탈리아에는 "번역은 반역"이라는 말이 있다. 예를 들어 "낙타가 바늘귀에 들어가는 것이 부자가 천국에 들어가는 것보다 쉬우니라"라는 성경 구절에서 낙타는 원래 밧줄이었다는 설이 있다. 중동의 언어인 아람어를 그리스어로 옮길 때 예수님의 말씀이 와전되었다는 것이다.

그렇지만 번역은 제2의 창조임이 틀림없다. 메이지유신 시절 일본의 니시 아마네西周가 그랬다. 그가 네덜란드에서 공부한 기간은 2년밖에 안 되지만, 엄청난 관찰과 고민을 통해 서양 문명의 정수를 하나하나 신종 한자어로 옮겼다. 철학, 과학, 예술, 이성, 기술 같은 말은 그의 머릿속에서 서양의 개념들이 재창조된 결과다.

중국에는 '옌푸嚴復'가 있었다. 그는 2년간의 영국 유학을 마치고 돌아와 애덤 스미스의 국부론을 '원부原富'라는 이름으로 번역하고, 그의 연구를 '부학富學'이라고 소개했다. 그는 논리학을 '명학名學'이라고 번역했다. 「요한복음」에 "태초에 말씀이 있었다"라는 문장이 있는데, 거기서 '말씀word'이란 '우주의 질서logos'를 뜻하고, 그것은 '논리logic'로 이어지기 때문이다. 놀라운 통찰이다.

옌푸는 다윈의 연구를 '천연天演'이라고 불렀다. 하지만 나중에 '진화進化'로 대체되었다. 명학은 논리학으로, 부학은 경제학으로 대체되었다. 이처럼 옌푸의 생각들은 일본의 번역어에 밀려 대부분 도태되었다. 역설적으로 그가 만든 '자연도태'라는 말만 자연도태되지 않았다.

영어의 '소사이어티society'를 니시 아마네는 '사회社會'로, 옌푸는 '군群'으로 번역했다. '사社'는 원래 토지신土地神을 뜻하므로 사회는 '제사 지내는 모임'처럼 들린다는 것이 옌푸의 생각이다. 하지만 '군'이라는 번역은, 일본에서 만든 '사회'에 완전히 밀려버렸다. 나라가 힘이 없으면 언어도 생각도 도태된다. 한글의 버팀목은 국력이다.

단어를 만들고 번역하는 데 전문 지식이 필요한 것은 아니다. 일본의 미노무라 리자에몬은 니시 아마네와 동시대를 살았지만, 그와는 비교할 수 없을 정도로 무식했다. 그는 학교를 다닌 적이 없어서 글을 읽고 쓸 줄도 몰랐다. 하지만 재무관리 실력이 탁월해서 막부의 정치자금을 다루는 일을 맡았다. 그가 보기에 일본이 서양을 좇아가기 위해 급히 해야 할 일 중의 하나는 금융 시스템을 혁신하는 것이었다. 그래서 1873년 미쓰이 가문과 오노 가문을 설득해서 최초의 은행인 일본제일은행(다이이치은행)을 설립했다.

그런 일을 하면서 미노무라는 1875년 「금융 관련 건의서」라는 문서를 위정자들에게 전했다. 문맹이었던 미노무라가 하는 말을 다른 사람이 받아 적어 완성된 그 문서에 '금융'이라는 말이 담겼다. 한중일을 통틀어 배운 사람들이 한 번도 입에 올린 적이 없는 개념이자 단어였다.

금융은 서양의 'finance'보다도 훨씬 적극적인 자세가 엿보이는 단어다. 그것은 일자무식 미노무라 리자에몬의 작품이다. 국력은 언어의 버팀목이지만 현실 개혁을 향한 문제의식은 학력과 상관없다.

삥땅, 소설 그리고 경제학

'삥땅'이라는 속어가 있다. 다른 사람에게 넘겨주어야 할 돈의 일부를 중간에서 가로채는 것을 말한다. 1980년대까지는 특정 직업에 한정된 말이었다. 버스 안내양이 손님들에게서 받은 요금을 몰래 빼돌릴 때 '삥땅친다'고 했다.

그 시절 버스가 종점에 도착하면 '삥땅'을 조사한다며 고참 직원이 안내양들의 몸을 수색했다. 돈이 적을 때는 속옷 차림으로 세워놓고 중년의 남성이 더듬기도 했다. 그 굴욕을 견디지 못한 어린 안내양들은 자살로써 항변했다. 이런 부조리를 다룬 것이 〈도시로 간 처녀〉라는 영화다.

1981년 개봉된 그 영화는 유지인, 금보라 등 당대의 톱스타가 주연을 맡았다. '삥땅'과 알몸수색 등 사회의 어두운 부분을 용감하게 건드려서 큰 상도 받았다. 그러나 흥행에는 실패했다. 자신들을 좀도둑으로 취급했다면서 버스 안내양들이 상영 중지를 요구하는 시위를 벌였다. 서슬이 시퍼런 전두환 정부도 그들의 분노에 찬 절규는 진압하지 못했다. 영화는 조기 종영되었다.

직업에 대한 편견은 어디나 있다. 예를 들어 경제학자는 이해타산만 따지는 냉혈한으로 취급된다. 거기서 나온 우스갯소리가 있다. 경제학자들이 자식을 내다팔지 않는 유일한 이유는 자식한테 얻는 '미래가치'가 '현재 시장가격'보다 크리라는 '합리적 기대' 때문이라는 비아냥이다.

편견은 고정관념을 부른다. 몇 년 전 미국의 어느 의학 학술지에 '비키니 입은 사진을 SNS에 올리는 여자 의사들은 전문성이 떨어진다'는 내용의 논문이 게재되자 여자 의사들이 화가 났다. 너도나도 비키니 입은 사진을 SNS에 올리고, 고정관념에 항의했다.

복장에 관한 고정관념은 우리나라도 마찬가지다. 2020년 국회에서 류호정 의원이 발랄한 원피스를 입고 의사당에 나타나자 입씨름이 벌어졌다. 국회의원은 항상 근엄한 복장을 갖추어야 한다는 고정관념이 일으킨 논쟁이다.

같은 해 추미애 법무장관이 "소설 쓰시네"라고 말한 것을 두고도 시비가 붙었다. 소설가를 거짓말쟁이로 취급했다면서 소설가협회가 장관의 공개 사과를 요구했다. 소설가에 대한 편견이 억울하다는 항변이다. '삥땅'치는 사람으로 취급받는 편견이 억울하다던 버스 안내양들의 항변과 다르지 않았다.

'삥땅'이란 말에는 사연이 많다. 포르투갈어 '핀타pinta'는 '점點, point'을 의미하는데, 일본인들은 그 말을 줄인 '핀'을 숫자 '1'이라는 뜻으로 썼다. '핀토루ピン取る'는 금액의 1할(10퍼센트)을 가로챘다는 일본 속어이고, 그 발음을 흉내낸 것이 '삥땅'이다(핀타→핀→핀토루→삥땅).

소설도 좋은 뜻은 아니다. 사소하고 자잘한 이야기, 즉 잔총소어殘叢小語라는 의미다. 소설은 탄설誕說이나 공담空談이라고도 불렀는데, 이는 꾸며낸 말이거나 허튼소리라는 뜻이다. 공식 역사를 다루는 사관과 달리 항간의 유언비어를 다루는 패관의 글이라는 뜻으로 패설稗說이라고도 불렀다. 그러므로 '소설 쓴다'는 표현이 좋은 뜻을 가질 리 없다.

이렇게 천시되어왔던 소설에 광명을 비춘 것은 청나라 말 계몽사상가 량치차오다. 그는 소설이 근대 시민사회에 어울리는 훌륭한 문학 장르라고 찬양했다. 서양의 '소설novel'은 영웅담 위주의 귀족문학을 탈피하여 평범한 사람들의 현실성 있는 이야기를 다루는 '새로운novus' 장르라는 뜻임을 일깨웠다.

량치차오가 소설은 제대로 봤지만, 경제학은 잘못 봤다. 그는 경제학을 '자생학資生學'이라고 번역했다. 자산을 키우는 학문이라는 뜻이다. 경제학을 개인적 관점에서 바라본 것이다. 그 무렵 다른 중국학자들도 경제학을 '이재학理財學'이나 '계학計學'으로 불렀다.

시대가 말을 만든다. 뜻도 바꾼다. 오늘날에는 '삥땅'을 버스 안내양과 연결 짓는 사람이 없다. 소설을 '꾸며낸 허튼소리'라고 보는 사람도 없다. 이제는 소설을 '대설大說'로 받아들이는 사람이 더 많다.

경제학도 시대의 영향을 받는다. 자생학, 이재학, 계학은 청일전쟁 이후 일본이 번역한 '경제학'으로 통일되었다. 일본은 그 학문의 본질을 국가 경영과 백성 구제經世濟民에 두었다. 서양의 '이코노믹스economics'를 받아들일 때 일본은 중국에 비해서 국가를 크게 강조했다.

그런데 요즘에는 서양에서도 경제학이 개인의 재산 증식과 숫자 놀음으로 흐르는 경향이 있다. 돈벌이 수단으로 경제학을 취급하는 것이다. 경제학에서 국가를 삥땅치면, 자생학이나 이재학, 계학으로 불러야 하리라.

차이나타운과 짜장면

2021년 봄 최문순 강원도지사가 강원도에 차이나타운을 세우겠다는 생각을 밝혔다가 곤욕을 치렀다. 슬그머니 말을 바꿨지만, 사람들의 흥분은 쉽게 가라앉지 않았다. 인천과 부산의 차이나타운을 떠올렸기 때문이다. 한국에서 차이나타운은 슬픈 현대사의 산물이라 별로 유쾌하지 않다.

인천과 부산의 차이나타운은 구한말 중국의 조계지租界地였다. 조계지란 자국민의 생명과 재산을 보호한다는 구실로 강대국이 독자적 행정권을 휘두르던 치외법권 지역이다. 그래서 약소국에게는 울분의 땅이다. 중국도 상하이, 텐진, 광저우 등을 강대국들에게 조계지로 내준 뒤 분통을 터뜨렸다. 이소룡 주연의 영화 〈정무문〉은 상하이의 일본 조계지를 배경으로 한 작품이다.

1883년 제물포항을 개항할 때 인천은 만국 공동의 조계지였다. 그러나 부산은 사정이 달랐다. 고려 때부터 일본인 집단 거주 지역, 즉 왜관倭館이 있었기 때문에 사실상 일본 전용 조계지였다. 그런데 어느 화교가 부산 왜관에서 '덕흥호'라는 가게를 열었다. 일본의 텃밭을 파고들어가 한번 건드려보는, 중국의 도발이었다. 당연히 외교 마찰이 빚어졌다.

일본은 화교 상점 덕흥호의 영업을 조직적으로 방해했다. 그러자 중국은 조선과 맺은 조계지 협정을 근거로 강력하게 항의했다. 힘이 없던 조선은 서툴게 중재하려다 실패하고 중국에게 위약금까지 지급했다. 그뒤 인천, 부산, 원산 등에 차이나타운을 따로 허용했다.

일본과 중국의 조계지 경쟁에서 경제적 승자는 일본이다. 일본은 조계지마다 은행 지점을 세우고 대출을 통해 금융망을 장악했다. 그때 화교들은 장사해서 번 돈을 손금고에 쓸어 담기만 했을 뿐, 금융업 진출은 생각하지 못했다. 그러나 문화적 승자는 중국이다. 산둥성 출신의 화교가 인천 차이나타운에서 개발한 짜장면이 한국인의 생활 속에 깊이 박혔다.

장사가 끝난 뒤 중국집 주인들은 손금고를 쥐고 퇴근했다. 그 손금고를 '장구이掌櫃'라고 부른다. 지금도 중국의 지하철역 한구석에는 돈을 넣고 소지품을 잠시 보관하는 장구이, 즉 보관함이 있다. 그런데 한국에서는 장구이가 '짱깨'로 변했다. 또한 손금고가 아니라, 중국인이나 중국 식당을 일컫는 말로 와전되었다. 구한말 '짱깨'는 화교 부자들을 부러운 눈으로 부르던 말이었으나, 지금은 거기서 멀어졌다. 최 지사의 차이나타운 구상도 '짱깨타운'을 짓자는 말로 받아들이면서 기분 나빠한다.

흥청망청 낙원동

2022년 타계한 김지하 시인의 「오적五賊」은 현실의 부조리와 부정부패를 비판한 작품이다. 그것 때문에 시인과 동료들이 고문을 당하고 출판사가 문을 닫았다. 우리 현대사의 큰 상처다. 물론 왕조시대에는 훨씬 심했다. 권력을 향한 풍자와 비판은 곧장 멸문지화滅門之禍를 불렀다.

1453년 세조가 왕위를 찬탈하자 김종직이라는 선비가 이를 비판했다. 세조의 하극상을 항우가 초나라의 왕 의제를 시해한 일에 빗

댄 글을 썼다. 그 글을 조의제문弔義帝文이라고 하는데, 워낙 폭발성
이 커서 함부로 밝힐 수 없었다. 그러다가 그의 제자들인 사림파가
조정에 진출하자 스승의 글을 공식 역사 기록인 실록에 남기려는
움직임이 나타났다.

라이벌인 훈구파가 낌새를 알아챘다. 40여 년 전의 그 글을 왕에
게 일러바쳐 숙청을 부추겼다. 이윽고 사림파에 대한 관직 박탈, 귀
양, 능지처참, 부관참시가 이어졌다. 무오사화戊午士禍다. 사관의 역사
기록 때문에 시작되어 사화史禍라고도 한다.

1498년 무오사화로 조선의 정치판이 요동칠 때 서양도 조용하지
않았다. 이탈리아 피렌체에서는 시민정부가 붕괴되고 마키아벨리를
앞세운 메디치 가문이 다시 권력을 잡았다. 포르투갈의 바스쿠 다가
마는 인도까지 이어지는 뱃길을 열고, 스페인의 콜럼버스는 카리브
해에서 새로운 섬들을 발견했다. 이 모든 일은 각국의 왕권 강화로
이어졌다.

무오사화는 왕권이 강화되다못해 왕의 악행이 통제되지 않는 사
태로 이어졌다. 왕의 취미인 사냥을 위해 곳곳에 금표禁標, 즉 그린
벨트가 세워졌다. 연산군은 그 안에서 무희, 즉 흥청이들과 술잔치
를 벌이고 놀았다. 그뿐만이 아니었다. 고려 때 세워진 원각사(오늘
날 탑골공원)에서 승려들을 내쫓은 뒤 그 자리에 연방원聯芳院이라는
유흥 담당 국가기관을 세웠다. 서울 한복판에 있는 그 장소에 노래
잘하는 여종(속홍續紅), 연주 잘하는 여종(광희廣熙), 춤 잘 추는 기생

(흥청興淸)들을 모아 가무를 즐겼다. 그들의 외모와 화장이 눈에 차지 않으면 채홍사를 국문하기도 했다(『연산군일기』 61권, 1506년 3월 25일).

금표 밖으로 쫓겨난 백성들과 승려들은 흥청망청이라며 왕을 저주했다. 무지렁이 백성들의 권력 비판은 격렬했다. 생존권을 위협받은 터라 김종직이나 김지하 같은 지식인들의 완곡한 비판과는 차원이 달랐다.

백성들의 원망과 저주가 쏟아지던 연방원이 훗날 굉장히 중요한 장소가 되었다. 1919년 3월 1일 정오, 서울의 정중앙인 그곳에서 독립선언서가 낭독되었다. 오늘날 대한민국헌법의 첫 줄이 가리키는 곳이다. 하지만 연방원은 흥청망청과도 인연을 끊을 수 없다. 그 부근에 한때 시장이 있었다가 지금은 악기를 파는 낙원상가가 자리잡고 있다. 흥청망청과 낙원 그리고 악기가 묘하게 이어진다.

우울한 학문 ||||||||||||||||||||||||||||||||||||||||||||||||||||||||||||||

명작의 탄생
———

스페인 바르셀로나의 사그라다파밀리아성당은 오래 짓는 것으로 유명하다. 1882년 첫 삽을 뜬 이래 지금도 공사가 계속되고 있다. 2026년쯤 완공을 기대했었는데, 코로나19 영향으로 그것도 불투명해졌다.

그와 반대로 걸작이 금방 완성되는 수도 있다. 중국 양나라의 주흥사라는 학자는 천자문을 하루 만에 썼다. 딱 1천 개의 글자를 골라 사언절구 250개를 완성해오라는 황제의 까다로운 명령을 받고 밤을 꼬박 새웠다. 숙제를 마치고 아침에 보니 검은 머리가 새하얗게 변했다. 그래서 천자문을 '백발문白髮文'이라고도 부른다.

『도덕경』도 그렇다. 그 책을 쓴 춘추시대의 노자에 관해서는 알려진 것이 전혀 없다. 그런데 그가 『도덕경』을 단숨에 완성했다는 전설이 있다. 그가 속세를 떠나기 전 주변 사람들이 간곡히 가르침을 청하자 앉은 자리에서 그 책을 써내려갔다는 것이다. 『도덕경』은 세상의 이치인 도와 그것을 실천하는 덕을 설파한다. 그런 점에서 서양철학의 정수인 칸트의 『순수이성비판』 『실천이성비판』 『판단력비판』을 합한 것에 비유할 수 있다.

『도덕경』은 무위無爲, 즉 태초의 자연스러움에 손을 대지 않는 것을 최고의 덕으로 삼는다. 서양철학은 반대다. 아리스토텔레스는 『윤리학』에서 과거의 자신보다 더 나아지려는 인위人爲를 최고의 덕이라고 가르쳤다. 그 노력을 '아레테arete'라고 불렀다.

무위 사상은 인간이 만든 제도나 규범 따위에 얽매이는 것을 부질없다고 가르친다. 그러나 애덤 스미스는 제도와 규범을 잘 지키는 것이야말로 사회 발전의 원동력이라고 보았다. 제도와 규범을 준수하려는 자세는 타인에게 공감을 얻으려는 노력에서 나온다. 평판 관리를 향한 그 노력을 "보이지 않는 손"이라고 불렀다. 그런 주장을 담은 『도덕감정론』이 경제학의 철학적 뿌리다.

1759년 애덤 스미스가 『도덕감정론』을 완성했다. 그리고 1776년 『국부론』을 발표했다. 경제학의 탄생이다. 비교적 젊은 학문인 경제학이 몇 번의 위기를 겪으면서 좌표를 잃었다. 성장, 분배, 환경에 대해 이렇다 할 해법을 보여주지 못한다. 경제학의 아레테가 필요하다.

따뜻함이 냉정함보다 강하다

맬더스의 인구론이 세상에 미친 영향은 크다. 문필가 칼라일에게는 "경제학은 우울한 과학dismal science"이라는 인상을 심어주었고, 과학자 찰스 다윈과 철학자 허버트 스펜서에게는 '적자생존'의 영감을 불어넣었다. 차 이름으로 더 유명한 얼 그레이 총리가 1834년 빈민법을 제정하는 계기가 되기도 했다. 그 법은 '잉여 인간', 즉 걸인들을 작업터에 구금한 뒤 알량한 식사와 함께 극심한 노동을 강제할 수 있는 근거가 되었다. 식량 부족의 운명을 타고난 인류가 사회적 약자들에게 공짜로는 자비를 베풀 여유가 없다는 강박관념의 산물이다.

영국이 졸지에 인정머리없는 사회로 변했다. 그러자 찰스 디킨스가 반기를 들었다. 소설 『올리버 트위스트』에서 주인공 소년이 간절히 애원하듯 음식을 조금만 더 달라고 읍소하는 장면은 작업터의 부실한 식단에 대한 고발이었다. 다른 작품인 『크리스마스 캐럴』에서 구두쇠 스크루지는 꿈을 꾸면서 '안 된다'고 울부짖는다. 작업터에서 '잉여 인간'들이 혹사당하는 장면을 목격했기 때문이다. 그 이야기는 스크루지가 자신의 몰인정을 회개하고 주변 사람들에게 자비를 베풀면서 해피엔딩이 된다.

찰스 디킨스의 두 작품이 발표된 1840년대는 영국에서 차티스트 운동(노동운동)이 맹렬히 펼쳐졌다. 빈부 격차에 분노한 노동자들이 보통선거와 비밀선거 등을 요구하는 인민헌장을 내걸고 자본가들에게 저항했다. 그러자 세상이 달라졌다. 식량에 대한 수입관세가 철폐되어 생계비가 낮아지고, 여성과 아동의 노동시간이 통제되었다. 산업재해조사도 시작되었다.

맬더스의 별명은 '인구Pop'이고, 디킨스의 별명은 '다정 선생Mr. Sentiment'이다. '인구'가 지은 『인구론』은 오늘날 더이상 읽히지 않는다. 반면 다정 선생의 『크리스마스 캐럴』은 1843년 출판된 이래 지금까지 절판된 적이 없다. 결국 세상을 바라보는 냉정한 시각과 따뜻한 시각의 싸움에서 따뜻함이 이겼다.

우울한 과학

———

청와대에 비하자면 '용산 대통령실'이라는 이름은 아쉽다. 어느 식당의 이름이 '식당'인 것처럼 무미건조하고 허무하다. 기대를 걸었던 국민 공모가 중구난방으로 흘러서 결론을 얻지 못한 결과다. 비슷한 일이 미국에서도 있었다. 1930년 플루토가 발견된 직후였다.

태양계 일곱번째 행성 천왕성은 한동안 혜성으로 알려질 정도로 공전궤도가 불안정했다. 나중에 발견된 해왕성은, 천왕성의 궤도에 영향을 미치기에는 덩치가 너무 작았다. 그래서 미지의 행성 'X'가 또 있으리라는 추측이 나왔다. 20세기 들어 마침내 그 'X'가 발견되었다. 23세의 미국 아마추어 천문학도가 손수 만든 망원경과 육안으로 그 멀리 있는, 달보다도 작은 물체를 발견했다는 소식에 미국은 흥분의 도가니가 되었다. 이름 공모가 시작되고, 거창한 이름을 담은 수천 통의 편지가 쏟아졌다. 하지만 중구난방이라 쓸 만한 것이 없었다.

공모가 실패하여 난감할 때 멀리 영국에서 초등학생 소녀가 제안했다. 'X' 뒤로는 어둠과 침묵밖에 없으므로 로마신화의 저승사자 '플루토 Pluto'가 어떠냐는 것이었다. 그 기발한 마지막 아이디어가 채택되었다.

일본은 플루토를 '명왕성'이라고 번역했다. 중국은 '염왕성(염라대왕별)'이라고 불렀다. 그것은 너무 작고 멀어서 천왕성에 어떤 영향도 미칠 수 없다. 행성이라기보다는 돌덩어리에 가깝고, 그나마 한 개도 아니다. 부스러기 돌들이 모여 있을 뿐이다. 결국 천문학자들은 명왕성을 태양계 행성에서 제외했다. 그리고 죄수 번호에 가까운 '134340'이라는 새 이름을 붙였다.

2006년 명왕성의 행성 자격이 박탈되었다. 이후 이름도 없이 사라질 때 '명왕스럽다 plutoed'라고 말한다. 돌아보면, 명왕성은 처음부터 우울한 이름이었다. 그 우울한 이름을 제안한 영국 소녀 베니시아는 훗날 미국으로 이민 왔다. 아이러니하게도 '우울한 과학'이라는 별명을 가진 경제학을 공부하여 교사가 되었고, 2009년 세상을 떠났다. 명왕성이 명왕스럽게 이름을 잃는 것을 본 뒤에.

노벨경제학상은 노벨상인가?

———

노벨상의 탄생은 해프닝에 가깝다. 1888년 알프레드 노벨의 친형인 루드비그가 죽자 상당수 신문사들이 알프레드가 죽은 것으로 착각하고 "죽음의 상인, 마침내 죽다"라고 오보했다. 다이너마이트로 재벌이 된 알프레드는 장차 자기가 그렇게 기억될 것에 경악하여 서둘러 노벨재단을 만들었다.

잘 알려진 대로 노벨상은 물리, 화학, 의학, 문학, 평화 등 5개 분야로 나뉘어 시상된다. 그중에서 평화상 수상자는 스웨덴의 한림원이 아닌 노르웨이 의회가 임명한 사람들이 선정한다. 시상식도 스웨덴의 스톡홀름이 아니라 노르웨이 오슬로에서 거행된다. 노르웨이와 스웨덴이 한 나라였음을 기억하라는 알프레드의 당부였다.

한때 노르웨이는 '노르만 정복'을 통해 영국을 벌벌 떨게 만들던 바이킹의 나라였다. 그러나 오랜 기간 주변국인 덴마크와 스웨덴의 지배를 받았다. 땅에 비해 인구가 유난히 적은 탓이었다. 제2차세계대전 때는 중립국을 표방했는데도 소련에게 점령되었다. 또다시 그런 일을 겪지 않기 위해 노르웨이는 친구를 사귀려는 노력을 각별히 기울인다.

노르웨이는 국제사회에서 오지랖을 넓히는 것을 중요한 국가 시책으로 삼는다. 세계 곳곳의 분쟁과 내란에 발 벗고 나서서 평화를 중재한다. 몇 년 전에는 남북 평화 회담을 주선하겠다는 뜻을 밝히기도 했다. 그런 노르웨이가 독립을 원하자 스웨덴은 전쟁 대신 투표로써 1905년 독립을 승인했다. 그런 정치적 결단을 내린 스웨덴 의회야말로 진짜 노벨평화상 감이다.

스웨덴은 1969년 노벨경제학상을 신설했을 때도 노르웨이 사람을 첫 수상자로 뽑았다. 그 상은 스웨덴의 중앙은행인 릭스방크가 창립 300주년을 자축하고자 만든 '짝퉁' 상이다. 상금도 노벨재단이 아닌 릭스방크가 준다. 알프레드가 죽은 지 73년 뒤에 시작된 일이다.

오늘날 노벨경제학상은 미국인들이 독식하다시피 하고 있다. 그들은 전 세계적 골칫거리인 부익부빈익빈에 대하여 이렇다 할 해법을 내놓지 못하고 있다. 그러니 노벨경제학상을 만든 스웨덴 중앙은행이야말로 이그노벨상Ig Nobel Prize 감이다. 이그노벨상은 "반복할 수 없거나 반복해선 안 되는", 즉 우스꽝스러운 업적에 수여하는 상이다. 알프레드 노벨이 살아 있다면, 경제학상에 자기 이름을 붙인 것이 몹시 못마땅할 것이다.

• 『도덕감정론』과 보이지 않는 손

『도덕감정론』은 1759년 발간된 애덤 스미스의 첫 저서다. 인간의 이기적 본성만 부각한 토머스 홉스의 『리바이어던』(1651년)을 비판하며 도덕과 법률 제도에 의한 질서 유지와 사회 발전을 강조했다.

1649년 청교도혁명 당시 군중이 찰스 1세를 처형하는 것을 목격한 토머스 홉스는 인간은 교만과 폭력성 때문에 서로 협력하여 질서 있는 사회생활을 누리는 것이 불가능하다고 보았다. 그래서 성경에 등장하는 괴수 '리바이어던'같이 거대한 힘과 권능을 가진 국가가 인간의 교만과 잔인성을 압도해야 한다고 주장했다. 그에 대해 애덤 스미스는 인간의 행동을 지배하는 가장 큰 원리는 '공감의 원칙(principle of sympathy)', 즉 타인에게 인정받고 싶은 원칙이며 그것 때문에 사회의 질서가 유지되고 발전한다고 보았다.

이 책에서 애덤 스미스는 공감의 원칙을 다른 말로 "보이지 않는 손(invisible hand)"이라고 말했다. 이 책은 강압에 의한 질서를 부정하고 사회 구성원의 자발적 동기에 의한 질서를 강조했다는 점에서 비슷한 무렵 발간된 장 자크 루소의 『사회계약론』(1762년)과 일맥상통한다.

• 『국부론』과 보이지 않는 손

『국부론』은 통상 경제학의 출발점으로 인정되는 애덤 스미스의 두번째 저서다. 1776년에 발간되었다. 그보다 앞선 1758년 프랑수아 케네가 『경제표』를 발표했다. 『경제표』는 경제 현상과 정책을 진지하게 다루고 있으나, 농업만이 부(富)를 창조하는 부문이고 상업과 공업은 비생산적이라고 보는 등 기존의 중농주의적 세계관을 고수하고 있다. 그래서 경제학의 효시로는 인정받지 못한다. 반면 애덤 스미스의 『국부론』은 교환의 본능, 분업의 원리, 자유무역의 중요성 등을 체계적으로 설명하고 있다. 세계관의 변화다.

『국부론』에서 애덤 스미스는 "보이지 않는 손"을 다른 방식으로 설명한다. 인간이 각자 이기적 동기에 따라 사익을 추구하더라도 사회가 혼란에 빠지지 않으며 자동적으로 균형에 다다른다고 주장하면서 이를 "보이지 않는 손"의 작용이라고 설명했다. 전작 『도덕감정론』에서 "보이지 않는 손"은 타인의 시선을 의식하는 사람들을 통솔하는 힘이고, 『국부론』에서 "보이지 않는 손"은 자기 이익만 추구하는 사람들을 통솔하는 힘이라는 점에서 대비된다.

그러나 타인에게 인정받으려는 태도와 이기적 태도는 상호 독립적이라서 양립 불가능하지는 않다. 그러므로 애덤 스미스의 두 저서가 모순된다고 볼 수는 없다. 그것이 경제학계와 철학계의 중론이다.

2장
은행의 등장

돈은 계속 돌아야 한다 |||||||||||||||||||||||||||||||||||||

퇴비도 돈도 잘 써야 보배

2020년 초 북한의 김정은이 평남 순천의 비료 공장 준공식에 참석했다. 미국의 '참수 작전'이라는 것이 알려진 뒤 한동안 겁을 먹고 두문불출하다가 건재함을 과시하는 행사였다. 농업의 비중이 큰 북한에서 현대식 비료 공장은 인민의 복지를 상징한다. 김일성과 김정일도 비료 공장이 지어질 때마다 요란한 자축 행사를 벌였다.

화학비료는 19세기 말에 이르러 개발되었다. 우리나라에는 1910년 부산과 서울에 화학비료 공장이 세워졌지만, 워낙 영세하여 비료의 대부분은 일본에서 수입했다. 비료 생산에 쓰이는 암모니아는 독가스 생산 등 군사적으로도 이용될 수 있으므로 일본이 조선에 그런 중요 시설을 짓기를 꺼려했다.

그러다가 만주까지 진출할 계획으로 1927년 흥남에 비료 공장을 세웠다. 거기서 나온 비료가 국내 수요의 80퍼센트를 충당했다. 남한에도 비료 공장이 있었지만 영세했고, 그나마 한국전쟁 때 무너졌다. 이후 식량 증산을 위한 비료 공장 건설은 국운을 건 사업이 되었다. 오늘날의 반도체 공장보다도 중요했다. 1964년 삼성 이병철 회장이 일본 차관자금으로 울산에 한국비료공업 주식회사를 세웠다.

그런데 이 회사가 탈선했다. 비료 공장이 완공되기도 전에 사카린을 밀수하여 비자금부터 조성한 것이다. 국민들이 분개했다. 김두한 의원은 고약한 정경유착의 냄새가 난다면서 1966년 9월 국회에서 대정부 질의 도중 앞자리에 앉은 장관들에게 인분을 뿌렸다.

그 사건으로 김 의원은 구속되고, 회사는 반강제로 국가에 헌납되었다. 삼성그룹은 오명을 씻기 위해 와신상담하다가 1994년 그 회사를 엄청나게 높은 가격으로 되샀다. 그러나 세상이 바뀌어 비료 생산은 더이상 수지가 맞는 사업이 아니었다. 사업 다각화를 고민하다가 결국 롯데그룹에 회사를 넘겼다.

화학비료가 나오기 전에는 동물의 뼈(인산), 식물의 재(칼륨)와 함께 김두한 의원이 뿌렸던 인분(질소)을 썩혀서 퇴비를 만들었다. 퇴비와 비자금은 숨길수록 고약한 냄새가 난다. 퇴비나 돈이나 잘 감추는 것보다 잘 쓰는 것이 중요하다.

돈이 아닌 돈

부자는 남들과 싸우지 않는다. 얻는 것보다 잃는 것이 많기 때문이다. 국제금융계에서 미국이 그러하다. 미국이 주도하는 국제 통화질서를 향해 지속적으로 비판의 목소리가 나오지만, 미국은 일일이 대꾸하지 않는다. 문제가 생기면 임기응변으로 버틸 뿐이다.

제2차세계대전이 끝날 때 대부분의 나라가 금본위제도 복귀를 희망했다. 그러려면 전쟁중에 미국으로 집중되었던 금을 다시 분산해야 했다. 미국은 그럴 생각이 없어서 못 들은 척했다. 미국만 금본위제도를 고수하고, 다른 나라들은 달러화와 교환 비율을 지키도록했다. 브레턴우즈 체제다.

브레턴우즈 체제의 기본 철학은 '달러화=금'이다. 미국이 공급하는 달러화가 금과 똑같이 대접받으려면, 유사품이 없어야 한다. 그래서 1945년 출범한 국제통화기금은 세계의 중앙은행인데도 '은행'이라는 이름을 쓰지 못했다. '기금'이라는 명칭을 붙이고, 화폐 발행기능을 부여하지 않았다.

그런데 1960년대 말 위기가 찾아왔다. 미국의 지속적인 무역 적자로 전 세계적으로 달러화 공급이 흘러넘치면서 '달러화=금'이라는 등식이 과연 유효한지 의심하는 나라들이 늘었다. 프랑스가 맨 먼저 달러화를 금으로 바꿔달라고 요구했고, 다른 나라들이 가세했다. 시스템의 붕괴와 금의 급격한 유출 압력을 받은 미국이 한발 물러났다. IMF도 약간의 화폐 발행 기능을 갖는 데 동의했다.

그래서 탄생한 것이 '특별인출권SDR'이다. IMF 회원국 중앙은행들끼리 결제할 때 쓰는 돈이다. 오늘날 실물 없이 쓰이는 가상화폐의 원조다. 가상화폐 중에서도 스테이블 코인에 해당한다. 1SDR은 0.57813미달러(43.4%), 0.37379유로(29.3%), 1.0993위안(12.3%), 13.452엔(7.6%), 0.08087파운드(7.4%)를 섞은 것이다. 이미 존재하는 화폐의 합성 비율은 세계 경제에서 차지하는 주요국의 비중이다. 그러므로 SDR의 가치는 매우 안정적일 수밖에 없다.

하지만 미국은 SDR을 돈으로 인정하기 싫어한다. 그래서 그것을 만들 때 특별인출권이라는 기괴한 말을 붙였다. 나아가 '발행' 대신 '배분allocation'이라는 단어를 골랐다. 한국은행의 화폐 발행을 '한국은행인출권 배분'이라고 부르는 식이다. 의도적으로 유발한 어색함이다.

1970년 1월 1일 제3세계의 강력한 요구로 마침내 SDR이 탄생했다. 미국은 IMF가 발행(배분)하는 SDR을 돈이라고 부르지 않는다. 그렇다고 미국이 SDR을 포함한 국제통화제도의 개혁 방안을 딱히 갖고 있는 것도 아니다. 50년 넘게 임기응변만 한다. 여느 부자들처럼.

• 브레턴우즈 체제

1944년부터 1971년까지 지속되었던 국제 통화 질서를 말한다. 미국 뉴햄프셔주 브레턴우즈에서 44개국이 모여 국제통화기금을 설립하면서 정했기 때문에 브레턴우즈 체제라고 부른다. 미국은 '금 1온스=35달러'라는 등식에 맞추어 모든 IMF 회원국을 상대로 금과 달러화를 자유롭게 교환해주고, 다른 회원국들은 미 달러화와 자국 화폐의 교환 비율(환율)을 일정하게 유지한다는 것이 골자다.

따라서 브레턴우즈 체제는 곧 고정환율 체제이며, 세계 각국이 금본위제도와 거의 유사한 효과를 추구한다는 점에서 금환본위제(gold exchange system)라고도 한다. 하지만 만성 재정 적자와 국제수지 적자로 '금 1온스=35달러'의 약속을 지킬 수 없게 되자 미국 정부는 1971년 브레턴우즈 체제를 일방적으로 파기했다.

• 국제통화기금

제2차세계대전 종전 이후 새로운 국제 통화 질서를 유지하기 위해 탄생한 국제기구다. 20세기 초에 이르러 대부분의 국가들이 금본위제도를 채택했으나 제1차세계대전과 대공황을 거치면서 국제 통화 질서가 무너졌다. 이를 해결하기 위해 1944년 44개국의 합의로 국제통화기금을 출범시켰다. 이때 현재의 세계은행인 국제부흥개발은행(IBRD)도 함께 만들었다.

한국은 1955년 가입했으며, 러시아를 비롯한 동유럽 국가들은 구소련 붕괴 이후에 가입했다. 현재 회원국은 190개다. IMF는 국제연합(UN), 세계무역기구(WTO)와 더불어 다자간 협력을 통해 세계 평화와 번영을 추구하는 전후질서의 핵심 도구다. 북한은 1991년 UN에 가입했으나 IMF에는 가입하지 못했다. 자국 화폐와 회원국 화폐 간의 자유로운 교환, 자본 통제 중단, 국제수지 균형 노력 등 회원국의 의무를 준수할 자신이 없기 때문이다. IMF에 가입하지 않으면 세계은행 등에서 저금리 자금을 받을 수 없다.

은행이 슬기롭게 살아가는 법 ⁣‖‖‖‖‖‖‖‖‖‖‖‖‖‖‖‖‖‖

멀리 가려면 함께 가라

————

에도시대의 일본은 폐쇄사회였다. 유럽의 식민지가 될까봐 걱정하는 '다이묘大名', 우리말로 영주들이 주민들에게 '우리 식대로 살자'는 최면을 걸었다. 그리고 주민들의 동태를 일일이 감시했다. 서양 종교를 믿는 사람들은 지하로 숨었다. 그 시절 다이묘의 통치 자금은 소수 금융 재벌한테서 나왔다. 보호와 특혜의 대가였다.

외부와 단절된 그 지독한 정경유착의 구조를 메이지유신이 깼다. 메이지 정부는 과점 금융 재벌들을 해체하고 서양의 은행제도를 수입했다. 하지만 이해하기 힘든 것이 있었다.

그때까지 일본에서는 금융업자를 '료가에両替', 즉 '맞교환하는 사람'이라 불렀다. 환전 업무에 초점을 맞춘 것이다. 중국에서는 금융기관을 '첸장錢莊', 한자를 풀어쓰면 '돈이 쌓여 있는 곳'이라 불렀다. 그리고 여수신 업무에 초점을 맞췄다. 이처럼 동양에서는 환전이나 여수신이 금융업의 전부였다.

그런데 서양의 'bank'라는 기관은 좀 달랐다. 동업자들이 매일 아침 어음교환소라는 곳에 모여 어음과 수표를 교환한 뒤 차액을 정산했다. 지급 결제 업무다. 그러니까 동양에서는 금융업이 '개인플레이'였지만, 서양에서는 '팀플레이'였다. 일본은 그 차이를 깨달았다. 그래서 서양에서 유입된 'bank'라는 말을 '은화업자 일행', 줄여서 '은행'이라고 번역했다. 당시 일본이 은화를 쓰고 있었던 데서 나온 번역이다. 그러므로 은행은 집합명사였다. 서양과 무역하는 업자 일행을 '양행洋行'이라고 부른 것과 마찬가지다(양행은 중국이 만들었고, 은행은 일본이 만들었다).

돌아보건대 은행이라는 말은 은행의 여러 업무 중에서도 지급 결제에 초점을 맞춘 번역이다. 지급 결제 업무의 시작과 끝은 팀플레이와 협업이다. 하지만 팀플레이와 협업이 은행에게만 중요한 게 아니다. 기업에게도 중요하다. 40년 전 일본 소니사는 베타맥스라는 특허기술로 세계 VTR 시장을 독식하려다가 스스로 고립되어 결국 사업을 접었다. 빨리 가려면 혼자 가지만, 멀리 가려면 함께 가야 한다.

은행은 운명공동체다

어떤 사업에서 경쟁 상대가 사라지는 것은 희소식이다. 그러나 은행은 예외다. 한 은행이 파산하면 불안감을 증폭해 자칫 다른 은행까지 위험해진다. 그래서 은행들은 파산에 직면한 동업자를 발 벗고 나서서 돕는다.

은행이 운명 공동체라는 생각은 '은행銀行'이라는 말에 고스란히 녹아 있다. 앞서 말했듯 은행은 원래 '은을 취급하는 업자 일행'을 뜻하는 집합명사였다. 그렇다보니 19세기 사람들은 은행 이름에 신경쓰지 않았다. 초등학교 학급처럼 그냥 번호로 불렀다. 19세기 말 부산항에는 일본에서 온 제1은행, 제18은행, 제51은행이 있었고, 지금도 미국에서는 제5은행과 제3은행을 합친 제5/3은행이 영업하고 있다.

훌륭한 은행가는 은행이 운명 공동체임을 잘 안다. 1907년 10월 맨해튼에서 세번째인 니커보커신탁회사가 파산하자 멀쩡한 은행까지 예금 인출 사태에 휘말렸다. 그 순간 J. P. 모건이 맨해튼의 은행장들을 자기 사무실로 불렀다. 방문을 밖으로 잠근 채 밤새 어르고 달래서 '긴급 유동성 기금'을 모았다. 그렇게 갹출한 3500만 달러가 연쇄 부도 사태를 막았다.

1988년 텍사스주에서 가장 큰 퍼스트리퍼블릭은행이 예금 인출 사태에 몰렸다. 그때는 J. P. 모건 같은 사람이 없었다. 그 은행이 파산 지경에 이르러서야 연방예금보험공사FDIC가 10억 달러를 투입해서 겨우 정상화했다. 공교롭게도 똑같은 이름의 은행이 2023년 3월 예금 인출 사태를 맞았다. 캘리포니아주에 있는 그 은행을 돕기 위해 맨해튼의 JP모건체이스은행이 전국의 11개 동업자를 불러 300억 달러를 긴급 투입했다. J.P. 모건의 후예다운 결정이었다.

누가 독박을 쓰는가?

———

셋이 고스톱을 칠 때 '독박'은 '혼자 쓰는 바가지'다. 자기가 낸 패로 인해 승자가 뒤바뀌면, 그 민폐를 책임지는 벌칙이다. 혼자서 다른 패자의 몫까지 상금을 물어주므로 점수에 해당하는 돈의 두 배를 낸다. 노름꾼들은 그 쓰라린 고통을 잘 안다.

과거 미국의 은행 주주들도 독박의 쓰라림을 잘 알았다. 은행이 망하면 원래의 투자금만 날리는 것이 아니라 그만큼 돈을 더 물었다. 예금자에게 끼친 민폐를 책임지기 위해서다. 1863년 남북전쟁중에 링컨 대통령이 만든 그 벌칙을 '이중책임제도double liability'라고 한다. 은행이 파산하면 주주들이 독박을 쓰도록 함으로써 방만한 경영을 억제하려던 취지였다.

하지만 부작용이 생겼다. 은행에 투자하려는 사람이 줄면서 은행 증자가 더뎌졌다. 대출도 위축됐다. 은행업의 쇠퇴다. 결국 70년 뒤인

1933년 프랭클린 루스벨트 대통령이 이중책임제도를 폐기했다. 대신 은행이 파산하면 예금보험공사가 예금 지급을 책임지도록 했다. 대공황 때 등장한 그 방식을 예금보호제도라고 한다.

그러자 새로운 부작용이 생겼다. 금리만 높으면 부실한 은행에도 예금을 맡겼다. 예금자의 도덕적 해이다. 은행들은 그 돈으로 꾸역꾸역 대출을 늘렸다. 그 바람에 남북전쟁 때 25퍼센트에 이르렀던 은행 평균 자기자본비율이 100년 동안 8퍼센트로 뚝 떨어졌다. 그래서 더 낮아지는 것을 막기로 했다. 국제결제은행BIS 자기자본 규제다. 은행이 가진 수많은 자산을 위험성에 따라 분류하고, 가중치를 감안하여 합산한 뒤 자본금으로 나눈 것(자기자본비율)이 8퍼센트보다 낮으면 증자를 강제하도록 하는 규칙이다. 1992년 그 규제가 작동하자 세번째 부작용이 나타났다. 대출을 급하게 줄인 일본에서 '잃어버린 20년'이 시작되었다.

그런데 뱅크런 앞에서는 자기자본 규제도 무력하다. 2023년 3월 하룻밤 사이에 망한 미국 실리콘밸리은행이 그 증거다. 그래서 부실 조짐이 보이면 예금자보다 더 빨리 움직여야 한다. 국유화든, 인수합병이든, 청산이든 빨리 결정해야 민폐가 줄어든다. 한국을 뺀 각국의 금융꾼들은 그 시급함을 잘 안다.

지구는 둥글다

사업을 정리하는 데는 두 가지 방법이 있다. '폐업 정리 세일'과 함께 계획을 세워 문을 닫거나 부도를 맞아 졸지에 목숨을 잃는 것이다. 금융기관이 두번째 길을 걸으면, 금융시장에 난리가 난다.

1974년 6월 26일 서독 헤르슈타트방크의 파산이 그랬다. 그 은행은 한스 게를링이라는 사람이 지분의 80퍼센트를 가진, 서독 내 자산 규모 40위 정도의 소형 은행에 불과했다. 하지만 외환 거래에 전문화되어 있어서 이 은행의 파산은 국제금융시장을 뒤흔들었다.

돌아보면 1974년은 혼돈의 도가니였다. 미국의 닉슨 대통령, 서독의 브란트 총리, 일본의 다나카 총리가 스캔들로 사퇴했다. 프랑스 퐁피두 대통령은 암으로 급사하고, 영국 히스 총리는 두 번의 의회 해산 끝에 총선 패배로 물러났다. 5대 기축통화국 정상들이 약속이라도 한 듯 느닷없이 교체되는 가운데 오일쇼크까지 겹쳤다. 그 바람에 환율이 사상 유례 없이 춤을 췄고, 이를 견디지 못한 헤르슈타트방크가 파산했다.

그때 서독 정부는 충격을 최소화하려고 금융시장이 마감된 오후 4시 30분에 영업정지를 발표했다. 그 순간 뉴욕은 오전 10시 30분이라서 금융시장이 한창 바쁘게 돌아가고 있었다. 그날 헤르슈타트방크와 주고받을 것이 있어서 10시 30분 전에 송금한 뒤 저녁까지 입금을 기다리던 뉴욕의 거래처들은 뒤통수를 맞았다.

헤르슈타트방크 파산의 교훈은, 금융기관은 파산할 때도 엄격한 규칙이 필요하다는 점이다. 1974년 9월 G10 중앙은행 총재들이 스위스 바젤에 모여 은행감독위원회BCBS를 만들기로 했다. 오늘날 최저 자기자본비율에서 부실 금융기관 정리 원칙 등 온갖 금융 규제를 다루는 바젤위원회의 전신이다. 한자리에 모인 총재들은 "지구는 둥글다"는 평범한 진리를 되새겼다.

중앙은행의 탄생 ‖‖‖‖‖‖‖‖‖‖‖‖‖‖‖‖‖‖‖‖‖‖‖‖‖‖‖‖

습관을 함부로 바꾸면 목숨이 위태롭다

통치자의 생활 습관이 기이하면 국민들이 힘들다. 2020년 10월 한밤중에 열린 북한노동당 창건 기념 열병식이 그 예다. 최고지도자가 '올빼미'인 탓에 온 북한 주민들이 고생했다.

이명박 대통령은 그와 반대로 '얼리버드'였다. 회사원 시절 몸에 밴 새벽 4시에 일어나는 습관은 비서들을 고달프게 했다. 국민들까지 덩달아 부지런해야 했다. 『새벽형 인간』이라는 책이 불티나게 팔리는 가운데 2009년 4월 은행들의 문 여는 시각이 9시 30분에서 9시로 당겨졌다.

그때 러시아가 한국에서 큰 영감을 얻었다. '서머타임제(일광절약 시간제)'를 사계절 내내 실시해서 러시아인들을 자연스럽게 얼리버드로 개조하려고 했다. 하지만 1억 5천만 명의 배꼽시계와 생활 습관은 고칠 수 없었다. 세계 유일의 러시아식 '연중 서머타임제'는 성난 민심 속에서 3년 만에 폐지되었다. 지금 러시아는 유럽에서 거의 유일하게 여름에도 서머타임제가 없다.

통치자와 국민들의 생활시간대는 비슷해야 한다. 그런데 17세기 스웨덴에서는 통치자의 밤낮이 국민들과 정반대였다. 그래서 서로 불행했다. 스웨덴은 북극에 가까워 겨울에는 아침 9시에도 해가 뜨지 않는다. 그런데 1632년 즉위한 스웨덴의 왕 크리스티나는 공식 일정을 새벽 5시에 시작했다. 신하들은 왕의 얼굴을 보기도 힘들었다.

'사자왕'이라 불리던 아버지 구스타브 2세가 30년전쟁에서 전사하는 바람에 크리스티나는 여섯 살에 왕이 되었다. 여자인 크리스티나가 '왕'이 된 이유는, 남자 형제가 없어서 태어날 때부터 남자로 양육된 탓이다.

그런데 크리스티나가 십대에 접어들자 신하들이 "빨리 결혼해서 아들을 출산하라"라며 닦달했다. 크리스티나는 당혹감 속에서 성 정체성의 혼란에 빠졌다. 결혼 독촉에 염증을 느끼고, 신하들을 피해 한밤중에 '혼밥'을 먹었다. 그러면서 올빼미 생활을 시작했다.

크리스티나는 국정에 관심을 두지 않고 학자나 예술가하고만 어울렸다. 그들을 통해 데카르트를 동경하게 되었다. 당대 최고 석학인 데카르트는 그 무렵 네덜란드에 머물고 있었다. 고향 프랑스보다도 학문의 자유가 보장되어 교황청의 눈치를 살필 필요가 없었기 때문이다. 그뿐만이 아니었다.

데카르트는 당시 학문적 전통을 깨고 라틴어가 아닌 프랑스어로 책을 썼다. 가톨릭 신자이면서도 네덜란드 군대에 자원입대해서 개신교도들과 마음을 나눴다. 크리스티나는 관습과 고정관념을 초월하는 데카르트가 어쩐지 자기와 통할 것 같아서 스승으로 초빙했다.

그것이 문제였다. 30년전쟁은 종교전쟁이었고, 아버지 구스타브 2세는 가톨릭 세력과 싸우다 죽었다. 그러므로 전쟁중에 스웨덴 국왕이 가톨릭 신자에게 배우는 것은 어불성설이라며 온 국민이 반대했다. 그러나 왕의 고집은 꺾지 못했다.

데카르트는 국빈 대접을 받으며 스웨덴에 도착했다. 그런데 탈이 났다. 크리스티나가 요구하는 새벽 5시 수업이 무리였던 것이다. 그는 항상 점심때쯤 일어나던 저녁형 인간이었다. 군인이었을 때도 그 습관을 고집했다. 스톡홀름의 가혹한 겨울 날씨 속에서 평생의 습관을 바꾸려던 데카르트는 스웨덴 도착 5개월 만에 폐렴으로 죽었다.

살았을 때 국빈이었던 데카르트의 시신은 허름한 공동묘지에 버려졌다. 나중에는 해골까지 분실되었다. 가톨릭에 대한 스웨덴의 국민적 반감이 만든 결과였다. 그를 초대한 왕도 입지가 좁아졌다. 신하들과 거리를 두고 국민들과 교감하지 못했던 크리스티나는 28세에 스스로 왕위를 내려놨다. 가톨릭으로 개종한 뒤 남자 복장으로 외국을 전전하다가 독신으로 일생을 마쳤다.

그가 떠나자 왕궁이 비로소 정상으로 돌아왔다. 새로운 왕 칼

10세는 아침식사 후 맑은 정신으로 신하들을 만나 여러 의견을 들었다. 그 의견 중 하나가 지폐를 발행하는 것이었다. 당시 스웨덴은 금화나 은화가 부족하여 구리 널빤지를 돈으로 썼다. 한 개가 20킬로그램이나 되어 들기도 힘들었다. 그래서 1657년 세운 것이 스톡홀름은행이다. 서양 최초로 지폐를 발행하는 파격적인 기관이었다.

올빼미와 얼리버드 생활이 지나치면 건강을 해칠 수 있다. 인간관계도 망가진다. 그러므로 자연에 순응해야 한다. 밤이 길 때는 좀 더 자는 것도 나쁘지 않다.

네덜란드를 질투한 영국

———

"능력이 벽에 막히면, 그때부터 분노가 시를 쓴다." 고대 로마의 시인 유베날리스가 인간의 시기심을 꿰뚫어보면서 뱉은 말이다. 모차르트의 재능을 질투한 안토니오 살리에리의 심정이 그랬으리라.

국가는 인간의 집합이니, 국가 사이에도 시기심이 작동한다. 애덤 스미스는 『국부론』의 거의 절반을 네덜란드 경제에 대한 찬사로 채웠지만, 17세기 초 영국은 신생 부국 네덜란드를 지독하게 질투했다. '더치 엉클(잔소리꾼)' '더치 커리지(술김에 부리는 호기)' '더치 리브(무단이탈)'처럼 네덜란드를 조롱하는 말들이 그 무렵 탄생했다. 1651년에는 항해법을 만들어 무역상들이 네덜란드 배를 이용하는 것을 금지하기도 했다.

영국은 네덜란드를 쫓아가고 싶었지만, 흉내내는 것조차 포기한 것도 있었다. 은행업이다. 1571년 서민 전용 은행법을 만들었지만 자신이 없어서 중단했다. 1666년 런던대화재 직후 은행을 세워 그 예대 금리차로 도심 재개발 비용을 마련하는 방안도 탁상공론으로 끝났다. 암스테르담은행처럼 지급 결제 전문 은행을 만드는 방안도 만지작거리기만 했다.

하지만 1688년 명예혁명 뒤에는 은행 설립을 더이상 늦출 수 없었다. 명예혁명을 지원했던 네덜란드와 영국이 밀착하자 프랑스가 이를 경계하면서 시비를 걸어왔고, 혁명정부는 서둘러 은행 설립에 나섰다. 그때 서민금융이니, 지급 결제 선진화니 하는 따위의 기존의 고상한 말들은 전부 무시했다. 오로지 전비 마련에 초점을 맞췄다. 부자들에게 은행을 세우도록 하고 거기에서 연 8퍼센트의 높은 금리로 차입했다. 고금리를 불평하기는커녕 화폐 발행 독점권이라는 특혜까지 베풀었다.

의회가 '선박세, 주세 등 조세수입을 담보로 하여 프랑스와의 전쟁 수행에 필요한 150만 파운드의 전비를 자발적으로 제공하는 애국자를 우대하는 법'을 만들었다. 그 긴 이름의 법률에 따라 1694년 마침내 영란은행이 문을 열었다. 영국의 중앙은행이다. 지금의 영란은행은 정부에 한 푼도 대출하지 않는다. 반면 스위스중앙은행은 곤경에 처한 다른 나라 중앙은행까지 도와준다.

스위스의 홀로서기

스위스 국기에는 붉은 바탕에 흰 십자가가 새겨져 있다. 그것을 보면 자애로울 것 같은데, 생각보다 차갑다. 한국전쟁 때 의료지원반조차 보내지 않았다. 그때 물자 지원은 멕시코보다도 적었다. 어떤 전쟁과도 거리를 두기 때문이다.

스위스는 강대국에 둘러싸인 꼬마 나라다. 1291년 자치권을 주장했지만, 아무도 거들떠보지 않았다. 유럽 전체가 종교전쟁을 끝마치던 1648년 신성로마제국에서 겨우 독립했으나 나폴레옹전쟁 때 프랑스, 러시아, 오스트리아의 침공으로 나라가 찢어졌다. 그러다가 1815년 주변국들의 합의에 따라 영세중립국으로 다시 태어났다.

스위스는 중립국의 지위를 옹골차게 지킨다. 제1차세계대전 때 프랑스가 독일 진격을 위해 길을 열어달라고 요구하자 스위스는 도로와 터널을 자폭하겠다고 위협하여 프랑스를 좌절시켰다. 제2차세계대전 때는 같은 방법으로 독일군의 프랑스행도 허용하지 않았다.

스위스는 연방국가라서 각 주의 독립성이 굉장히 강하다. 처음에는 화폐도 각 주가 제각기 발행했다. 1907년 53개 발권은행을 묶어 중앙은행을 만들었지만, 영업 기간을 20년으로 제한했다. 20년마다 영업 연장을 심사하다가 창립 100주년인 2007년에야 그 관행을 철폐했다.

스위스중앙은행은 별나다. 중앙은행 주식이 증권거래소에서 개인간에 활발하게 거래된다. 이 은행 이사회는 통화정책에 관심이 없다. 발권력을 양보한 26개 주정부에게 이익을 나눠주기 위해 경영을 감시하는 것이 주업무다. 통화정책은 총재가 부총재의 의견을 들은 뒤 혼자 결정한다.

2023년 3월 스위스중앙은행이 대출로 크레디트스위스은행을 살렸다. 1962년 달러화 위기 때는 스위스중앙은행이 미 연준에게도 돈을 빌려줘서 위기에서 구해냈다. 스위스중앙은행은 한국은행도 돕겠다고 약속했다. 그 오지랖을 중앙은행 간 통화스와프 계약이라 한다. 김정은을 교육한 데 대한 영세중립국의 등거리 외교이자, 한국전쟁 때 차가웠던 데 대한 미안함의 표현이다.

관치금융은 탈피하자

———

벨기에는 작은 나라다. 농업국가 벨기에가 1830년 네덜란드에서 독립할 때는 부족한 것이 참 많았다. 은행도 없었다. 이웃나라의 은행들을 찾아가 정부 대출과 국고금 관리를 부탁했으나 번번이 거절당했다.

보다못한 유대인 상인들이 나섰다. 자기들이 돈을 모아 중앙은행을 세우겠다고 제안했다. 신생국 정부는 그 제안이 반가우면서도 불안했다. 유대인의 경제권 장악이 겁난 것이다. 그래서 감사관을 통해 경영을 통제한다는 조건을 붙여 1850년 벨기에 중앙은행 설립을 허가했다. 총재의 결정을 감사관이 뒤집을 수 있는 기상천외한 조직을 보고 이웃나라들이 비웃었다.

하지만 이 은행은 금융이 더 뒤졌던 일본의 모델이 되었다. 일본은 처음에 프랑스를 주목했지만, 프랑스는 은행업이 발달하여 쉽게 흉내낼 수 없었다. 그때 프랑스 재무장관 레옹 세('세의 법칙Say's law으로 유명한 경제학자 장바티스트 세의 손자)가 힌트를 줬다. 일본처럼 농업국가인 벨기에를 본받으라는 것이었다. 그 정보를 들은 일본은 벨기에중앙은행법을 거의 그대로 번역하여 1882년 일본은행조례를 만들었다. 건축가 다쓰노 긴코를 현지로 보내서 중앙은행 건물까지 모방했다. 지금의 일본은행 본점 건물이다.

조선은행 본점(현재 한국은행 화폐박물관)은 다쓰노 긴고가 일본은행 본점을 토대로 설계한 것이다. 그러니 벨기에 중앙은행 건물의 손자뻘이다. 한국은행법도 비슷하다. 그 법을 만들 때 일본은행법을 참고했으므로 벨기에 중앙은행법의 손자뻘이다. 1997년 이전에는 한국은행 총재가 아닌 재무장관이 금융통화위원회 의장을 맡았던 것이 그 흔적이다. 틀림없는 '관치'다.

공교롭게도 두 나라 중앙은행법이 발효한 날도 같다. 5월 5일이다. 벨기에중앙은행법보다 정확히 백 살 어린 한국은행법은 우리나라 최초의 금융법이다. 벨기에 냄새가 물씬 밴 그 법을 시작으로 우리나라에서도 관치금융이 시작되었다. 벨기에의 유대인 대부업자처럼 국내 은행들은 정부 앞에서 꼼짝 못한다. 농업국가를 탈피한 지금, 벨기에 냄새는 좀 지워야 하지 않을까?

한국은행 탄생의 전주곡

1945년 8월 15일 일본이 항복했다. 9월 2일 항복문서 조인식을 마친 더글러스 맥아더 미국 태평양 방면 연합군 총사령관은 7일 요코하마에서 남조선을 향해 포고령들을 발표했다. 그중 포고령 제3호는 화폐 질서에 관한 것이었다. 조선은행권과 미군표軍票를 남조선 주둔지에서 법화로 쓴다는 선언이었다. 하지만 9월 11일 조선은행 시재금을 조사한 결과 조선은행권이 충분했다. 9월 16일 제7사단장이자 남조선의 군정장관인 아널드 소장은 조선은행권만 법화로 인정한다는 계획을 발표했다. 그 무렵 북조선에서 소련군이 군표를 무지막지하게 살포한 것과 대비되었다. 이어서 9월 30일 롤런드 스미스 해군 소령을 조선은행 총재로 임명했다. 이렇게 1945년 여름이 숨가쁘게 지나갔다.

가을이 되자 대외 거래까지 눈을 넓혔다. 10월 1일 군정청은 원화의 공정환율을 1달러당 15원으로 책정했다. 11월 2일에는 일제강점기의 기존 법률을 일단 인정키로 했다(군정법령 제21호). 이로써 조선은행, 조선식산은행, 조선저축은행, 금융조합, 조선금융조합 등 기존

금융기관들의 영업 근거가 명확해졌다. 12월 6일에는 조선 내 모든 일본인 명의 재산에 대한 소유권이 미군정청으로 귀속되었다(군정법령 제33호). 이로써 미군정청이 조선은행의 유일한 주주가 되었다. 이렇게 1945년이 막을 내렸다.

1946년 1월 3일 '대외무역규칙'이 제정되었다. 모든 무역은 금지되고 오로지 미군정청의 허가에 의해서 정해진 장소, 항구 및 공항에서만 외국과의 교역이 가능하다는 내용이었다(군정법령 제39호). 7월 12일에는 '외국무역규칙 제1호'가 발표되었다. 그 규칙은 대외무역과 대금의 결제에서 물물교환제를 선언했다. 당시 남한의 무역은, 중국에 인삼을 팔아 필요한 물건을 가져오던 조선시대 상관商館 무역과 비슷했다. 외국 상인이 오면 그들이 가져갈 물건을 소개하는 매판가買辦家 또는 중개인이 있을 뿐이었다. 당시 무역이란, 미군정청 장관 명의로 식료품을 수입하는 것이 전부였다. 그래서 물물교환을 추구했다.

그런 가운데 무역량이 점차 늘어났다. 그러자 미군정청은 1947년 6월 16일 법령 제145호를 통해 조선환금은행을 설립했다. 조선인들도 외환을 소유할 수 있다는 가정하에 미군정청이 남조선에서 민간인들과 외환을 거래하기 위해 만든, 군정청의 하위 조직이었다.

조선환금은행은 매우 기이했다. 미군정청에 속한 행정조직이면서도 2억 원의 납입 자본금으로 설립된 외국환은행이었다. 일제강점기에 일본의 법률 체계에 익숙한 사람들은 행정관청인 동시에 은행인 그 기구를 이해할 수 없었다. 장차 설립될 미국식 중앙은행, 그러니까 반관반민의 한국은행을 둘러싼 오해와 갈등의 전주곡이었다.

1948년 8월 15일 대한민국 정부가 출범한 뒤 9월 11일 '한미간 재정 및 재산에 관한 최초 협정'이 체결되었다. 대한민국 최초의 조약인 그 협정은 "미군정청이 관리하던 자산과 부채 일체를 대한민국 정부로 이관한다"(제1조)라는 것이 요지였다. 그런데 제4조에서는 "미국 정부는 재조선 미군정청이 현재 소유 및 보관하고 있는 조선환금은행 주식을 동 은행 자산 및 채무와 함께 대한민국에 이전한다"라는 점이 새삼스럽게 강조되었다.

이어서 제4조 제2항에서 "조선환금은행의 재산 일체는 대한민국에 이양하되, 이 은행의 외환 계정을 사용 또는 할당할 때는 한국에 주재하는 미국 정부 최고대표자와 협의하여 동의를 얻어야 한다"라는 조건이 달렸다. 이 협정 체결 이후, 한미 양국은 10월 1일 '한미 간 환금에 관한 잠정 협정'을 체결하고 대미 환율을 450 대 1로 조정했다. 그것이 대한민국 정부 수립 후 최초의 환율 조정인데, 거기에는 미국의 간섭이 작용했다. 일본을 경쟁 상대로 알았던 이승만 대통령은 원화의 가치만 낮아진 것이 몹시 언짢았다.

요컨대 최초 협정의 제1조는 법인으로서 조선환금은행을 일컫는 것이었고, 제4조는 외환 당국으로서 조선환금은행을 일컫는 것이었다. 이 은행이 지속되는 한 미국 정부의 간섭은 계속될 수밖에 없었다. 그런 상태에서 벗어나려면 미군정청에서 이양받은 조선환금은행을 없애야 했다. 그래서 나온 묘안이 이 은행을 조선은행과 합병하는 것이었다.

1948년 12월 20일 이승만 대통령이 김도연 재무장관에게 '특별지령'이라며 서류를 보냈다. 서류에는 이런 지시가 담겨 있었다. "한미 협정 제4호에 의해 정부가 보유하는 환은의 전 재산과 미군정청이 조선환금은행에 출자하기 위해 조선은행으로부터 차입한 2억 원의 채무를 상계 처리하고, 조선은행에 대해 외환 취급을 허용하는 동시에 조선은행의 외환 취급에 있어 정부의 유일한 정부 대행 기관으로 지정하는 절차를 밟도록 하라." 그 지시에 따라 조선환금은행과 조선은행이 전격 합병되었다. 1949년 2월 1일이었다.

조선환금은행과 조선은행을 합병할 때 당연히 미국은 반대했다. 신생국 정부가 환율을 방어하고 외환 보유액을 관리하는 능력을 의심한 것이다. 국내에서도 반대한 사람들이 많았다. 합병을 당하는 조선환금은행 직원들과 조선은행이 커지는 것을 거북하게 생각하는 재무부 관료들이었다. 그들은 대통령의 명령이 불법이라고 볼멘소리를 했다. 조선환금은행을 폐지하려면 법을 고쳐야 한다는 이유를 내세웠다.

나아가 조선은행이 외환을 취급하면 위험해진다는 논리를 내세웠다. "원화를 취급하는 조선은행이 외환을 취급하는 것은, 내무장관이 외무장관을 겸하는 것"이라고도 주장했다. 실제로 당시 일본에서는 일본은행과 요코하마정금(쇼킨正金)은행이 엔화와 외환을 각각 나누어서 담당하고 있었다. 그런 시스템이 익숙했던 사람들은 중앙은행을 여러 특수은행의 하나쯤으로 여기고 있었다.

하지만 이승만 대통령은 그 반대의견을 받아들이지 않았다. 국내 금융인들끼리의 밥그릇싸움을 중재하는 것보다 외환정책의 주권 확보를 훨씬 중요하게 여겼기 때문이다. 재무장관에게 보낸 '특별 지령'에서 "한미경제협정 제4호의 유보조항, 즉 미화 계정 사용시 미 대표부의 동의를 얻도록 하는 데 대한 자주성 확보 필요"를 강조했다. 나아가 "미군정청의 외국인의 지시에 따르던 행정조직 조선환금은행을 대한민국 정부 수립에 맞추어 쇄신할 필요"를 언급했다. 국가 지도자다운 생각이었다.

1949년 2월 조선환금은행을 흡수한 조선은행은 1950년 6월 한국은행으로 환골탈태했다. 그때도 국무회의에서 한국은행법 제정에 반대하는 목소리가 들렸다. 일본에서 공부한 신태익 법제처장이 "일개 법인이 국가정책을 담당하는 것은 위헌"이라고 주장했다. 대통령은 동의하지 않았다. 현대식 중앙은행제도는 자신이 가장 잘 안다고 확신했다. 총재가 조선총독부의 하수인 역할을 했던 조선은행보다는 위원회를 통해 정책을 결정하는 한국은행이 훨씬 바람직하다고 설득했다. 미국도 그 생각에 찬사를 보냈다. 트루먼 대통령이 여러 면에서 이승만 대통령과 마찰을 빚었지만 한국은행을 만드는 데는 의견 일치를 보았다.

따지고 보면 이승만 대통령이 금융 선진화의 주역이었다. 미국 유학파였던 그가 없었다면 한국 금융은 일제가 남긴 시스템을 부둥켜 쥔 채 시류에서 멀리 벗어났을 것이다.

● 스톡홀름은행과 릭스방크

스웨덴은 영국이나 프랑스처럼 해외 식민지가 있는 것도 아니고, 국내에 금광이 많은 것도 아니었다. 그래서 국내에서 생산되는 구리를 돈으로 만들어 썼다. 외국의 금화나 은화의 가치를 가진 구리 돈을 만들다보니 하나의 무게가 20킬로그램이 넘었다.

그것이 너무 불편했던 나머지 1657년 칼 10세가 스톡홀름은행을 세우고, 구리 돈을 대신할 지폐를 발행토록 했다. 그 아이디어를 낸 요한 팜스트루크가 은행장으로 임명되었다. 그는 독일과 네덜란드를 드나들던 수완 좋은 장사꾼이자 국립무역위원회 위원장이었지만, 은행업에는 서툴렀다. 부실한 대출 때문에 은행을 10년 만에 말아먹었다. 그리고 감옥에서 생을 마감했다.

스톡홀름은행이 파산하자 휴짓조각이 된 지폐를 쥔 국민들은 이미 죽은 칼 10세를 원망했다. 그렇다고 구리 돈을 쓰는 시대로 돌아갈 수는 없었다. 그리하여 스톡홀름은행이 파산한 지 1년 뒤인 1668년 새로운 발권은행이 세워졌다. 오늘날의 릭스방크인데, 현존하는 최고(最古)의 중앙은행이다. 스웨덴 의회는 국왕의 요구로 그 은행의 설립을 승인하면서 조건을 달았다. 은행장은 국왕이 임명하되, 경영 일체는 의회가 감시한다는 것이다. 국왕의 권한을 의회가 통제하는 면에서 스웨덴 민주주의의 출발점이다. 영국의 명예혁명보다 빨랐다.

그래서 스웨덴은 릭스방크를 굉장히 중요하게 생각한다. 릭스방크는 의회,

대법원 등과 함께 스웨덴 헌법에도 명시되어 있는 헌법기관이다. 100년 뒤 미국이 스웨덴을 보고 헌법에 "화폐의 주조는 의회가 관장한다"는 조항(제8조)을 넣었다. 오늘날 연준 의장은 대통령이 임명하지만 연준 자체는 의회에 소속된 기관이다.

● 벨기에, 일본, 조선의 중앙은행

벨기에는 과거에 작은 농업국가였다. 그렇다보니 배타성이 강했고, 해외 식민지에서는 인종차별을 서슴지 않았다. 아프리카의 콩고는 19세기 벨기에 식민지 시절 받았던 상처를 아직도 깊이 간직하고 있다.

벨기에 안에서는 유대인 차별이 심했다. 그래서 유대인 상인들이 출자하여 중앙은행을 세울 때 정부가 강력하게 견제했다. 출자금을 한푼도 내지 않은 정부가 중앙은행 경영에 간섭하는 내용을 법률에 담았다. 로마법을 따르는 주변국이 보기에는 황당한 법률이었다. 하지만 농업국가에서 공업국가를 지향하는 일본이 보기에는 벨기에가 최고의 모델이었다. 유럽을 시찰하던 마쓰카타 마사요시 대장대신은 벨기에중앙은행법을 그대로 가져와서 1882년 일본은행을 설립했다. 아울러 건축가 다쓰노 긴고에게 건물까지 베끼도록 했다. 그런 과정을 거쳐 1896년 현재와 같은 일본은행 본관 건물이 완성되었다.

다쓰노 긴고는 일본은행 본점에 이어 다른 은행 건물들도 설계했다. 일본은행 오사카지점, 교토지점, 오타루지점, 제일(第一, 다이이치)은행 교토지점, 고베지점 등이 그의 작품이다. 제일은행에서 주문이 쏟아질 때 서울에 한국본부(대한제국 본부) 건물도 있었다. 훗날 조선은행 본점을 거쳐 오늘날 한국은행 화폐박물관으로 쓰고 있는 건물인데, 일본은행 본점 건물보다는 프랑스 풍이 훨씬 강하다.

▲ 벨기에 중앙은행 본점(현재는 박물관)
▶ 일본은행 본점

오늘날 한국은행 화폐박물관으로 쓰고 있는 조선은행 본점의 과거 모습

시류를 못 읽으면 낭패한다 ‖‖‖‖‖‖‖‖‖‖‖‖‖‖‖‖‖‖

노먼의 저주

대공황 전에는 중앙은행이 민간 기업이었다. 공산혁명 이후 설립된 소련 중앙은행만 거의 유일한 예외였다. 덴마크 중앙은행은 1813년 국영기업으로 출발했다가 5년 만에 민영화되었다.

영국의 영란은행도 민간 기업이었지만, 여느 기업들과는 달랐다. 정부를 쥐락펴락했다. 국내에서 처칠 재무장관을 압박해서 1925년 금본위제도를 복원시키는가 하면, 국제무대에서는 1930년 국제결제은행을 출범시키는 데 정부 이상으로 영향력을 행사했다.

노동당은 그런 힘을 가진 영란은행에게 거부감을 느꼈다. "돈은 국민의 주인이 아니라 머슴이 되어야 한다"라는 미국 링컨 대통령의 말을 상기시키면서 영란은행 국유화를 주장했다. 처음에는 과격한 사회주의식 발상이라고 외면받았다. 그러나 대공황이 닥쳐 1931년 금본위제도가 다시 중단되자 여론이 달라졌다. 민간 기업이 법화를 발행하는 것은 아무래도 어색하다는 의견이 비등했다.

노동당은 1945년 집권하자마자 영란은행 국유화부터 단행했다. 거기에는 몬터규 노먼 총재에 대한 국민적 반감도 작용했다. 1925년의 금본위제 복귀는 노먼 총재가 정부를 압박해서 벌어진 일이었는데, 그러자 심각한 경제난이 찾아왔다. 처칠 재무장관이 땅을 치고 후회했다. 그러나 노먼은 아무 책임도 지지 않았다. 대공황 때도 자리를 지켰다. 그의 조상들이 대대로 민간 기업 영란은행의 주주였기 때문이다. 외할아버지도 총재였고, 할아버지는 51년간이나 이사회 멤버였다.

노먼은 노동당 집권과 영란은행 국유화가 확실해지자 24년간 지켜왔던 총재직을 사임했다. 그가 국민 밉상이 된 이유가 긴 재임 기간 때문만은 아니다. 덴마크의 호프마이어는 29년간 중앙은행 총재로 일했지만, 미움받지 않았다. 노먼의 과오는, 물가 안정만 중시하고 실업의 고통을 외면했다는 것이다. 그러면서 대중 앞에서는 늘 도도했다. 귀족이니까.

1946년 고용 안정을 외면했던 영란은행이 252년 만에 국유화되었다. 그뒤로 영란은행은 정부에 순종했다. 지금 영란은행의 자율성은 다른 중앙은행들보다 훨씬 약하다. 세상 흐름을 모른 채 너무 오래 자리를 지켰던 노먼의 저주다.

한국 금융과 영국 금융의 차이

———

우주의 가스와 먼지가 뭉쳐 별이 되고, 별은 수소를 태워 빛을 낸다. 그것이 끝나면 적색거성으로 부풀어올랐다가 백색왜성이 되어 사라진다. 별의 일생에서 별이 가장 클 때는 내리막길로 접어들기 직전이다.

외환위기 이후 한국은행의 모습도 이와 비슷하다. 1997년 말 한국은행에는 23개 부서가 있었고, 직원은 4천 명이 넘었다. 그러나 이듬해 9개 부서가 폐쇄되고, 직원도 2천 명 수준으로 쪼그라들었다. 은행감독원 조직이 분리되었기 때문이다.

분리 조짐은 그전부터 있었다. 영동개발진흥이라는 회사가 조흥은행 간부들과 짜고 금융사기를 저지른 직후다. 1983년 봄 그 사실이 알려지자 정부는 대뜸 은행감독원의 '독립'을 별렀다. 하지만 시중은행 직원의 비리로 중앙은행 조직을 손보는 것은 터무니없었다. 결국 인사와 예산 면에서 은행감독원장이 한은 총재에게서 독립하는 것으로 끝났다. 이후 정부 출신 은행감독원장들은 조직을 키웠다. 먼 훗날의 분리를 위한 '몸집 불리기'였다. 한 지붕 두 가족인 한국은행은 적색거성이 되어갔다.

영동개발진흥사건은 1866년 영국의 금융공황과 구조가 비슷하다. 회사가 발행한 어음을 은행이 수수료를 받고 지급보증하면, 회사가 그 어음을 시장에서 팔아 현금을 마련했다. 영국에서는 작은 은행이 보증한 금액이 너무 커서 파산했지만, 한국에서는 지점장이 지급보증 서류를 위조한 사실이 중간에 발각되어 파산을 면했다.

1866년 금융공황은 영국 금융 시스템을 크게 바꿨다. 작은 은행의 파산이 금융공황으로 쉽게 번지는 것을 막는 방법을 생각하다가 최종대부자라는 개념에 이르렀다. 그리고 최종대부자인 영란은행에게 은행 감독 기능을 부여했다. 그러니까 최종대부자 기능과 은행 감독 기능이 함께 출발했다. 한국은 정반대다. 시중은행 간부의 사기를 감독 실패라고 탓하고 호시탐탐 정부가 감독 기능을 가지려고 했다.

1983년 7월 22일 모든 조간신문 일면을 '은행감독원 독립 백지화'가 장식했다. 하지만 정부는 포기하지 않았다. 결국 외환위기 때 목표를 이뤘고, 한국은행은 백색왜성으로 수축했다. 그후로도 금융 사고는 심심치 않게 터지지만, 감독 실패의 책임은 별로 따지지 않는다. 1962년 출범한 이래 60년이 넘도록 새마을금고가 금융 당국의 통제에서 벗어나 방만하게 운영되는데도 그것을 강 건너 불구경하듯 한다. 위험이 큰 새마을금고 감독은 꺼림칙한 것이다. 시류를 못 읽는 것일까, 너무 잘 읽는 것일까?

● 중앙은행의 기능

중앙은행의 기능을 손꼽으라고 하면 보통 발권은행, 정부의 은행, 은행의 은행, 그리고 최종대부자라고 대답한다. 현존하는 중앙은행 중에서 가장 오래된 스웨덴 릭스방크는 지폐를 발행하기 위해서 설립되었다. 유로화를 발행하는 유럽중앙은행(ECB)도 그러하다.

정부의 은행 기능은 퇴화 단계를 밟고 있다. 현존하는 두번째로 오래된 은행인 영란은행은 정부에 전쟁 자금을 공급할 목적으로 설립되었으나 오늘날은 유럽연합기능조약에 따라 정부에 대출할 수 없다. 미국, 유로 지역, 스웨덴도 마찬가지다. 중국, 캄보디아, 인도네시아 등 아시아 국가와 브라질, 칠레, 과테말라와 같은 남미 국가에서도 중앙은행의 대정부 대출은 헌법이나 중앙은행법에 따라 금지되어 있다. 중앙은행이 돈을 찍어 정부에 대출하면, 예산 통제를 통한 의회의 행정부 견제가 무력해지기 때문이다. 이들 나라에서 중앙은행의 '정부의 은행' 역할은 세금을 받아 보관하고 지급하는 것으로 국한된다 (대정부 대출 활동 면에서 한국은행은 상당히 후진적인 것이 사실이다. 19세기 수준이다).

은행의 은행과 최종대부자 기능은 처음에 아무도 생각하지 못했다가 시간이 흐르면서 진화된 기능이다. 상업은행의 하나로 출발한 영란은행은 위기에 빠진 경쟁자들을 도울 생각이 전혀 없었다. 경쟁자의 파산과 도태를 영업 확장의 기회로 알고 기뻐했다. 그러다가 1825년 금융위기 때 수상의 강압에 떠밀려 최종대부자 역할을 경험했다. 상당히 위험이 따르는 일이므로 계속할 생각은 없었다. 1866년 폭동이 일어날 정도로 경제난이 닥쳤을 때도 그것을 못 본 척하고 손해를 보지 않으려고 대출을 회수하는 데 급급했다.

그 모습을 본 당대 최고의 언론인 월터 배젓이 영란은행의 근시안적 태도를 비판했다. 1873년 『롬바르드 스트리트』라는 책을 통해 '최종대부자(lender of last resort)'라는 용어를 만들었다. 그리고 영란은행이 공익을 위해서 위험을 감수하고 그 역할을 취할 것을 촉구했다.

금리에 얽힌 역사 ‖‖‖‖‖‖‖‖‖‖‖‖‖‖‖‖‖‖‖‖‖‖‖‖‖‖‖‖‖‖‖‖‖

불쌍한 사람들을 위한 법

우리나라는 옛날부터 서민금융의 천국이었다. 고구려의 진대법賑貸法, 고려의 의창義倉, 조선의 환곡還穀처럼 국가가 서민 대출에 앞장섰다. 요즘 말로는 '햇살론'에 해당한다. 가히 애민 금융국이라 자랑할 만하다.

서양은 서민금융은커녕 모든 금융업을 멀리했다. 기독교의 영향으로 대부업을 엄격히 금지하다가 1515년에야 합법화했다. 메디치 가문 출신의 교황 레오 10세가 피에타법, 즉 '불쌍한 사람들을 위한 법'이라는 이름으로 대부업과 약간의 이자 수취를 눈감아줬다. 그때 '약간'의 상한선은 연 5퍼센트였다. 경제성장률과 비교하면 그리 낮은 수준은 아니었다. 그런데 30년 뒤인 1545년 영국의 헨리 8세는 그 상한선을 연 10퍼센트로 끌어올렸다.

영국은 신용불량자에게 가혹했다. 빚을 못 갚으면 가족이 대신 갚을 때까지 일명 '채무자 감옥debtor's prison'에 가뒀다. 소설가 찰스 디킨스는 어렸을 때 구두닦이를 해서 채무자 감옥에 있는 아버지를 빼낸 경험이 있다. 그 경험에서 나온 것이 앞서 말한 『크리스마스 캐럴』이다.

우리나라도 한때 빚을 갚지 못하는 사람은 노비로 만들었다. 그러나 고려 때부터 채무자 보호 장치를 발동했다. 이자 총액이 원금보다 많아지면 일정 기간 이자를 더 받지 못하도록 하거나, 금리를 0퍼센트로 인하했다. 기독교의 안식년 개념이다. 하지만 채무자 보호 장치가 신통치 않았다. 통상의 대출금리는 연 50퍼센트에 이르렀다. 역대 왕들이 가끔 장리長利, 즉 지나친 고금리를 색출하여 곤장을 치곤 했으나 먹혀들지 않았다. 대한제국 시절에도 법정 최고 금리는 연 40퍼센트였다.

2002년 우리나라의 법정최고금리는 연 66퍼센트였다. 그것이 49퍼센트(2007년), 44퍼센트(2010년), 39퍼센트(2011년), 34.9퍼센트(2014년), 27.9퍼센트(2016년), 24퍼센트(2018년) 순으로 내려오다가 2021년 20퍼센트까지 낮아졌다. 예나 지금이나 애민 금융국의 정신을 이어가려고 무진 애를 쓴다.

히틀러의 꿈

2024년 봄 영화 〈서울의 봄〉이 장안의 화제였다. 영화처럼 1979년 한국의 쿠데타는 성공했다. 하지만 실패하는 경우도 있다. 1923년 독일 쿠데타는 오합지졸이 모여 우왕좌왕하다가 싱겁게 끝났다. 그때 아돌프 히틀러가 체포되었다.

변변한 직업 없이 연금으로 생활하던 히틀러는 제1차세계대전이 터지자 자원입대했다. 패전 후에도 제대하지 않고 남았다가 정보부대 하사관으로 진급했다. 그의 임무는 불온 단체를 색출하는 것이었다. 1919년 9월 어느 모임에 참석해서 염탐하는데, 그날 강사는 나치당원 고트프리트 페더였다. 페더는 청중에게 『이자라는 족쇄에서 벗어나는 법』이라는 책을 뿌렸다. 유대인들이 장악한 독일 금융계를 전복하는 것이 독일이 번영하는 길이라면서 이자 철폐를 주장하고 있었다.

책을 훑어본 히틀러는 무릎을 쳤다. 반체제 단체를 색출하려다가 오히려 포섭된 것이다. 곧바로 군복을 벗고 입당했다. 타고난 대중 연설 능력에 힘입어 1년 뒤 당 선전부장이 되었다. 다시 1년 뒤인 1921년 7월에는 당대표까지 밀어내고 당권을 잡았다.

이듬해 10월 이탈리아에서 무혈 쿠데타가 벌어졌다. 무솔리니가 이끄는 군인들이 검은 셔츠를 입은 채 로마로 행진하자, 무력한 이탈리아 정부가 지레 질겁하면서 스스로 해산했다. 히틀러가 거기서 큰 영감을 얻었다. 군소 정당을 규합해서 뮌헨에서 베를린까지 군중 행진을 계획했다. 반외세, 반유대 구호를 내건 쿠데타였다.

1923년 11월 8일 히틀러가 뮌헨의 군중 앞에서 마이크를 잡았다. 그가 그 자리에 서도록 만든 것은, 4년 전 페더에게 배운 이자 철폐론이다. 유대인 자본가를 몰아내려고 등장한 그 이론이 한참 뒤 현실이 되었다. 놀랍게도 유대인의 피가 흐르는 사람을 통해서다. 2008년 말 벤 버냉키 미 연준 의장이 사상 최초로 금리 목표를 0퍼센트로 낮췄다. 역시 유대계인 재닛 옐런 후임 의장은 그 제로 금리를 2015년 말까지 고수했다.

본업과 부업이 뒤바뀐 템플기사단

———

기독교 세계는 638년 예루살렘을 이슬람제국에게 빼앗겼다가 1099년 십자군전쟁 때 되찾았다. 그뒤 그곳에 왕국을 세웠다. 물론 왕국이라고 보기는 어려웠다. 이슬람 세계 한복판에서 가까스로 버티는, 자치 지역에 가까웠다. 오늘날 이스라엘 안의 가자 지구와 비교하자면 주객이 반대였다. 그곳을 향해 유럽인들의 성지순례가 끊이지 않았다.

성지순례자를 보호하기 위해 '그리스도와 솔로몬 성전의 가난한 전사들'이라는 조직이 탄생했다. 예루살렘 템플산에 본부가 있어서

'템플기사단'으로 불리던 그 조직은, 이름과 달리 가난하지 않았다. 순례길을 따라 수백 개 영업소를 운영하는, 유럽 최대 다국적기업이었다. 순례자에게 숙박을 제공하면서 은행업까지 했다. 여행객들이 현지 화폐와 교환해서 쓸 수 있는 예금 증명서를 발행했다. 여행자수표다.

예루살렘은 1187년 다시 이슬람 세계로 넘어갔다. 하지만 템플기사단은 위축되지 않았다. 그동안 번 돈으로 본격적으로 금융업에 뛰어들어 위세를 떨쳤다. 기사단의 빚 독촉에 시달리던 프랑스의 필리프 4세가 왕권에 위협을 느낄 정도였다. 결국 1312년 기사단을 강제 해산했다. 그때 여행자수표도 명맥이 끊겼다.

그런데 400년 뒤 여행자수표를 부활시켰다. 어느 영국 신사가 해외여행에서 겪었던 불편함을 기억하고 1772년 런던신용교환사라는 회사를 차렸다. 그리고 여행자수표를 발행했다. 1869년 영국의 토머스 쿡은 수표 용지와 액면을 표준화해 화폐처럼 만들었다. 분실하면 재발급도 했다. 그러자 여행자수표가 해외여행의 필수품이 되었다. 1882년 아메리칸익스프레스사가 그 사업을 전 세계로 확대했다.

하지만 제2차세계대전이 끝나자 사업이 기울었다. 컴퓨터를 이용한 신용카드에 밀려 급속히 쪼그라들었다. 근대 여행자수표는 1772년 초 런던신용교환사를 통해 등장했다가 2020년 말 아메리칸익스프레스사의 사업 포기로 역사에서 사라졌다. 지금은 여행자수표라는 말조차 아득하다.

• 제로 금리와 마이너스 금리

히틀러에게 큰 영감을 준 제로 금리 아이디어는 골수 우파의 작품이다. 당시에는 그다지 극단적인 것이 아니었다. 제로는커녕 금리를 마이너스로 만들어서 자본가들의 재산을 박탈해야 한다는 주장도 있었다. 독일제국을 무너뜨린 1918년 11월혁명 직후 좌파가 제기한 주장이다.

독일제국이 몰락한 이후 새로 출범한 바이마르공화국에는 골치 아픈 숙제가 많았다. 초인플레이션과 전쟁배상, 국경선, 군비축소 등을 두고 국론이 극렬하게 분열된 가운데 소요 사태가 끊이지 않았다. 힘에 부친 정부는 로자 룩셈부르크 등 좌파를 무자비하게 탄압했다. 그러자 잔당이 뮌헨 부근에 모여 '바바리안소비에트공화국'을 선포했다. 거기서 재무장관을 맡은 질비오 게젤 재무장관이 마이너스 금리를 실현시켰다.

시간이 흐르면 모든 것이 썩지만, 화폐는 썩지 않는다. 이자가 붙어서 오히려 불어난다. 그러므로 화폐도 썩게 만들어야 자연의 법칙에 순응한다는 것이 게젤의 생각이었다. 화폐가 썩는다면, 그것을 빨리 처분하려는 유인이 생겨서 소비와 생산과 고용이 늘어난다. 그런 세상을 만들려고 질비오 게젤 재무장관이 지폐에 발행일과 만료일을 찍어서 발행했다. 우유처럼 화폐에도 유통기한을 적용한 것이다.

'바바리안소비에트공화국'이 몇 달 만에 해체되는 바람에 마이너스 금리의 효과를 평가하기는 어렵다. 당시 경제학자들은 거의 대부분 코웃음을 쳤다.

하지만 영국의 경제학자 존 메이너드 케인스는 게젤에게 큰 영감을 얻었다. 1930년 법정화폐를 주장한 『화폐개혁론』과 1936년 유효수요 확대를 주장한 『일반이론』은 게젤한테 영감을 받은 결과다. 일본도 게젤에게 영감을 받았다. 글로벌 금융위기 이후 2024년 3월까지 마이너스 금리 정책을 고수했다.

● 요구불예금과 수표

은행이 대출할 때는 이자를 받지만, 예금을 받을 때는 이자를 거의 주지 않는다. 돈을 안전하게 보관했다가 원할 때 내어주는 서비스를 제공하기 때문이다. 고객이 원할 때 언제든지 인출이 가능한 예금을 '요구불예금'이라고 한다. 만기가 되어야 인출할 수 있도록 하되, 높은 금리를 지급하는 저축성예금에 상대되는 말이다. 요구불예금을 인출할 때 가장 대표적인 수단은 수표다.

수표는 영어로 보통 '체크(check)'라고 한다. 수표책, 즉 한 장씩 뜯어 쓸 때마다 잔액을 확인하는 '종이 묶음(check book)'이라는 말의 줄임말이다. 그 일상용어를 전문적으로 표현하자면 '드래프트(draft)'라고 한다. 출금 지시서라는 의미다. 예금주가 거래 은행한테 출금을 지시하는 문서가 곧 수표다. 은행 창구에서 그것을 제시하면, 군말 없이 현찰을 내어준다. 해외여행 때 쓰던 여행자수표도 법률적으로는 출금 지시서였다.

보험사는 은행이 아니다 |||||||||||||||||||||||||||||||||||

조선총독부의 보험팔이

남이 아프다고 내가 더 건강해지는 것은 아니다. 그러나 바다 위에서는 남의 불행이 나의 행복이 될 수 있다. 폭풍우를 만나 배가 위험할 때 남의 물건을 내버릴수록 내 물건은 안전해진다.

난파의 위기 앞에서 그런 생각을 품고 남의 물건부터 집어던지면 싸움이 난다. 일단 손에 잡히는 대로 화물을 버린 뒤 나중에 사이좋게 손실을 분담하는 것이 슬기롭다. 그래서 해상보험계약에서는 손실액을 '애버리지average'라고 부른다.

배가 난파하면 손실액이 엄청나다. 그래서 해상 사고는 곧장 파산으로 이어진다. 희곡 『베니스의 상인』에서 청년 재벌 안토니오가 샤일록의 빚을 못 갚는 이유도 배가 난파되었기 때문이다. 그런 위험을 낮추려면, 화물을 분산해서 실어야 했다. 영국이 스페인과 신대륙에서 싸울 때 네덜란드는 같은 신교도 국가인 영국을 금전적으로 도왔다. 그런데 현지 영국군에 은화를 보내면서 배 한 척에 돈 궤짝 하나씩만 실었다. 돈을 기다리던 영국군은 눈이 빠질 지경이었다.

무역량이 늘면서 분산 수송도 한계에 다다랐다. 그때 네덜란드가 해상보험을 발명하여 그 분야에서 타의 추종을 불허했다. 영국과 네덜란드가 전쟁할 때 영국 상인들도 적국의 해상보험을 이용할 정도였다. 영국은 런던대화재를 계기로 화재보험의 종주국이 되었다. 생명보험은 굉장히 늦게 출현했다. 생명표를 만들기도 힘들거니와 인명을 두고 도박한다는 윤리적 고민 때문이었다.

우리나라에는 거꾸로 도입되었다. 구한말 일본계 보험사들이 생명보험을 팔았고, 해방 후 화재보험 시장이 열렸다. 해상보험은 맨 나중에 도입됐다. 일제강점기에 은행은 조선계가 주도했지만, 보험사는 일본계가 많았다. 조선총독부는 생명보험이 은행예금과 똑같다고 선전하면서 생명보험 가입을 종용했다. 그 바람에 해방 직후에는 보험사와 은행의 차이를 아는 사람이 드물었다. 오죽하면 한국은행법에 "보험사는 은행이 아니다"라는 국민 경제교육용 문구를 담았을까.

변심에 대비하는 것이 보험의 생명

사람의 속성 중 하나는 화장실 들어갈 때와 나올 때 마음이 다르다는 점이다. 불이 날까봐 걱정되어서 화재보험에 기껏 가입해놓고 불조심을 덜 하는 것도 마찬가지다. 그런 변덕을 도덕적 해이라고 부른다.

도덕적 해이는 아주 오래전부터 골칫거리였다. 함무라비법전은 "홍수와 가뭄으로 농사를 망치는 것도 신의 뜻이니 그럴 때는 채무자가 빚을 갚지 않아도 된다"라고 선언했다. 그러자 빚진 사람들이 농사일을 눈에 띄게 게을리했다. 기독교 세계에는 그런 일이 없었다. 금전 거래 자체를 금지했기 때문이다. 1234년 교황 그레고리 9세는 금전 거래와 함께 보험계약도 금지했다. 보험은 신의 뜻을 가지고 도박하는 몹쓸 짓이라는 이유였다.

17세기에 이르자 사정이 달라졌다. 파스칼과 페르마 등 프랑스 수학자들이 재난과 사고를 확률로 접근하기 시작했다. 덴마크 신학자 레오나르두스 레시우스는 "인간의 의지는 운명도 바꾼다"는 신학 이론을 발표했다. 상거래가 폭발적으로 늘어나는 때 확률 이론과 자유의지론까지 뒷받침되면서 보험회사가 등장했다. 하지만 보험에 가입한 뒤 조심성이 줄어드는 경향이 뚜렷해졌다. 그때 '도덕적 해이'라는 말이 탄생했다.

'도덕moral'은 집단 또는 관습을 의미하는 라틴어 'mos'에서 나왔다. '해이hazard'는 주사위 놀이를 뜻하는 프랑스어 'hasard'에서 나왔다. 그러므로 도덕적 해이란, 집단 구성원들의 변덕스러운 경향을 말한다. 화장실을 들락거리는 마음이 딱 그렇다. 일관성이 없지만 그렇다고 비윤리적인 것은 아니다.

도덕적 해이는 개인만 탓해서는 해결되지 않는다. 제도로 풀어야 한다. 화재보험에 가입한 뒤에 불조심을 게을리하면, 가입자가 책임 지도록 약관을 설계하는 것이다. 예금 전부가 아니라 일부만 보호해서 예금주 스스로 조심토록 하는 것도 같은 취지다.

물론 예외도 있다. 2023년 3월 실리콘밸리은행이 뱅크런으로 인해 파산하자 미국 정부가 예금 전액을 보호했다. 당장의 금융 안정과 미래의 도덕적 해이를 맞바꾼 결정이었다.

회계를 회개하라

—

고대 이집트 파라오에게 가장 중요한 일은 제 무덤을 파는 것이었다. 파라오가 되면, 자신의 권세와 개성을 후세에 알리기 위해 자기 미이라가 누울 피라미드부터 쌓아올렸다. 그 공사 기간은 아주 길었고, 중간에 홍수도 잦았다. 그러니 장기 목표는 있되 단기 계획은 없었다. 건축자재와 식량은 늘 임기응변으로 조달했고, 회계장부는 현실과 동떨어진 숫자놀음에 불과했다.

회계장부를 체계적으로 기록한 것은 고대 로마다. 주인이 없는 동안 노예들이 라티푼디움(대농장) 관리에 얽힌 금전 출납을 꼼꼼히 기록했다. 그리고 돌아온 주인 앞에서 회계장부를 펼쳤다. 그들은 주인의 자산을 차변借邊에, 부채를 대변貸邊에 나누어 적었다. 주인의 자산이 노예 입장에서는 빌린 것借, debt이요, 주인의 부채는 노예가 주인 대신 짊어졌다가 나중에 돌려받을 것貸, credit이라는 표시다. 그 회계 관행은 노예가 사라진 지금도 살아 있다.

로마제국 시절 경제활동은 대부분 1년 안에 끝났다. 그래서 지금도 예산과 결산을 1년 단위로 끊는다. 하지만 한 치 앞을 모르는 상황에서는 1년도 길다. 한국전쟁 초기에는 전쟁이 금방 끝날 줄 알았다. 그래서 정부는 소위 '사변 예산'을 매월 편성했다. 인천상륙작전 뒤에도 추경, 1·4후퇴 뒤에도 추경이었다. 결국 전쟁 첫해에 추경예산을 일곱 번이나 짰다.

1년이 짧을 때도 있다. 수십 년짜리 계약을 다루는 보험회사에는 1년 단위의 회계 관행이 잘 맞지 않는다. 오랜 고민과 검토 끝에 보험회사용 국제회계원칙IFRS 17을 따로 만들어 2023년부터 적용하고 있다.

그런데 보험계약, 즉 보험회사 부채에 관한 가정이 너무 많다보니 회계가 숫자놀음에 가까워졌다. 피라미드 공사 회계와 다를 게 없다는 푸념이 들린다. 로마 노예들이 시작한 1년 단위 회계 관행은 장기에 걸친 경제활동을 표현하기 어렵다. 연필 깎는 칼로는 큰 나무를 베기가 어려운 것과 같다.

2부
돈의 얼굴

3장
어리석음

허구를 좇는 헛수고 ||||||||||||||||||||||||||||||||||||||||||||||||||||

경제학의 한계

———

경제학자는 '돈을' 연구하고, 철학자는 '돈에 관하여' 사색한다. 그렇다고 경제학자가 '돈을' 더 잘 아는 것은 아니다.

돈을 맨 처음 연구한 사람은 철학자다. 아리스토텔레스는 "돈은 내재가치가 아닌, 국가의 법과 명령 때문에 존재한다"라고 결론 내렸다(『윤리학』 제5권). 돈을 뜻하는 그리스어 '노미스마nomisma'는 원래 명령 또는 법률이라는 뜻임을 상기시켰다.

로마의 법률가 율리우스 파울루스도 같은 생각이었다. 그는 동로마제국 유스티니아누스황제의 명령에 따라 로마법 이론을 총정리하면서 "돈은 소재나 무게가 아닌, 쓸모와 자격에 의해 존재한다"라고 주를 달았다(『학설휘찬Digest』 제18장).

경제학자들은 그리스와 로마 선현들의 선행 연구를 무시했다. 숫자에 정신이 팔려서 돈의 존재이유 따위에는 관심이 없었다. 그러다가 갑자기 생물학을 흉내냈다. 생명의 기원을 진지하게 다루는 다윈을 보고 진화론을 경제학에 대입했다. 19세기 말 카를 멩거는 "돈은 교환의 편의를 위해 시장에서 자연발생했다"라는 가설을 내세웠다. 그 가설에서 국가는 없고 시장만 강조된다. 무정부주의다.

그 무정부주의적 가설을 요즘 엔지니어들이 시험한다. 진짜 시장의 발명품이라면, 그 돈을 엔지니어들이 만들겠다고 나선 것이다. 가상화폐. 황당하다는 사람과 타당하다는 사람이 중구난방이다. 보다못한 중앙은행들이 팔을 걷어붙였다. 블록체인 기술로 미래의 돈을 만들어보겠다는 것이다. 그렇게 탄생한 것이 중앙은행디지털화폐CBDC다.

2021년 초 미국 재벌 일론 머스크가 미래의 화폐에 관해 쉬지 않고 말을 쏟아냈다. 그의 말 한마디에 가상화폐 가격이 어지럽게 출렁거렸다. 반면 경제학자들의 말에 귀를 기울이는 사람은 없다. 자기 전공 분야를 말하는데도 경제학자의 말이 머스크의 궤변보다도 존중받지 못하는 것은 그들의 연구가 뿌리를 잃어 공허하기 때문이다.

일의 경위를 안다는 것은 날줄과 씨줄을 함께 아는 것이다. 경제학자들이 그걸 모른다. 애덤 스미스의 『국부론』은 수학모델을 정리한 책이 아니라, 관찰을 정리한 역사경제학 책이라는 사실을 잊었다. 이제는 경제학의 뿌리로 되돌아가 수학이 아닌 역사에서 답을 찾아야 하지 않을까?

돈을 번다는 착각

1776년은 상당히 흥미로운 해다. 미국에서는 독립전쟁이 시작되고 영국에서는 애덤 스미스가 『국부론』을 통해 경제학의 길을 열었다. 우리나라에서는 개혁군주 정조가 즉위했다. 변화의 조짐이 여기저기서 뭉게뭉게 피어오르던 때였다.

그해 7월 미국의 독립선언은 조세 저항에서 시작되었다. 프랑스와 전쟁을 치른 뒤 재정 적자에 쪼들리던 영국 정부는 북미 식민지를 향하여 설탕, 종이, 유리, 잉크, 홍차 등에 닥치는 대로 세금을 매기기 시작했다. 참다못한 식민지 보스턴에서 폭동이 터졌다.

그 세금들을 도입한 사람은 찰스 톤젠드 재무장관이다. 그가 세수 확대에 골몰할 때 그의 집에는 애덤 스미스가 드나들고 있었다. 애덤 스미스는 원래 글래스고대학교 도덕철학 교수였으나 그 무렵 장관 아들의 가정교사로 뛰었다. 명예 대신 돈을 택한 것이다.

장관은 아들의 견문을 넓혀주기 위해 방학이 되면 가정교사 애덤 스미스와 함께 국내외 각지를 여행토록 했다(톤젠드는 서른 살 때 이미 아들이 있는 여덟 살 연상의 돈 많은 과부와 결혼했다. 의붓아들은 방학 때 집에 있기보다 밖으로 돌았다). 그 여행 경험에서 나온 것이 『국부론』이다. 이 책의 1장은 분업을 다루는데, 여행중에 보았던 폴란드의 옥수수 농장과 프랑스의 포도밭이 예로 나온다.

2장에서 애덤 스미스는 분업의 원동력을 '교환 성향'이라고 설명했다. 개는 뼈를 교환하지 않는데 인간은 항상 무엇인가를 교환한다. 인간의 교환행위는 남의 물건에서 결핍감을 느끼는 데서 나온다. 그것이 애덤 스미스의 생각이다.

철학가들은 애덤 스미스의 그런 주장에 동의하지 않는다. 교환의 역설exchange paradox을 예로 든다. 밀봉된 2개의 봉투에 각각 돈이 들어 있다. 액수가 하나는 다른 하나의 두 배다. 그리고 두 사람이 봉투를 하나씩 나눠 가진다. 그 순간 두 사람의 머릿속에서는 계산이 시작된다. 내가 1만 원을 가졌다면, 상대방은 2만 원 또는 5천 원을 갖고 있다. 상대방이 가진 돈의 평균이 1만 2500원이므로 내 것보다 25퍼센트 많다. 두 사람은 합의하에 봉투를 바꾸고 서로 이익을 봤다고 좋아한다. 그것이 철학자들이 보는, 애덤 스미스식 교환성향의 허점이다.

봉투 교환이 두 사람을 진짜 부자로 만드는가? 정곡을 찌르는 철학자들의 당황스러운 질문 앞에서 경제학자들은 쩔쩔맨다. 난해한 조건부확률까지 동원해서 그렇지 않음을 힘들게 증명한다. 어쩐지 궁색하다.

철학자들의 답은 훨씬 쉽고 성숙하다. 수학자이자 철학자, 마술사인 레이먼드 스멀리언은, 조건부확률 따위의 학술적 용어에 한눈팔지 말라고 한다. 그리고 상대방의 눈으로 자신을 직시하라고 한다(과연 마술사답다). 상대방 봉투에 1만 원이 들어 있다면 내 봉투에는 2만 원 또는 5천 원이 들어 있다. 평균적으로 1만 2500원이고, 상대방보다는 25퍼센트나 많다. 그러므로 봉투를 교환할 이유가 없다.

결국 애덤 스미스가 말하는 교환 성향, 즉 남의 떡이 커 보이는 결핍감은 나를 중심으로 세상이 돌아간다는 천동설에서 출발한다. 관점을 바꿔 상대방의 눈으로 나를 보면, 내 떡은 이미 크다. 그러므로 교환에 눈독을 들일 필요가 없다. 범사에 감사하라!

교환의 역설이 주는 철학적 교훈은 어느 TV 드라마에 나온 유행어와 같다. "서는 곳이 달라지면 풍경이 달라진다." 그런데 교환의 역설은 우화가 아니다. 현실 속 외환시장에서도 관찰된다.

많은 기업과 금융기관이 외환 거래를 통해 수익을 추구한다. 하지만 지구 전체로 보면, 외환매매 손익은 제로섬이다. 한국은행은 세계 9위 정도의 외환 보유액을 갖고 있다. 만일 환율이 상승(원화의 가치 하락)한다면, 원화로 평가한 재산 총액(내 입장)은 늘어나지만 미 달러화로 평가한 재산 총액(남의 입장)은 감소한다. 교환의 역설이 주는 교훈 그대로다.

결국 애덤 스미스의 주장은 천동설 수준이다. 천동설에 빠진 사람은 안분지족을 모른다. 조금 더 커 보이는 남의 떡을 눈으로 훔치면서 무한히 교환하려는 함정에 빠진다. 속물적이다. 그 때문인지 경제학자 로버트 하일브로너는 경제학을 세속철학이라고 칭했다.

애덤 스미스의 인생이 딱 그랬다. 톤젠드 재무장관은 아들의 사교육이 만족스러웠는지 애덤 스미스에게 관세청장 직을 제안했다. 솔깃해진 애덤 스미스는 교환 성향을 발휘하여 냉큼 직업을 바꿨다. 보수가 더 두둑한 그 관직에서 죽을 때까지 열심히 관세를 거뒀다. 그것이 자유무역을 주장하며 도덕을 가르치던 철학가의 세속적 삶이었다.

그 무렵 조선의 정조는 신해통공辛亥通共을 통해 시장 설립의 족쇄를 풀었다. 덕분에 조선의 물자 유통과 상거래가 크게 늘었다. 1776년 왕위에 오른 정조야말로 그해 발간된 『국부론』의 진정한 실천가였다. 애덤 스미스보다도 훨씬.

자본이라는 허구

모파상의 단편소설 「목걸이」는 서글픈 코미디다. 주인공이 친구에게 다이아몬드 목걸이를 빌려 파티에 갔다가 그만 잃어버렸다. 10년 넘게 그것을 변상하느라 등골이 휘게 일했다. 항상 돈에 쪼들리다보니 집안에 웃음이 사라졌다. 그런데 알고 보니 잃어버린 것은 모조품이었다. 허구를 좇다가 인생을 낭비한 것이다.

과학의 세계에서도 그런 낭패가 벌어진다. 물질의 연소 현상이 잘 알려지지 않았을 때 과학자들은 그것을 물리적으로 접근했다. 즉 나무가 불에 타서 숯덩이가 되면, 플로지스톤phlogiston이라는 물질이 나무에서 빠져나갔기 때문으로 추측했다. 수많은 과학자가 그것을 찾아 헤맸다. 그런데 프랑스의 라부아지에가 "연소는 물질이 산소와 작용하는 화학적 현상"임을 밝혀냈다. 결국 과학자들이 100년 넘게 찾아 헤맸던 플로지스톤은 이름뿐인 허구였다.

또다른 예가 있다. 빛이나 물결은 서로 간섭하거나 회절한다. 파동이 갖는 특징이다. 파동은 매개 물질이 있어야 전달된다. 따라서 빛의 매개 물질을 찾는 것이 과학계의 큰 숙제였다. 학자들은 그것에 '에테르aether'라는 이름을 붙였지만 200년이 넘도록 찾지 못했다. 그 오랜 수수께끼를 푼 것은 아인슈타인이었다. 그의 특수상대성이론에 따르면 에너지(파동)와 질량(물질)은 서로 전환($E=mc^2$)되며, 빛은 파동이면서 물질이다. 빛이 물질이라면 그것을 설명하려고 에테르라는 매개 물질을 애써 동원할 필요가 없다. 즉 에테르는 이름뿐인 허구였다.

경제에도 플로지스톤과 에테르 같은 것이 있다. 경제학자들은 설명하기 힘든 것들을 설명하려고 자본이라는 개념을 만들었다. 그들의 눈에는 망치도, 건물도, 심지어 지식도 전부 자본이다. 하지만 그들 간에 공통점은 별로 없다. 보다못한 경제학자 조앤 로빈슨이 탄식했다. "자본이라는 이름은 난무하지만, 진짜 자본은 없도다!" 소설 『이상한 나라의 엘리스』속 한 구절을 패러디하여 자본의 허구성을 꼬집는 말이다. 이것저것 뭉쳐진 '자본'이라는 개념은 세상을 그럴듯하게 설명하지만, 설명을 마친 뒤 그 개념은 이상한 나라의 체셔 고양이처럼 웃음만 남기고 슬그머니 사라진다는 말이다.

모파상의 『목걸이』로 돌아가서 설명할 수도 있다. 파티장에서 눈길을 사로잡기는 했지만, 진짜 다이아몬드는 없었다. 경제이론 한가운데에 자리잡고 있지만 진짜 자본은 없을지도 모른다.

상처뿐인 영광

———

트라이애슬론 유망주였던 최숙현 선수가 감독과 선배들의 괴롭힘 때문에 2020년 6월 극단적 선택을 했다. 가슴 아픈 일이다. 운동선수에게 우승도 중요하지만, 몸과 마음이 만신창이가 된 뒤에 받는 상이 무슨 의미가 있겠는가? 실컷 얻어맞고 목에 거는 메달은 상처뿐인 영광에 불과하다.

'상처뿐인 영광'은 영화 제목이다. 1956년 제작된 그 영화의 원래 제목은 '저 높이 계신 분이 나를 좋아해Somebody Up There Likes Me'다. 그런데 일본의 영화수입사가 그 제목에서 종교색을 지우려다가 역사에 남는 명문구를 만들었다.

그 영화는 1940년대 미국의 복싱 영웅 토머스 바르벨라의 삶을 그렸다. 결점이 많은 상처투성이의 하류 인생도 '그분'이 결국 다시 일으켜세운다는, 기독교적 구원이 주제다. 뉴욕 빈민가에서 태어난 토머스는 형한테 맞고 자랐다. 복서 출신의 이탈리아 이민자인 아버지는 세 살 터울의 어린 두 아들에게 권투 시합을 시키고, 동네 사람들과 돈내기를 했다.

소년원을 제집처럼 드나들며 자란 토머스는 불량배가 되었다. 군대에 들어간 뒤에는 상관 폭행과 병영 이탈로 징계가 끊이지 않았다. 자칫 교도소에서 인생을 끝낼 위기에 처했을 때 그의 자질을 아까워하는 복싱 코치의 도움으로 갱생의 길을 걷게 되었다.

프로 복서 토머스는 상대를 단 한 방에 눕히는 것으로 유명했다. 그래서 '로키', 즉 '바위 주먹'이라는 별명을 얻었다. 그러다가 자기처럼 밑바닥 인생을 살아온 토니 제일과 맞붙었다. 토니의 별명은 강철이었다.

바위와 강철의 맞대결에서 로키는 잘나가다가 한 대 잘못 맞아 6라운드에서 KO패 했다. 두번째 경기는 정확히 그 반대였다. 계속 몰리다가 6라운드에 한 방으로 KO승 했다. 세번째는 3라운드 만에 KO패 했다. 그 극적인 명승부가 끝난 뒤 로키는 뉴욕의 평범한 피자 가게 아저씨가 되어 조용히 삶을 마쳤다. 깊은 신앙심을 갖고.

영화 〈상처뿐인 영광〉은 제목과 다른 길을 갔다. 상처 없이 영광만 이어졌다. 감독은 아카데미상을 받고, 그 영화를 통해 데뷔한 폴 뉴먼은 일약 청춘스타가 되었다. 그 영화는 20년 뒤 실베스터 스탤론 주연의 〈로키〉로 거듭났다.

'상처뿐인 영광'에 해당하는 서양의 고사성어는 '피루스의 승리

Pyrrhic victory'다. 피루스는 지금의 그리스 서북부에 위치했던 에페이로스라는 작은 나라의 왕이었다. 그는 자신의 먼 조상이 아킬레스와 알렉산더라는 자부심을 갖고, 자기도 대제국을 만들겠다는 야망을 품었다. 그래서 바다를 건너 이탈리아반도까지 가서 로마제국과 맞붙었다. 두 번의 전투에서 피루스는 모든 것을 쏟아부어 승리를 거뒀다.

하지만 가까운 친구와 역전노장, 그리고 엘리트 병사들을 전부 잃었다. 피루스 자신도 깊은 부상을 입고 그리스로 돌아갔다. 몇 년이 지나 기원전 167년 그가 죽자 그의 왕국은 지리멸렬하다가 결국 로마의 속국이 되었다. 모든 것을 다 바친 한때의 승리가 제명을 단축시킨 것이다.

적에게 한바탕 맹공을 퍼붓는 것은 전쟁의 궁극적 목표가 아니다. 굳이 전쟁이 아니더라도 마찬가지다. 어떤 일을 할 때는 희생해야 하는 것이 무엇인지를 잘 따져봐야 한다. 경제학은 그것을 기회비용이라고 가르친다.

기회비용을 생각지 않으면 실수하기 쉽다. 유럽 정상회담에서 그런 일이 있었다. 2020년 7월 유럽의 정상들은 코로나19 위기 극복을 위한 7500억 유로 규모의 기금을 마련하는 방안을 협의했다. 그런데 네덜란드와 오스트리아가 반대했다. 코로나19의 직격탄을 맞은 남유럽 국가들에게 공짜로 보조금을 주는 것을 거부하고 이자를 받고 대출해야 한다고 고집했다.

나흘이나 계속된 회의 끝에 보조금은 줄이고 반대국들의 유럽연합EU 분담금을 조금 깎아주는 조건으로 합의를 이뤘다. 그러나 대가는 컸다. 네덜란드와 오스트리아에게 구두쇠라는 낙인이 깊게 찍혔다. 서양 언론들은 이들이 약간의 돈을 위해 세상인심을 잃은 것을 두고 피루스의 승리라고 전했다. 실제로 2022년 우크라이나전쟁이 터지자 상황이 반전했다. 러시아로부터 천연가스 공급이 끊긴 독일과 네덜란드가 스페인과 포르투갈에게 머리를 조아렸다. 겨울을 나려면 천연가스가 간절했기 때문이다. 그러자 남쪽 나라들은 2년 전 주판알만 튕겼던 나라들을 문전박대했다.

최숙현 선수의 죽음 뒤 '최숙현법'이 제정되었다. '선수에게 메달이 최고의 가치가 아니'라는 생각에서 성적 중심주의 문화를 개선하는 것이 목적이다. 국가 운영에서도 돈이 최고의 가치는 아니다. 기회비용을 망각한 성장과 외환 보유액 축적은 상처뿐인 영광에 지나지 않는다. 아마 '저 높이 계신 분'도 외형의 성장보다는 개인의 행복과 사람다운 삶을 더 좋아하실 것이다. 인구 감소로 접어든 시대에도 마찬가지다.

인간은 같은 실수를 반복한다 |||||||||||||||||||||||||||||

인류 역사상 첫번째 금융위기

서기 33년 무렵 로마제국이 수렁에 빠졌다. 멀리 유대 식민지에서는 민심 이반이 심각했다. 소요를 선동한다고 의심되는 예수라는 청년과 두 명의 절도범을 본디오 빌라도 총독이 십자가에 처형했지만, 소용이 없었다. 더 큰 문제는 본국에 있었다. 경제가 파탄지경이었다.

사태는 1년 전으로 거슬러올라간다. 식민지 알렉산드리아항에서 금을 가득 싣고 로마로 돌아오던 배 세 척이 풍랑을 만나 침몰했다. 북유럽에서는 미개한 골족(프랑스의 조상)이 채무불이행을 선언했다. 자금 흐름이 꼬이자 원로원이 긴급명령을 발표했다. 귀족들에게 해외투자의 3분의 1만큼은 이탈리아 농장에 투자하라는 것이다. 투자자금이 식민지로 과도하게 유출되는 것을 막고 로마 농업 발전을 위해 시저가 만들었던 규제였는데, 오랫동안 사문화되어 있었다. 그런데 원로원이 경제 활성화 차원에서 부활시켰다.

큰 실수였다. 그 명령에 따라 귀족들이 농장에 투자하려고 부랴부랴 자금을 회수하자 돈줄이 마르면서 금리가 천정부지로 뛰었다. 빚을 갚지 못한 사람들이 노예로 끌려가는 속에서 민생이 아비규환이 되었다. 반면 이탈리아반도의 부동산 가격은 폭등했다. 이렇게 시작된 경제난과 양극화는 식민지인 카르타고와 두로, 고린도, 유대 지역까지 덮쳤다.

예수가 처형될 때 눈도 깜박하지 않던 티베리우스황제가 화들짝 놀랐다. 3년간 채무 원리금 상환을 유예하는 칙령을 내렸다. 재정자금 1억 세스테르티우스를 풀어서 서민들에게 대출도 해주었다. 그랬더니 죽었던 경제가 예수가 그랬던 것처럼 부활했다. 다음 황제 칼리굴라 때는 경제난에서 완전히 벗어나 토목공사에 흥청망청 돈을 뿌릴 정도였다.

예수가 죽은 뒤인 서기 33년 무렵 인류 최초의 글로벌 금융위기가 터졌다. 그것은 섣부른 금융 규제로 시작해서 완화적 경제정책으로 끝났다. 로마의 역사가 타키투스가 남긴 그 기록을 읽고 후세 경제학자들이 두고두고 영감을 얻는다.

믿음이 키운 버블

투기와 버블은 어느 정도 종교와 관련이 있다. 르네상스시대 이후 이탈리아와 스페인은 엄청난 부를 이루고서도 이렇다 할 투기가 없었다. 둘 다 가톨릭 국가다. 그런데 가톨릭에서 이탈한 네덜란드와 영국에서는 투기와 버블 붕괴가 심심치 않게 이어졌다.

1637년 네덜란드에서는 튤립 버블이, 1720년 영국에서는 남해 버블이 터졌다. 그뒤 오스트리아 왕위계승전쟁과 7년전쟁이 이어지면서 한동안 투기도 잠잠했다. 하지만 7년전쟁이 끝나기가 무섭게 위기가 또 터졌다. 1763년 네덜란드에서 드 뉴필이라는 작은 은행이 파산했다. 그 은행이 집중 투자했던 식민지 수리남의 대농장에서 폭동이 일어난 탓이다. 드 뉴필은 레버리지 투자, 즉 빚을 내어 투자하는 것으로 유명했는데, 이 은행을 '졸부'라고 부르며 거리를 두던 건전한 은행들까지 연쇄 부도의 위기로 몰았다. 2008년 글로벌 금융위기와 똑같았다.

그로부터 9년 뒤인 1772년에는 영국에서 위기가 터졌다. 이번에도 투기가 원인이었다. 쟁쟁한 집안 출신의 알렉산더 포다이스라는 사람이 여기저기서 빚을 내어 동인도주식회사 주식에 레버리지 투자를 했다. 그런데 주가가 오르기는커녕 계속 하락했다. 빚 독촉에 몰린 포다이스는 파산하고, 그에게 돈을 빌려준 은행들까지 쓰러졌다. 『국부론』을 쓴 애덤 스미스가 보기에도 그 위기는 금융 후진국

영국이 혼자서 해결할 수 없었다.

네덜란드가 영국을 돕기 위해 나섰다. 두 나라가 똑같은 동인도회사를 세우고 경쟁하지만, 개신교 형제 국가의 환난을 외면할 수 없다는 생각 때문이었다. 영국 동인도회사의 주가를 지탱하기 위해 암스테르담 상업은행들이 투자금을 모았다. 그것이 세계 최초의 해외 투자 펀드였다.

가톨릭은 절제와 금욕을 강조했지만, 개신교는 근면과 청부淸富만 강조했다. 그 차이가 네덜란드와 영국에서 투기와 버블 붕괴를 자주 불러왔다. 개신교도인 알렉산더 포다이스가 절제를 모르고 투기에 빠져든 것은 그 때문이다.

돈 앞에 의리란 없다

———

미국 남북전쟁이 끝난 뒤 재벌 코닐리어스 밴더빌트가 물동량의 폭발적 증기를 예상하고 철도 사업에 뛰어들었다. 동북부 3개 철도망을 독점하는 것이 목표였다. 그러려면 이리호에서 맨해튼까지 이어지는 철도망을 가진 이리철도회사를 인수해야 했다. 남몰래 조금씩 주식을 끊임없이 사들였다. 대니얼 드루라는 사람이 그 낌새를 눈치챘다.

드루는 원래 가축 상인이었다. 소에게 소금을 먹여 물을 들이켜게

해서 무게를 늘리는 방법으로 부당 이익을 챙겼다. 소 판 돈으로 이리철도회사 경영권을 접수했다. 그리고 회사 주식에도 물타기를 적용했다. 남들 몰래 무상증자한 것이다.

밴더빌트는 그 회사의 경영권을 노리고 죽자사자 주식을 매집하는데, 드루는 물타기 증자를 반복했다. 이른바 '이리전쟁'이다. 그 전쟁은 밴더빌트가 거액의 손해를 본 후 추가 매수를 포기하면서 끝났다. 매물 폭탄 앞에서는 재벌도 별수없었다.

드루의 기쁨은 잠깐이었다. 물타기 동업자 짐 피스크의 배신으로 파산했다. 피스크가 배신한 이유는 그 역시 금 투자로 큰돈을 벌려다가 망했기 때문이다. 피스크가 투자 클럽을 만들어 금을 매집할 때 작전세력의 매수 주문을 관리하던 친구가 한쪽으로 몰래 금을 팔아 자기 이익만 따로 챙겼다. 매물 폭탄 때문에 금값은 폭락하고, 이는 주식시장 붕괴로 이어졌다. 도금시대를 장식한 1869년 9월의 그 사건을 '검은 금요일'이라 부른다. 밴더빌트는 드루에게, 드루는 피스크에게, 피스크는 친구에게 뒤통수를 맞았다. 돈을 보고 뭉친 사람들 사이에 의리는 없었다. 그런 모임은 항상 배신과 원망으로 끝났다. 미국의 도금시대gilded age, 즉 겉만 번지르르하고 속은 썩은 시대에 횡행했던 사건들의 결론이다.

질투가 낳은 대한민국 최초의 버블

———

질투에 빠지면 중요한 것을 못 본다. 시인 기형도는 그의 시에서 미친듯이 사랑을 찾아 헤매었지만 한 번도 스스로를 사랑하지는 않았다며 후회했다. 『탈무드』는 질투는 천 개의 눈을 가지고 있지만 하나도 올바로 보지 못한다며 경고한다.

질투는 개인의 문제일 뿐만 아니라 국가적 문제가 될 수도 있다. 미국이 국채를 처음 발행할 때 가장 큰 장애물은 질투였다. 독립전쟁 시절 식민지 정부가 발행했던 임시 채권은 액면가의 20 내지 25퍼센트 수준에서 거래되었는데, 헌법을 통해 새로 출범한 연방정부가 이를 새 국채로 교환해주겠다고 발표했다. 그러자 값이 두 배로 뛰었다. 그것을 이미 팔아버린 사람들은 배가 아파서 국채 발행을 극렬히 반대했다.

비슷한 일이 우리나라에서도 일어났다. 한국전쟁이 끝난 뒤 재정을 건실하게 만들자는 의견과 산업 시설 복구를 위해 재정지출을 늘려야 한다는 의견이 팽팽하게 맞붙었다. 국채 발행의 자제냐 확대냐의 이 논쟁은 국채 가격의 등락과 직결된다. 매매 차익을 노리는 투기꾼들은 대한증권거래소(현재 한국거래소)에 몰려들어 미친듯이 매매 주문을 넣었다. 당시에는 모든 거래가 월말에 정산되었고, 정산할 때까지는 돈과 채권이 없어도 무제한 매매 주문을 넣을 수 있었다. 소위 허수 거래였다. 국채시장이 투전판으로 변했다.

좌고우면하던 정부가 재정 건실화 계획을 발표했다. 국채 가격은 폭등하고 그것을 이미 팔아버린 사람들은 배가 아파 그 정책을 반대했다. 결국 정부가 열흘 만에 방침을 뒤집었다. 그러자 이번에는 가격이 폭락하고, 허수로 주문을 냈던 매수자들이 집단 결제 불능 상태에 빠져버렸다.

1958년 1월 17일 정부는 거래소를 폐쇄하고 전날 체결된 국채 매매계약, 즉 42억 환의 거래를 전액 무효화했다. 금융시장이 충격에 빠졌다. 대한민국 최초의 버블 붕괴 드라마는 국채가 주연, 질투가 조연이었다.

● 튤립 버블

튤립 파동이라고도 하며 1634년경 시작해서 1637년 2월 붕괴되었다. 네덜란드산 튤립의 희소성 때문에 가격이 계속 오르리라는 기대가 버블을 키웠다. 네덜란드가 스페인을 상대로 70년째 전쟁을 치르는 동안 벌어진 일이라서 인간의 투기 성향과 우둔함을 보여주는 대표적 사건으로 기억된다. 하지만 네덜란드 사람뿐만 아니라 유럽 각지에서 부자들이 투기에 뛰어들었다. 전쟁중인 네덜란드가 투기 장소로 꼽혔던 것은 당시 최고 사치품으로 취급되던 향신료가 네덜란드를 통해 인도네시아에서 유럽으로 공급된 것과 상관이 있다.

얀 브뤼헐이 그린 튤립 버블 풍자화(1640년경). 인간을 원숭이로 묘사하여 튤립 버블을 풍자했다. 그림 앞쪽에 흥청망청한 광경이 펼쳐지지만 오른쪽 뒤에는 장례식 행렬이 지나간다.

●남해 버블

1720년 영국에서 신대륙과의 무역을 독점한 남해주식회사의 주식 가격이 폭등했다가 폭락한 사건. 『로빈슨 크루소』의 작가 대니얼 디포와 과학자 아이작 뉴턴도 그 주식에 투자했다가 엄청난 손실을 입은 것으로 유명하다. 튤립 버블과 달리 남해 버블은 영국 정부에게도 상당한 책임이 있다. 신대륙과의 무역을 두고 스페인과 경쟁하던 영국 정부가 남해주식회사의 사업성을 과도하게 선전하면서 주식 투자를 부추겼다. 남해 버블 직후 영국 정부는 남해주식회사와 같은 법인의 신설을 금지하는 버블법을 제정했다.

애드워드 와드가 그린 남해 버블 풍지화(1847년). 남해 버블 당시 런던 시내의 난장판을 풍자한 그림으로 남녀노소가 남해주식회사 주식을 사고파는 데 혈안이다.

●미시시피 버블

남해 버블이 일어난 1720년 프랑스에서 일어났다. 프랑스 경제를 도탄에 빠뜨려 훗날 프랑스혁명의 단초를 제공한 것으로 평가된다.

튤립 버블, 남해 버블과 함께 세계 3대 버블로 불리지만, 다른 사건과 구분되는 면이 있다. 스코틀랜드 출신의 금융가 존 로가 프랑스 왕실을 설득해서 독점기업인 왕립은행과 식민지 개척 기업 미시시피주식회사를 설립했다. 미시시피주식회사는 북미 식민지를 개간해서 농지를 만들고 왕립은행은 그 농지를 담보로 화폐를 발행하도록 했다. 국토 개발(실물경제)과 화폐 공급이 맞물려 있어서 인플레이션이나 다른 위험성이 없다는 것이 당시 모든 사람의 생각이었다. 훗날 이런 화폐 공급 구조를 뒷받침하는 이론도 등장했는데 이를 진성어음주의라고 한다.

하지만 미시시피주식회사가 개간한 농지를 확인할 수도 없고, 경제성도 없다는 불안이 찾아오면서 주가가 폭락했다. 왕립은행이 발행한 지폐도 휴짓조각이 되었다. 존 로는 죽을 때까지 해외를 전전하며 도망 다녔으며, 프랑스는 상당 기간 물물교환 경제로 회귀했다.

1720년 미시시피 회사 주식을 두고 광기에 휩싸인 군중을 그린 무명 화가의 삽화.
미시시피 버블이 붕괴된 직후 파리 시내의 혼돈이 묘사돼 있다.

말과 글의 무게 |||||||||||||||||||||||||||||||||||||||||||||||

침묵은 금이다

———

〈플란다스의 개〉는 봉준호 감독의 데뷔 영화로 알려져 있지만, 같은 제목의 동화가 훨씬 유명하다. 아주 슬프다. 주인공 소년 네로와 그의 개 파트라슈가 크리스마스이브에 춥고 깜깜한 대성당 안에서 서로 부둥켜안고 얼어죽는 것으로 끝난다.

그 동화의 무대인 플란다스는 네덜란드어를 쓰는 벨기에의 북부 지역을 말한다. 하지만 벨기에의 남부는 프랑스어를 쓰고, 동부는 독일어를 쓴다. 경상도 크기의 작은 나라에서 세 개 언어나 쓰는 것은 기구한 역사 탓이다.

벨기에는 스페인, 오스트리아, 프랑스, 네덜란드에게 차례로 지배를 받다가 1830년 독립했다. 그 독립을 자력으로 얻은 것도 아니다.

나폴레옹전쟁 후 유럽의 질서를 재편하는 과정에서 네덜란드의 힘이 너무 커지자 프랑스와 영국이 네덜란드를 견제하려고 담합한 결과다.

프랑스어를 쓰는 사람들이 네덜란드에서 독립하면, 프랑스의 우방국이 하나 늘어난다. 네덜란드의 분열은 영국의 해상무역에 유리하다. 이런 계산을 하며 영국을 끌어들여 벨기에를 독립시킨 사람이 탈레랑이다.

프랑스의 외교관 탈레랑은 아주 영악한 사람이었다. 겉으로는 그가 나폴레옹의 부하였지만, 실상은 그가 나폴레옹을 이용했다. 탈레랑은 극심한 정치 격변기에도 변신과 줄타기를 잘해서 외무장관의 자리를 놓치지 않았다.

탈레랑은 겉과 속이 다른 것으로 유명했다. 그의 어록 중에는 "말은 생각을 밝히기 위한 것이 아니라, 감추기 위한 것"이라는 말도 있다. "웅변은 은이요, 침묵은 금"이라고 말한 영국의 문필가 칼라일은 탈레랑에 비하면 어린애에 불과하다.

그래도 칼라일의 말을 실천한 사람이 있다. 몬터규 노먼은 영란은행 총재직을 24년 동안이나 지켰던 전설의 금융가인데, 그는 "설명도, 변명도 하지 않는다No Explanation, No Excuse"를 철칙으로 삼았다. 처칠 수상의 경제정책이 마뜩지 않으면, 한 달씩 출근하지 않고 대화를 끊었다. 결국 처칠이 양보했다. 노먼에게 침묵은 금을 넘어 무기였다.

노먼의 '묵언 수행'은 근 70년 동안 모든 중앙은행 총재들의 모델이 되었다. 그들은 웬만해서는 대중 앞에 나서지 않는 신비주의를 따랐다. 그 전통을 깨뜨린 사람이 미 연준의 앨런 그린스펀 의장이다. 그린스펀의 아내는 유명한 방송인이었다.

아내에게 언론의 생리를 과외받은 그는 언론에 모습을 보일 때 항상 현학적이고 모호했다. "당신은 내 말을 이해했다고 믿는 것 같은데, 그렇다면 당신이 내 말을 못 알아들은 것"이라고 핀잔을 줄 정도였다. 그런 태도는 헨리 키신저 국무장관이 주장한 '건설적 모호성constructive ambiguity'에서 영감을 얻은 것으로 보인다. 키신저는 뉴욕 맨해튼 북쪽 유대인촌에서 함께 자란 고등학교 선배였다.

같은 유대계지만, 벤 버냉키 후임 의장은 좀 달랐다. 글로벌 금융위기로 금융시장 불안이 계속되자 금리 인상의 전제조건들과 예상 시기를 수치로써 미리 예고했다. 이를 '포워드 가이던스forward guidance'라고 한다. 침묵을 중시하던 몬터규 노먼과는 정반대의 접근이다.

그런데 2020년 8월 포워드 가이던스에 관한 연준의 입장이 달라졌다. 인플레이션이 목표 수준인 2퍼센트에 도달하더라도 당장 금리를 인상하지 않는다는, 소위 '유연한 평균물가목표방식FAIT, flexible average inflation targeting'을 발표했다. 한마디로 2퍼센트 이하의 인플레이션도 좋고 그 이상도 좋다는 것이다. 황희 정승 식이다.

2퍼센트의 인플레이션 목표를 유연하게 관리한다면, 포워드 가이던스는 무력해진다. 목표 자체가 흔들리는데, 금리 인상 예상 시기를 수치로 발표하는 것은 의미가 없다. 그럼에도 연준은 여전히 포워드 가이던스에 대해 미련을 두는데, 그것은 탈레랑의 감언이설과 별로 다르지 않다.

솔직함이 없는 장황설은 신뢰를 떨어뜨린다. 그런 위험을 감수하느니 차라리 침묵하는 것이 낫다. 영화 〈인터스텔라〉는 봉준호 감독의 작품들만큼이나 디테일로 유명하다. 이 영화의 주인공은 지구 밖에서 동료에게 서로 90퍼센트만 솔직해지자고 제안한다. 감정을 가진 인간이 100퍼센트 솔직하면 사귀는 데 도움이 되지 않을 뿐만 아니라 안전하지도 않다며 말이다. 일종의 복선이다.

지구 안에서도 마찬가지다. SNS의 글과 실제가 다르면 문제가 생긴다. 그러니 칼라일이 옳았다. 침묵이 금이다. 우리 10퍼센트만 말을 줄여보자! 파월 연준 의장은 분기마다 금리 변경 시점과 폭을 예고하지만, 몇 달 뒤에는 자기 말을 수습하기 바쁘다. 그럴 바에는 차라리 포워드 가이던스를 줄이는 편이 낫다.

욕심이 잉태한 남북전쟁
—

19세기 말 러시아가 만주 빈 벌판을 노리고 야금야금 발을 디밀었다. 그러자 청나라는 사람들을 이주시켜 변방을 두둑하게 하는,

이민실변移民實邊을 시작했다. 그곳에 한족과 조선족이 뒤엉키면서 갈등이 시작되었다. 그 갈등은 결국 1931년 완바오산사건으로 터졌다. 한족과 조선족이 농업용수를 차지하려고 집단 칼부림을 한, 김동인의 소설 「붉은 산」의 배경이다.

미국에서도 비슷한 일이 있었다. 캘리포니아 금광이 발견되자 빈 땅에 가까웠던 캔자스 지역에 대륙횡단철도 건설이 시작되었다. 사방에서 사람이 몰려들어 뒤엉켰다. 당시에는 노예주와 자유주(노예제를 금지하는 주)가 살얼음판 같은 균형을 이루고 있던 터라 장차 캔자스가 어느 쪽에 속할지가 초미의 관심사였다. 노예제도 찬반을 둘러싼 주민투표를 앞두고 다른 주 사람들이 캔자스로 위장 전입했다. 밤마다 상대편을 도륙하는 일이 이어져 '유혈의 캔자스'라는 말까지 나왔다.

그 엄중한 시기에 묘한 일이 터졌다. 인생 대부분을 자유주에서 살았던 흑인이 자신이 자유인임을 확인하는 소송을 제기했다. 그런데 결과가 의외였다. 1857년 대법원은 "자유주에서 살던 흑인이 노예주에서도 자유로워야 한다는 착각은 주정부의 존재를 무시하는 위헌적 발상이며, 개인의 재산권은 연방정부도 간섭할 수 없다"라고 판결했다.

한마디로 흑인은 아무도 보호하지 않는다는 것이다. 당시 로저 토니 대법원장이 이끄는 사법부는 시대정신을 외면했다. 결국 4년 뒤 남북전쟁이 터졌다. 토니 대법원장을 임명한 사람은 서민의 친구임을 앞세우며 엘리트층과 늘 각을 세웠던 앤드루 잭슨이다. 백인 지지자만 챙기느라 반대파, 인디언, 흑인에게는 가혹했던 포퓰리스트 대통령이다.

남북전쟁 도중 링컨 대통령이 결심했다. 달러화 지폐에 "우리는 하느님을 믿는다"라는 문구를 새긴 새먼 체이스 재무장관을 새 대법원장으로 임명했다. 그리고 시대정신을 요구했다.

남의 말과 글에 누명 씌우기

똑바로 읽어도, 거꾸로 읽어도 같은 말이 있다. 기러기, 토마토, 스위스, 인도인, 별똥별, 역삼역이 그러하다. 이를 팰린드럼palindrome이라고 한다. 단어만 있는 것은 아니다. "가련하다, 사장집 아들딸들아. 집장사 다하련가"처럼 문장으로도 가능하다. 재밌는 언어유희다.

팰린드럼보다 조금 더 발전된 언어유희가 어크로스틱acrostic이다. 가로로 읽는 글의 각 행 첫머리를 세로로 읽으면 숨은 뜻이 드러나는 글이다. 우리나라의 삼행시가 그 예다. 미국 작가 에드거 앨런 포가 아내에게 시를 써서 보냈다. 그 시의 각 행 첫 글자를 세로로 읽을 때 엘리자베스라는 아내의 이름이 나온다. 그 암호가 풀리는 순간 아내가 활짝 웃었다.

영국 작가 루이스 캐럴은 『이상한 나라의 앨리스』에 이어 『거울

나라의 앨리스』라는 동화를 썼다. 이 책 마지막에 시 한 편을 남겼다. 각 행 첫 글자를 세로로 읽으면 '앨리스 리델'이라는 이름이 나온다. 캐럴이 짝사랑한 이웃집 여자애다. 겨우 열한 살짜리 미성년자에게 연정을 품는 소아성애자로 밝혀지는 것이 두려웠던 캐럴은 금지된 사랑을 어크로스틱에 숨겼다. 독자들이 눈치채자 캐럴은 시치미를 뗐다. 독자들은 캐럴을 비난하지 않았다. 남의 속마음을 비난할 권리는 없었으므로 그냥 웃기만 했다.

팰린드럼이나 어크로스틱이 서양식 언어유희라면, 삼행시나 파자破字(글자 분해)는 우리나라의 언어유희다. 김삿갓이 그 분야의 대가였다. 그런데 유희가 유희로 끝나지 않았다. '주초위왕走肖爲王'이라는 파자는 정국을 소용돌이에 빠뜨렸다. 주초走肖, 즉 조趙광조가 왕이 되려한다면서 대대적인 개혁과 숙청이 진행되었다. 기묘사화다. 웃을 일이 아니었다.

1519년 중종이 '주초위왕'에 대해 보고받았다. 하지만 '위왕'은 왕을 위해서 목숨도 바친다는 말의 줄임말이기도 하다. 그렇게 해석했다면 역사는 달라졌다. 지레짐작하여 남의 말을 억측하고 프레임을 씌우는 것은 야만이다. 남의 말을 해석할 때는 의도를 억측하는 대신 넉넉함을 갖춰야 한다. 톨레랑스tolérance다.

● 유연한 평균물가목표방식

대부분의 중앙은행은 금리를 조절할 때 테일러 공식(Taylor rule)을 참고한다. 테일러 공식이란, 현재 경제 상태가 잠재성장률과 목표 인플레이션율로부터 얼마나 괴리되었는지에 따라 적정 명목금리가 결정되는 수학 공식이다. 그 공식에는 현재와 미래(잠재성장률, 목표 인플레이션율)만 투입된다. 과거에 투입된 함몰비용(sunk cost)은 합리적 의사결정과 무관하다는 것이 경제학의 기본 원리이기 때문이다. 경제학에서는 과거의 평균이라는 개념을 무시한다.

그런데 글로벌 금융위기 이후 주요국 중앙은행들의 양적완화와 저금리 정책에도 불구하고 물가는 그다지 오르지 않았다. 이는 지금까지도 경제학계와 중앙은행에게 큰 수수께끼다. 이를 근거로 2020년 7월 파월 연준 의장이 '유연한 평균물가목표방식'을 선언했다. 과거에 상당 기간 물가가 오르지 않았으므로 앞으로는 상당 기간 물가가 오르더라도 금리를 올리지 않겠다는 구상이다. 정책 결정에서 과거의 평균을 동원한 것이 특징이다.

하지만 이는 대선을 앞두고 현직 대통령인 트럼프를 의식한 정치적 결정이었다는 것이 중론이다. 2022년부터 물가가 빠르게 오르자 파월 의장 자신이 그해 가을 금리를 급하게 올리기 시작했다. 유연한 평균물가목표방식은 파월 의장의 결정적 흠결로 기록될 것이 확실하다.

● 포워드 가이던스

포워드 가이던스는 중앙은행이 향후 정책금리 경로를 예고하는 것을 말한다. 1990년대 후반부터 아이슬란드, 뉴질랜드, 노르웨이, 스웨덴 중앙은행들이 순차적으로 경제 전망과 함께 향후 정책금리 전망까지 발표한 것이 시작이다.

미국의 경우 2008년 글로벌 금융위기까지도 인플레이션 타기팅(물가 안정 목표제)을 도입하지 못했다. 그 상황에서 글로벌 금융위기와 함께 제로 금리 정책이 시작되고, 그것이 상당 기간 계속될 것이 분명했다. 경제주체들의 기대심리를 제어하려면, 대중과의 긴밀한 소통이 중요했다. 그때 미 연준이 도입한 것이 미국형 포워드 가이던스다. 정책금리를 결정하는 공개시장위원회(FOMC)의 참석자 19인이 생각하는 향후 금리 수준의 분포(점도표)를 2012년 1월부터 공개했다.

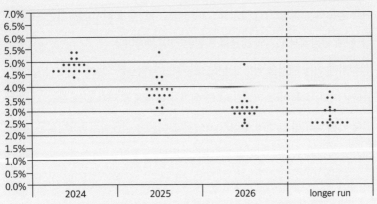

2024년 3월 공개시장위원회가 발표한 향후 금리 수준의 분포(점도표)

그러나 포워드 가이던스는 중앙은행의 약속(commitment)으로 해석될 여지가 있다. 이는 새로운 정보에 따라 기민하게 대응해야 하는 중앙은행에 상당한 부담이 된다. 만일 그 약속이 위배될 경우 중앙은행의 신뢰성이 약화된다. 연준은 포워드 가이던스는 "약속이 아니라 추측"이라는 점을 강조하지만, 그것도 어색하다. 중앙은행이 스스로 결정할 사항을 추측하는 것은 논리적 모순이다. 따라서 한국은행과 유럽중앙은행을 포함한 상당수 중앙은행들은 점도표를 발표하는 데 소극적이다. 대신 경제 전망의 정확성을 높이는 데 주력한다.

알고 있다는 착각 ‖‖‖‖‖‖‖‖‖‖‖‖‖‖‖‖‖‖‖‖‖‖‖‖‖‖‖‖‖‖‖‖

화장실 공사가 초래한 나비효과

예수의 제자 요한은 특별하다. 열두 제자 중 유일하게 "주의 사랑하는 제자"라는 영예로운 찬사를 들었고, 최후의 만찬 때 예수 바로 옆에 앉았다. 「계시록」도 남겼다. 그래서 교황 이름으로 가장 인기가 높다. 지금까지 23명의 교황이 '요한'이라는 이름을 썼다.

기독교 세계에서 '요한'은 왕의 이름으로도 인기가 높다. 프랑스이상, 스페인의 주앙, 이탈리아의 지아니(지오바니), 덴마크의 한스 등이 그 예다. 다만 영국은 예외다. 요한은 영어로는 '존'인데 지독하게 무능했던 왕 존 때문에 왕의 이름으로서 '존'은 절대 금기다. 앞으로도 영원히 그 이름을 쓰지 않을 것이다. 존의 가장 큰 과오는 도버해협 건너 유럽대륙의 노르망디 지역을 프랑스에 빼앗긴 것이다. 그때까지는 영국이 섬나라가 아니었다.

　존이 살았던 노르망디의 가이야르성은 결코 함락될 수 없는, 완벽한 요새였다. '사자 심장'이라는 별명을 가진 리처드 1세가 그 성을 완성한 뒤 동생 존에게 "절대로 손대지 마라"라는 유언을 남겼다. 그런데 전투를 감안해서 설계된 그 성은 화장실이 부족했다. 존은 자기 침실에서 용변을 보면 오물이 절벽 아래로 떨어지도록 화장실을 추가했다. 난공불락의 요새에 허점이 생겼다. 어느 날 프랑스 병사들이 절벽을 타고 올라가 오물 구멍을 통과한 뒤 변기로 기어나와 마침내 그 성을 접수했다. 이후 노르망디는 프랑스 영토가 되었다. 화장실 하나가 그렇게 국경선을 바꿨다.

　존은 노르망디를 되찾겠다고 여러 번 반격했다. 매번 그 비용은 세금으로 채워졌고, 모든 시도가 실패로 끝났다. 존의 무능과 폭정에 지친 영주들이 반란을 일으키고 왕에게 서약서를 요구했다. 그 반란을 진압하는 것마저 실패한 존은 등을 떠밀려 거기에 서명했다. 왕의 권한을 축소하는 마그나카르타Magna Charta다.

　존은 살았을 때 실지왕失地王이라는 조롱을 받았다. 오늘날 영국인들은 불결한 야외화장실을 '존'이라 부르며 그를 '오물'로 기억한다. 무능한 리더는 역사의 심판에서 숨을 곳이 없다. 그것이 현대판 요한(존)계시록이다.

가만히만 있으면 중간도 못 간다

———

춘추시대 노나라에 미생이라는 청년이 있었다. 그는 사랑하는 여인과 다리 밑에서 만나기로 약속했다가 폭우를 만났다. 비 때문에 여인이 나타나지 않았지만, 자리를 뜨지 않고 계속 기다렸다. 결국 불어난 물을 피하지 못하여 교각을 끌어안고 죽었다. 허무 개그에 가깝다. 여기서 나온 말이 '미생지신尾生之信'이다. 고지식하여 융통성이 전혀 없다는 뜻이다.

2천 년 후 미생지신이 미국에서 TV쇼로 환생했다. 1960년대부터 근 30년간 높은 시청률을 유지했던 〈흥정합시다Let's Make a Deal〉라는 퀴즈쇼다.

그 퀴즈쇼의 우승자에게는 최고급 스포츠카를 가져갈 기회가 주어진다. 그런데 사회자가 그냥 주지 않고 우승자의 운을 시험한다. 세 개의 문 뒤 어느 하나에 스포츠카를 숨겨놓고, 출연자가 문 하나를 고르도록 한다.

사회자는 결과를 바로 확인하지 않는다. 출연자가 고르지 않은 나서지 누 개의 문 중 하나를 먼저 연다. 하필 거기서 선물이 나오면 출연자는 빈손으로 돌아간다. 하지만 선물이 안 나오면, 안도하는 출연자를 향해서 사회자가 다시 묻는다. 처음의 결정을 지킬 것인가, 아직 열리지 않은 다른 문으로 마음을 바꿀 것인가? 어느 쪽이건 확률이 2분의 1이라서 고민이 생긴다.

정말 그럴까?

아무 정보가 없는 상태에서 출연자가 처음 고른 문 뒤에 선물이 있을 확률은 3분의 1이다. 그리고 나머지 두 개의 어딘가에 선물이 있을 확률은 3분의 2이다. 그 두 개 중 하나를 열어서 선물이 없음이 확인되었으므로 이제 남은 하나의 문 뒤에 선물이 있을 확률이 3분의 2이다. 출연자가 처음 골랐던 문의 확률 3분의 1보다는 두 배나 높다. 그러므로 출연자는 선택을 바꾸는 게 유리하다. 상황이 바뀌고 새로운 정보가 주어졌는데도 처음의 결정을 고수하는 것은 미생지신이다.

물론 출연자가 처음 골랐던 문에 선물이 있을 확률은 여전히 3분의 1이다. 출연자가 마음을 바꿔 다른 문을 골랐는데, 그 뒤에 아무것도 없을 불운이 3분의 1이나 되는 것이다. 실제 TV쇼에서는 가끔 그런 일이 생겨서 출연자가 후회하고, 시청자들은 안타까워했다.

남들이 그런 불운을 겪을 때 우리나라 사람들은 흔히 "가만히만 있으면 중간은 간다"라고 하면서 핀잔을 준다. 새로운 정보를 바탕으로 결정을 바꿨다가 결과가 나쁘면, 그것을 경거망동의 대가라고 비웃는 것이다. 판단의 과정보다는 결과를 중시하기 때문이다.

좋은 판단이 좋은 결과를 보장하는 것은 아니다. 좋은 결과의 확률을 높일 뿐이다. 반대로 판단이 잘못되어도 결과는 좋을 수 있다. 그러므로 결과만 보는 태도는 대단히 원시적이다. '가만히만 있으면 중간은 간다'는 생각이 지배하는 사회는 발전할 수 없다.

그 말은 전래 속담도 아니다. '목탁은 소리 때문에 쓰임을 받다가 결국 부서진다'는 고사성어가 엉뚱하게 변질된 것으로 보인다. 그러니 소리 내지 말고 죽은 듯 있으라는, 보신주의적 충고다. 하지만 틀린 말이다. 소리 없는 목탁은 쓸모가 없어서 쓰이지도 않고 부서지기 마련이다.

세상은 시시각각 변한다. 새로운 정보가 시시각각 쏟아진다. 어제와 똑같은 일을 오늘 그대로 하고 있다면, 새로운 정보를 최대한 활용하지 않는, 미련한 고집이기 쉽다. 가만히만 있으면 절대로 중간도 못 간다.

퀴즈쇼 〈흥정합시다〉는 1990년대 초 종영했다. 매릴린 보스 새반트라는 사람이 〈뉴욕 타임스〉 칼럼을 통해 처음의 결정을 고집하는 것은 미생지신임을 명쾌하게 입증한 결과다. 멘사클럽 회원이자 IQ 최고 기록 보유자인 그녀가 TV쇼의 신비감을 벗겨버리자 콘크리트 같던 시청률은 뚝 떨어졌다.

만일 문이 세 개가 아니고 100개라고 가정해보자. 그리고 사회자가 문을 하나씩 열면서 그때마다 출연자에게 선택 변경의 기회를 준다고 하자. 그때도 매번 선택을 바꾸는 것이 현명하다. 아무 정보가 없었을 때 1퍼센트였던 확률이 새로운 정보를 이용해서 과거의 결정을 바꾸면서 100퍼센트를 향해 점점 올라간다. 새반트의 결론이다.

미국 시청자들은 첫 결정을 고집하는 것이 미생지신임을 깨닫는

데 30년이 걸렸다. 우리는 "가만히만 있어도 중간은 간다"는 말이 미생지신임을 깨닫는 데 얼마나 걸릴까?

경험의 구덩이에서 탈출하라

봄이 되면 사방이 푸르러진다. '푸르다'는 하늘, 바다, 풀잎의 색을 몽땅 아우른다. '푸르다'처럼 두루뭉술한 말은 편리하기도 하고 불편하기도 하다. 시인은 동음이의어를 이용해서 시를 쓰지만, 철학자는 그것을 피해서 글을 쓴다. 생각을 방해하기 때문이다.

생각을 방해하는 것 중에는 지나친 경험도 있다. 거울을 하루종일 들여다보면, 얼굴이 부은 것을 알 수 없다. 오히려 가끔 봐야 안다. 과거의 경험에 파묻혀 생각이 굳어지고 고정관념에 빠지는 것을 철학자들은 '천착穿鑿, entrenchment'이라고 한다. '구덩이 파기'라는 뜻이다.

경험이 구덩이 파기에 빠지도록 만든다. "나 때는 말이야"라고 하면서 시계추를 거꾸로 돌리려는 '꼰대'가 그 예다. '꼰대'는 과거를 사리 판단의 기준으로 잡는다. 하지만 모든 관념은 변하기 마련이다. 내 돈으로 남의 자식을 가르치면 사회주의라고 생각하지만, 오늘날 모든 자본주의 국가들이 의무교육을 실시한다. 과거의 프레임에 갇힌 사람들은 의무교육을 이해하지 못한 채 그것을 사회주의적 발상이라고 탓한다.

초록색 풋고추만 먹어본 사람은 고추가 나중에 빨개지는 것을 모른다. 꼰대가 되지 않으려면, 고추가 언젠가는 변색할 수 있음을 받아들여야 한다. 고추의 색을 초빨색(초록-빨강)이라고 부르는 것이다. 그러나 초빨색은 기괴한 단어가 아닐 수 없다. 소설가 보르헤스는 "모든 존재에 대해서 과거와 미래의 모든 세세한 점을 나타내는 작명법과 언어는 없다"고 말했다. 언어는 경험과 관습이 만든 것이라서 언어로는 미래를 밝힐 수 없다는 한탄이다.

언어가 불완전하니 그 언어에 의존하는 우리의 생각도 불완전할 수밖에 없다. 불교에서는 불립문자不立文字를 가르친다. 기독교에서는 '말씀은 성령의 도움으로만 이해할 수 있다'고 가르친다. 인간은 언어로 진리를 탐구하지만, 진짜 중요한 진리는 언어 너머에 있다는 역설이다. 그래서 언어철학자 비트겐슈타인은 "말할 수 없는 것에 대해서는 침묵해야 한다"라며 말을 아꼈다.

언어가 만드는 구덩이 파기를 피해야 한다. 경험의 구덩이에서 탈출해야 다른 세계를 만난다. 내 경험이 옳다고 믿으면, 남의 경험도 옳을 수 있음을 인정해야 한다. 거기서 푸르른 대화가 시작된다.

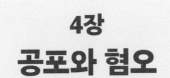

4장
공포와 혐오

패닉이 가져온 변화 ‖‖‖‖‖‖‖‖‖‖‖‖‖‖‖‖‖‖‖‖‖‖‖‖‖‖‖‖‖‖‖‖‖

'내 돈 내 산'

병법 삼십육계 중 세번째는 차도살인借刀殺人이다. 남의 칼로 사람을 벤다는 뜻이다. 우리 속담 "손 안 대고 코 푼다"와 같다. 그것이 한 사람에게는 생활의 지혜가 될 수 있지만, 모든 사람이 그렇게 행동하면 커다란 문제가 생긴다. 아무도 비용을 신경쓰지 않게 됨으로써 소중한 자원이 낭비된다. 환경오염이 그렇다.

1933년 3월 프랭클린 루스벨트 대통령이 라디오 생방송에 출연하여 "대공황 때문에 무너져버린 금융 시스템을 복구하기 위해 예금보호제도를 도입하겠다"라고 말했을 때 시민들은 '손 안 대고 코 풀기'를 떠올렸다. 없는 사람들에게 세금을 거둬 부자들의 재산을 지키는 미친 제도라고 받아들였다. 전문가들은 도덕적 해이를 부른다고 비판했다.

개인의 자유를 강조하는 미국에서 예금계약은 대표적인 민간 영역이다. 다른 나라와 달리 미국에만 우체국예금이 없는 것도 그 때문이다. 보험도 마찬가지다. 1883년 비스마르크가 세계 최초로 공공의료보험을 도입한 뒤 웬만한 선진국들이 그 뒤를 좇았지만, 미국은 거들떠보지 않았다.

그러니 미국 정부가 세계 최초로 예금보호제도를 들고나왔을 때 저항이 큰 것은 당연했다. 그러자 카터 글래스 상원의원과 헨리 스티걸 하원의원이 꾀를 냈다. 아무 반대가 없는 연방준비제도법(중앙은행법)을 개정하면서 뒷부분에 예금보험제도를 슬쩍 끼워넣었다. 그 법을 글래스-스티걸법이라고 하는데, 분명 꼼수였다.

1933년 6월 글래스-스티걸법에 따라 연방예금보험공사가 세워졌다. 꼼수로 출발한 예금보호제도가 이제는 '내 돈 내 산', 즉 '내 돈으로 내가 산' 보험으로 자리잡았다. 2023년에는 예금보호제도를 연구한 사람들에게 노벨경제학상이 수여되고, 2024년에는 실리콘밸리은행 파산 사태 해결에 예금보호제도가 결정적으로 기여했다. 1996년 6월 우리나라에서 예금보험공사KDIC가 출범했다.

냉전 위기에서 싹튼 중앙은행의 우정

2023년 10월 바이든 대통령이 이스라엘을 방문했다. 이스라엘과 하마스 간의 무력 충돌을 수습하기 위해서다. 미국은 이처럼 남의 일에는 열심히 끼어들지만, 정작 자기 일은 서투르다. 이란이나 쿠바와 관계를 회복하는 일에서 진척이 무척 느리다.

미국에게 쿠바는 손톱 밑 가시 같은 존재다. 쿠바의 카스트로 혁명정부가 1960년 7월 미국 자산을 동결하면서부터다. 절치부심하던 미국은 1961년 4월 쿠바 망명객들을 부추겨서 혁명정부 전복을 시도했다. 피그스만 침공 사건이다. 그런데 처참하게 실패했다. 취임한 지 석 달 만에 국내외적으로 크게 망신당한 케네디는 1962년 2월 쿠바와의 모든 교역과 여행을 전면 금지했다.

사태는 점점 악화됐다. 그해 10월 소련이 쿠바에 미사일 기지를 건설하는 것이 드러나서 미소 양국이 핵전쟁 위기로 치달았다. 그러는 사이 국제금융시장에서 미 달러화 가치를 의심하는 투매 현상이 벌어졌다. 자금이 급속히 해외로 빠져나가자, 미국 재무부로 불똥이 튀었다. 유럽 금융시장에서 연 4.5퍼센트의 고금리로 7년물 국채를 발행해서 외환 보유액을 채웠다.

미국이 외환 보유액 부족으로 쩔쩔맨 것은 1893년 금융위기가 마지막이었다. 미국이 금융 후진국일 때였다. 두 차례 세계대전을 거치면서 명실상부한 기축통화 국가로 발돋움한 미국이 돈을 꾸러 외국을 기웃거리는 것은 이상하고 창피했다. 그래서 은밀히 다른 방법을 찾았다. 1962년 초 윌리엄 마틴 연준 의장이 10개 기축통화국 중앙은행 총재들에게 부리나케 전화를 걸었다. "발권력을 가진 중앙은행들끼리 필요할 때 서로 돕자"라고 제안했다. 중앙은행 간 통화스와프 계약의 시작이다.

글로벌 금융위기가 시작되자 한국은행 부총재보가 극비리에 연준으로 달려갔다. "통화스와프 계약은 미국이 급할 때만 쓰는 수단이 아니다"라며 설득했다. 그 말이 먹혔다. 2008년 10월 29일 한미 중앙은행 간 통화스와프 계약이 체결됐다.

속앓이하는 서방 경제

———

1971년 8월 15일 미국의 닉슨 대통령이 '금 1온스=35 미 달러화'의 약속을 깰 때 어느 나라와도 상의하지 않았다. 국제사회에서 그런 뻔뻔함이 전혀 새로운 것은 아니다. 볼셰비키혁명 직후인 1918년 2월 소련 정부는 34억 파운드에 이르는 제정러시아의 부채를 일방적으로 무효화했다.

러시아는 80년 뒤인 1998년에도 외채상환 불능, 즉 모라토리엄을 선언했다. 1991년 구소련이 붕괴된 뒤 당선된 초대 대통령 옐친이 시장 개방과 국영기업 민영화를 약속하면서 많은 외채를 들여왔었다.

하지만 관료들이 부패한데다 대통령의 건강도 좋지 않았다. 거기에 아시아 외환위기까지 터졌다. 외환 보유액이 썰물처럼 빠져나갔다. 결국 옐친은 모라토리엄 선언과 함께 통치력을 상실하고 대통령직을 사임했다.

그때 권력을 넘겨받은 푸틴은 정신을 바짝 차리고 러시아의 외환 보유액을 세계 9위로 올려놨다. 그러니 우크라이나 전쟁중에 상환 능력을 잃었다고 보기는 어렵다. 하지만 서방세계는 푸틴이 옐친의 길을 걸으며 제발 실각하기를 바란다. 러시아로 송금하는 것을 차단하고 러시아에게 빚은 제때 갚으라고 독촉한다. 푸틴 정권의 붕괴를 향한 일종의 기우제다.

1918년 소비에트 정부가 채무불이행을 선언했을 때 소비에트 외채의 80퍼센트는 프랑스 정부가 갖고 있었다. 시베리아 횡단철도 건설을 위해 빌려준 돈이다. 그때는 프랑스가 혼자서 차관을 제공했다. 그러나 1998년 러시아가 모라토리엄을 선언할 때는 서방 민간 금융기관들이 러시아 채권을 골고루 나눠 갖고 있었다. 그래서 뱅커스트러스트, 바클레이즈, 시티 등 유수 금융기관들이 큰 손해를 보았다. 미국의 롱텀캐피털매니지먼트는 파산했다.

우크라이나전쟁 발발 직후 러시아가 외화표시 국채를 갚지 못했다는 뉴스가 흘러나왔다. 하지만 러시아 경제가 망가졌다는 후속 보도는 없었다. 러시아로의 수출은 줄고, 수출대금은 받지 못하니 서방 경제만 골병이 들 지경이다.

● **예금보험제도**

과거 유럽에서 은행은 일반 기업과 달리 망하는 일이 매우 드물었다. 당대 최고의 부자들이 소유했기 때문이다. 그에 비해 미국의 은행은 구멍가게 수준 이었다. 거의 모든 은행이 점포가 단 한 개뿐인 영세 사업자(unit bank)였다. 그러니 경기가 나빠지면 일반 기업 못지않게 쉽게 쓰러졌다.

기업의 파산에 비해 은행의 파산은 훨씬 더 많은 문제를 일으킨다. 미국에 서는 상업은행들이 각각 지폐를 발행했기 때문에 은행이 망하면 그 은행이 발행한 지폐를 가진 사람들이 전부 피해자가 되었다. 그래서 은행이 파산했 을 때 예금자를 보호하려는 움직임이 미국에서 시작되었다. 그런데 1829년 뉴욕주에서 예금보험기금을 만들려고 하자 상당수 의원들이 외국 사례를 요 구했다. 역설적으로 그때는 중국이 금융 선진국이었다. 뉴욕주 정부는 광저 우의 무역 상인(洋行)들이 상호 보증을 통해 고객을 보호하는 점을 사례로 들 었다.

이후 미국에서는 개별 주 단위로 예금보험제도가 시행되다가 대공황이 한창이던 1933년 연방예금보험공사가 설립되면서 일반화되었다. 이를 계 기로 튀르키예(1960년), 인도(1962년), 필리핀(1963년), 서독(1966년), 캐나다 (1967년), 일본(1971년) 순으로 확산되었다. 1998년 국제통화기금은 예금보험 제도를 금융 안정을 위한 인프라로 지정하고, 각국이 도입할 것을 권고했다. 한국은 1996년 도입했다.

● 글래스-스티걸법

프랭클린 루스벨트 행정부 시절 여당인 민주당의 카터 글래스 상원의원과 헨리 스티걸 하원의원이 주도하여 만든 법. 1932년과 1933년 두 차례에 걸쳐 법이 만들어졌지만, 각각 기존의 여러 법을 한꺼번에 수정하는 것이라서 내용이 복잡하다.

1932년 글래스-스티걸법은 중앙은행인 연준의 적극적 대출을 유도하는 것이 골자였다. 즉 비상시에는 대출 대상을 은행 이외에 일반 기업까지 확대하고, 담보도 국채와 상업어음 이외에 어떤 것이든 받을 수 있도록 했다.

1933년 글래스-스티걸법은 연준에 공개시장위원회를 설치하고, 연방예금 보험공사를 신설하며, 은행의 방만한 경영을 억제하기 위해 증권업 겸영을 금지하는 한편, 예금금리의 상한선을 설정(Regulation Q)하는 내용을 담고 있다. 1933년 법은 70여 년간 미국 금융제도의 기본 골격을 만든 것으로 평가되고 있다.

애증 관계의 공포와 돈 ||||||||||||||||||||||||||||||||||||||||

오즈의 마법사

도량형이라는 말을 만든 사람은 진시황이다. 도度는 길이, 량量은 부피, 형衡은 무게를 말한다. 진시황은 금형金衡, 즉 돈의 무게에 관한 규칙을 만들 때 금과 은의 교환 비율을 1 대 10으로 정했다.

서양은 달랐다. 은광이 없었던 고대 이집트에서는 금과 은이 1 대 1로 교환되었다. 구약성경에서 "은과 금"은 60회 등장하고 "금과 은"은 32회 등장한다. 메소포타미아문명에서는 은이 금보다 귀하게 취급됐다는 증거다. 금광은 있었으나 은광이 없었던 이집트문명권에서도 그랬다. 그런데 4세기를 지나면서 금과 은의 가치가 역전했다. 이후 전 세계적으로 금과 은의 비율이 1 대 13 정도로 굳어졌다.

금광을 잔뜩 기대하고 신대륙에 도착한 스페인은 포토시(현재 볼리비아)에서 지상 최대의 은광을 발견했다. 은의 공급이 급증하면서 가치가 하락했다. 미국이 독립할 때쯤 금과 은의 비율이 1 대 15를 돌파하고, 1871년 독일이 통일한 뒤에는 1 대 16까지 뚫었다.

사태가 그쯤 되자 은광이 몰려 있는 미국 서부 지역 주민들이 위기감을 느꼈다. 연방정부가 은을 매입해서라도 가격을 지탱하라고 압박했다. 1896년 치러진 대통령 선거에서 서부 출신 민주당 후보 윌리엄 브라이언이 1 대 16의 비율 유지를 공약으로 내세웠다. 그때 탄생한 것이 『오즈의 마법사』다. 토네이도를 만나 집을 잃은 소녀 도로시가 고향을 찾아가는 모험을 그린 동화다. 마법사가 알려준 대로 은색 구두 뒤꿈치를 맞부딪침으로써 도로시는 고향으로 돌아간다. 은의 가치를 지키는 것이 미국 사회가 정치적 혼란의 토네이도 이전으로 복귀하는 길이라는 메시지를 담고 있다. '오즈Oz'는 무게 단위 온스를 말한다.

이토록 정치적 복선이 치밀하게 깔린 『오즈의 마법사』가 동화로 둔갑한 것은 같은 제목의 1939년작 영화 때문이다. 영화가 나온 지 80여 년이 지난 지금, 금과 은의 비율은 1 대 80을 넘는다.

저축의 날

코로나19 사태든, 전쟁이든 국가 위기 상황에서 엄청난 재정 적자를 메꾸는 방법은 세 가지다. 세금을 더 걷거나, 국채를 발행하거나, 돈을 찍는 것이다. 돈을 찍는 것은 허리띠를 졸라매는 고통을 잠시 뒤로 늦출 뿐, 나중에는 인플레이션이라는 폭탄을 맞는다. 지금이 그렇다.

제1차세계대전 초기에 일본은 의외로 여유가 있었다. 전쟁중인데도 중국의 위안스카이 정권에게 차관까지 제공했다. 강제 병합한 조선을 수탈한 결과다. 저축율을 높인 것도 큰 도움이 되었다. 1909년 일본 왕은 '근검조서'를 통해 국민들에게 내핍과 근검절약을 명령했다.

당시 일본은 돈을 찍는 것만큼은 최대한 피하려고 했다. 서양을 쫓아가기 위해서다. 일본의 서양 쫓아가기는 1872년 미국의 상업은행제도를 수입하는 것으로 시작했다. 1882년에는 미국에는 없고 유럽에만 있던 중앙은행제도까지 수입했다. 그 완결판은 1897년 화폐법이다. '1엔=순금 0.2돈(0.75그램)'을 선언하며 자랑스럽게 금본위제도에 합류했다. 그런데 제1차세계대전이 시작되자 유럽은 금본위제도를 버리고, 미국은 지켰다. 서양 쫓아가기에 여념이 없었던 일본이 어리둥절했다. 한참 고민한 끝에 1917년 금본위제도를 포기했다.

엔화의 가치를 지키려면 이제 내핍이 더욱 중요해졌다. 왕이 내린 '근검조서'에 따라 일본 정부는 〈저축가〉라는 노래를 보급했다. "영·미·독·백(벨기에)·화(네덜란드)를 따라잡자, 저축을 하자"라는 가사의 노래는 제2차세계대전중에도 계속 울렸다. 그러다 패전 뒤 사라졌지만, 1952년 '저축의 날'로 부활했다. 추수한 곡식을 쟁여두듯, 번 돈을 아끼라는 뜻으로 10월 말로 정했다.

　그 저축의 날을 1964년 우리나라가 수입했다. 그때 저축 장려를 위해 한국은행 저축추진과를 만들었다. 물자가 풍족해진 지금 저축의 날은 '금융의 날'로 바뀌었다. 내수 진작을 위해서는 저축보다 소비와 투자가 더 중요해졌기 때문이다. 한국은행 저축추진과는 금융결제국으로 변신했다. 금융결제국은 한국은행에 저장된 지급준비금이 상업은행들 사이에서 물처럼 잘 흐르도록 한다. 저량貯量보다 유량流量이 중요해진 세상이다.

공포 때문에 주저했던 역할
———

　영국의 리시 수낙 총리는 인도계다. 영국 사회의 비주류라는 점에서 벤저민 디즈레일리 총리와 비교된다. 디즈레일리는 유대계였으며, 이름 'Disraeli'의 앞뒤 철자를 빼면 이스라엘이라는 글자가 나온다.

　수낙은 42세에 총리가 되었다. 그 점에서는 로버트 젱킨슨과 닮은 꼴이다. 젱킨슨은 15년을 재임한 최장수 총리다. 혈기왕성한 탓인지 유난히 전쟁을 많이 치렀다. 1812년 취임 열흘 만에 미국과 전쟁을 시작했다. 그때 영국군은 식민지에서 이탈한 미국을 혼내주려고 대통령 관저를 불태웠다. 미국인들은 그것을 복구한 다음 흰 페인트를 칠하고 백악관이라는 새 이름을 붙였다.

젱킨슨은 나폴레옹과도 오랫동안 전쟁을 벌였다. 마침내 전쟁이 끝나고 평화가 찾아오자 투기가 시작되었다. 남미 개발 붐이었다. 하지만 이내 거품이 꺼지고, 지독한 불황이 시작되었다. 1825년 금융위기다. 처음에 젱킨슨은 투기꾼의 몰락을 사필귀정이라고 생각했다. 그런데 금융위기는 투기꾼만의 문제가 아니었다. 은행들이 경쟁적으로 대출금을 회수하는 바람에 멀쩡한 회사까지 쓰러지고 경제가 진창에 빠졌다.

절치부심하던 젱킨슨 총리가 일요일 저녁 중앙은행 총재를 관저로 불렀다. 그리고 "지금부터 영란은행 금고에 있는 금이나 법정화폐 발행 한도 따위는 다 잊어버리시오. 일단 돈을 풀어 은행들을 살리시오"라고 지시했다. 코닐리어스 불러 총재는 중앙은행도 파산할 수 있다면서 그동안 돈줄을 죄고 있었다. 하지만 카리스마가 넘치는 총리의 지시를 받자, 군말 없이 월요일 아침 돈을 풀었다. 그랬더니 그날부터 금융시장 경색이 거짓말처럼 사라졌다. 영란은행도 몰랐던 그런 역할을 중앙은행의 최종대부자 기능이라고 한다(105쪽 참조).

3년 뒤인 1828년 젱킨슨이 58세로 사망했다. 젱킨슨은 임기 말에 금융위기를 맞았지만, 수낵은 취임 초부터 고생하고 있다. 수낵은 인플레이션 때문에 최종대부자 기능에 의존할 수 없다. 지금 영국에게 필요한 것은 돈이 아니라 정부의 절제다. 돈이 만능은 아니다.

유가 조작을 염려한 공포

"석유가 나왔다." 1976년 초 박정희 대통령이 연두기자회견에서 이렇게 밝혔다. 포항 영일만에서 양질의 원유가 시추되었다는 대통령의 발표에 국민들이 열광했다. 시원하게 원유 터지는 소리로 시작하는 〈제7광구〉라는 대중가요까지 등장했다. 하지만 이후 감감무소식이었다.

비슷한 해프닝이 1949년 이탈리아에서도 있었다. 하원의원 엔리코 마테이가 "알프스산맥 밑에 엄청난 양의 원유가 묻혀 있다"라는 낭설을 퍼뜨렸다. 국민들의 지지를 받으며 석유공사ENI 회장으로 취임하여 석유 시추를 직접 지휘했다. 물론 결과는 변변치 않았다.

그러자 마테이는 목표를 외국으로 돌렸다. 당시 국제 원유시장은 미국과 영국의 일곱 개 회사가 장악하고 있었는데, 마테이는 그들을 '세븐 시스터스'라고 부르면서 그들이 미국의 입맛에 맞추어 국제유가를 주물럭거린다고 비난했다. 그리고 석유산업 과점구조 해체를 부르짖었다.

아니나다를까 세븐 시스터스는 1960년 8월 산유국들과 전혀 상의도 없이 원유가를 8퍼센트나 인하했다. 소련이 낮은 가격을 앞세워 원유시장 점유율을 높여가는 데 대한 대응이었다. 하지만 그동안의 물가상승률을 감안하면 원유의 실질가격은 1948년 대비 이미 10퍼센트 이상 하락한 상태라서 산유국들의 반미 감정이 치솟았다. 1960년 9월 이라크·이란·사우디아라비아·쿠웨이트·베네수엘라 등 5대 석유 수출국이 이라크의 바그다드에 모였다. 석유수출국기구OPEC의 탄생이다.

그때 마테이는 소련과 송유관 연결을 구상하고 있었다. 오늘날 러시아의 천연가스 파이프라인 노르드스트림과 똑같은 생각이었다. 이래저래 미국의 눈 밖에 난 마테이는 1962년 10월 의문의 비행기 사고로 사망했다. 1976년 연두기자회견 직후 조갑제 국제신문 기자는 유신정권의 눈 밖에 났다. 대통령의 발언에 의문을 제기했기 때문이다. 그 탓에 중앙정보부에 불려가 곤욕을 치렀다.

차별과 슬픔의 경제학 |||||||||||||||||||||||||||||||||||||||||||||

기득권에 굴복하면 비극이 온다

"노예는 사람인가, 재산인가?"

독립전쟁을 할 때 미국인들은 이 질문을 애써 피했다. 그러나 헌법을 만들 때는 그럴 수 없었다. 노예가 사람이라면, 하원 구성에서 북부가 불리하다. 재산이라면, 남부 노예 주인들이 세금 폭탄을 맞는다. 논란 끝에 노예는 5분의 3만 사람으로 보기로 합의했다. 그 결과 헌법에 "기타 사람all other persons 3/5"이라는 이상한 문구가 실렸다.

당시 대서양을 횡단하는 배들이 가장 많이 실어나른 상품은 노예였다. 영국의 윌리엄 윌버포스는 그것을 참을 수 없었다. 그는 21세에 돈으로 하원의원직을 산 전형적인 금수저였다. 그런데 어느 날 〈어메이징 그레이스〉라는 찬송가를 듣고 회개했다. 방탕했던 생활을 접고 일생을 노예해방에 바치기로 결심했다.

그가 의회에서 아무리 노예해방을 외쳐도 반응이 없었다. 노예가 없으면 영국 경제가 멈추기 때문이었다. 그런데 1806년 나폴레옹의 대륙봉쇄령으로 영국 경제가 휘청거렸다. 역발상이 필요했다. 일단 노예무역을 금지한 뒤 노예 밀수 단속을 명분으로 영국 해군이 대서양을 오가는 모든 상선을 수색하는 것이다. 그렇게 되면 나폴레옹의 대륙봉쇄령은 무력화된다. 1807년 피트 수상이 윌버포스의 제안에 무릎을 치면서 노예무역금지법을 통과시켰다.

그러나 기존의 노예를 놔두고 노예의 무역만 금지하는 것은 위선이다. 윌버포스는 남은 인생을 노예해방을 향해 또 뛰었다. 마침내 1833년 7월 노예폐지법이 제정되었다. 며칠 뒤 〈어메이징 그레이스〉가 울려퍼지는 가운데 연로한 윌버포스가 감사한 표정으로 임종했다.

미국은 영국을 좇아 1808년 노예무역금지법을 만들었지만, 노예제도 폐지에는 시간이 걸렸다. 링컨 대통령의 노예해방선언은 1863년에 이르러서다. 유럽이 일찌감치 포기한 노예제도를 너무 오래 붙잡는 바람에 내란을 겪던 때였다. 기득권에 막혀 개혁이 늦어진 데서 생긴 비극이었다. 지금의 화석연료 사용과 환경파괴에 주는 교훈이다. 문제에 정면으로 맞서기 위한 용기가 필요한 때다.

1807년 영국에서 노예무역금지법이 제정되었다. 노예해방의 서곡이었다. 하지만 미국은 그 문제와 맞서는 데 용기가 부족했다.

사회 통합이 경제를 좌우한다

100년 전 미국의 외교정책을 보통 고립주의라고 평가한다. 하지만 1921년 미국은 워싱턴 군축회의를 열어 영국과 일본의 해군력 팽창을 중단시키는 합의를 이끌어냈고, 1924년에는 도스 플랜을 통해 프랑스와 영국을 설득하여 독일에게 받아낼 제1차세계대전의 배상금을 대폭 삭감토록 했다. 니카라과와 파나마 등 라틴아메리카 투자는 두 배 이상 늘렸다. 그러니 1920년대 미국이 고립을 추구했다는 것은 오해다.

이렇게 나라 밖에서 분주했던 미국이 나라 안에서는 무기력했다. 백인우월주의를 앞세운 비밀단체 KKK가 공공연히 흑인들을 향해 테러를 저지르는데도 속수무책이었다. 오클라호마주가 인종 갈등의 중심이었다. 그곳은 노예제도가 없었던 북쪽 캔사스주에서 흑인들이 일찍부터 내려와 정착한 덕에 흑인의 경제력이 상당히 좋았다. 백인에게 뒤지지 않았다.

1921년 오클라호마의 털사라는 도시에서 사달이 났다. 엘리베이터 안에서 백인 소녀가 함께 탄 흑인 소년을 골탕 먹이려고 비명을 질렀다. 경찰은 다짜고짜 소년을 유치장으로 끌고 갔다. 백인 소유의 지역신문은 사정도 모른 채 '엉덩이에 뿔 난 검둥이들은 버르장머리를 고쳐줘야 한다'는 선동적인 사설을 뿌렸다. 그날 저녁 빈곤층 백인들이 '블랙 월스트리트'라고 불리던 흑인 부촌을 습격했다. '털사

인종 학살'이라 불리는 사건이다.

300명 이상이 죽었다. 겁에 질린 흑인들이 목숨과 재산을 지키려고 총을 들자 백인 경찰들은 그들만 두들겨팼다. 구금된 흑인들이 6천 명이 넘었고, 방화와 약탈은 통제되지 않았다. 이후 오클라호마의 흑인들은 테러가 무서워 돈이 있어도 집을 사지 않았다. 그 트라우마는 20년 넘게 계속되었다. 한때 '세계 원유의 수도'라는 별명이 붙을 정도로 석유 생산이 많았던 오클라호마의 경제는 서서히 후퇴했다. 사회 통합 실패가 가져온 결과다.

결국 정치든 경제든 사회 통합이 중요하다. 하지만 노예해방을 이룩한 링컨조차 금융에서는 통합을 이루는 데 실패했다. 아니, 오히려 갈라쳤다고 말하는 게 맞을 것이다.

갈라치기, 증오 정치의 몰락

———

'갈라치기'는 원래 바둑 용어다. 상대방이 큰 집을 짓지 못하도록 적진 한가운데에 돌을 두고 구역을 쪼개는 전략이다. 그것이 요즘에는 편가름이라는 뜻으로 쓰인다. 정치에서 갈라치기는 사회 통합의 방해물이다.

링컨 대통령은 노예해방을 통해 사회 통합을 이뤘지만, 금융에서는 갈라치기 명수였다. 남북전쟁중이던 1863년 국법은행법을 제정하고 은행의 골품제도를 도입했다. 전쟁 비용을 마련하려고 연방정부가 발행하는 국채를 인수한 은행들에게 '국법은행'이라는 지위를 부여한 뒤 화폐를 발행하는 특권을 나눠주었다. 국채를 인수하지 않은 '주법은행'에게는 특권은커녕 지점 설치에서도 불이익을 주었다. 나아가 은행 소재지를 시골, 도시, 대도시로 나누고 각종 규제를 통해 차별했다.

남북전쟁 뒤 링컨의 저주가 시작되었다. 연방정부와 주정부가 국법은행과 주법은행을 둘러싼 특혜와 규제의 기준을 두고 끊임없이 티격태격했다. 그 긴 싸움은 1927년에 이르러 일단락되었다. 지점 설치에서 국법은행과 주법은행의 차별을 없앤다는 '맥패든 법'을 통해서다. 그 법을 만든 루이스 맥패든 의원은 은행원 출신이다. 그런 경력에 힘입어 10년 동안 하원 금융위원장을 맡았다.

맥패든은 링컨과 정반대였다. 금융에서는 화합을 이뤘지만, 정치에서는 갈라치기 명수였다. 대공황이 한창이던 1931년 후버 대통령이 유럽 국가들에게 부채 상환을 1년간 유예하자 '외국이 먼저고, 국익은 뒷전에 둔다'며 같은 당 대통령의 탄핵을 주도했다. 루스벨트 대통령 시절에는 '내각에 유대인이 많다'는 이유로 뉴딜정책을 반대하고, '나치 정권의 출현은 유대인을 제압하라는 경고'라며 반유대주의를 선동했다.

그 결과는 참담했다. 1934년 낙선과 함께 맥패든의 화려했던 20년 정치 인생이 비난과 야유 속에서 막을 내렸다. 미국만 그런 것은 아니다. 우리나라에서도 지역과 세대를 갈라치는 정치는 환영받지 못한다. 갈라치기는 바둑에 머물러야 한다.

뭣이 중헌디

옛날에는 복장으로 신분을 구별했다. 조선시대 남성들은 머리에 쓰는 갓의 모양과 크기를 통해 서열을 드러냈다. 그중에서도 관冠은 양반만 쓸 수 있었다. 옛날 프랑스도 마찬가지였다. 퀼로트culotte 라는 긴 반바지는 귀족 남성들만 입었다. 그런데 퀼로트를 입지 않는 사람, 즉 상퀼로트sans-culotte들이 혁명을 일으켰다. 이후 상퀼로트는 민중을 뜻하는 말이 되었다. 우리말로 치자면 '흙수저'에 해당한다.

복장으로 성별을 구분하기도 했다. 아주 오랫동안 바지는 남자, 치마는 여자의 상징으로 통했다. 20세기 초 파격이 시작되었다. 프랑스의 코코 샤넬이 '여성용 바지'를 만들어 판 것이다. 1920년대에 이르러서는 여성들이 바지를 입는 것이 일상사가 되었다.

하지만 법원은 고리타분했다. 1938년 11월 미국 로스앤젤레스 법원에서 재판이 열렸을 때 여성이 바지를 입고 증인석에 출석하자 남자 판사가 그것을 나무랐다. 복장이 부적절하다는 이유로 재판을 이튿날로 미뤘다.

그 여성 증인은 이튿날에도, 그다음날에도 바지를 입고 출석했다. 나흘째가 되자 판사가 마침내 그녀를 법정모독죄로 구속했다. 원래 사건을 제쳐두고 법정모독죄 재판이 따로 열리게 되었다. 언론이 그것을 대서특필했다. 여성단체들이 발끈했다. 문제가 커지자 고등법원이 나섰다. "특정 복장을 강요하는 것은 사법권의 영역이 아니다"라며 담당 판사의 조치를 무효화하고 증인의 손을 들어주었다.

긴 소동 끝에 1939년 1월 17일 원래의 재판이 시작되었다. 좀도둑 두 명의 절도죄를 묻는, 아주 단순한 재판이었다. 증인의 복장에 관심이 쏟아진 가운데, 증인이자 피해자인 여성이 법정에 출석했다. 유치원 교사인 28세의 증인은 예상을 깨고 치마를 입고 있었다. 요란한 색상에 깃털까지 달린, 화려한 파티복이었다. 증인은 "법정을 최대한 존중하기 위해서 집안을 뒤져서 내가 가지고 있는 단 한 벌의 치마를 입고 왔다"면서 시대에 뒤떨어진 판사를 또 한번 조롱했다. 세상이 바뀌었다. 이제는 퀼로트가 오히려 여자옷으로 통한다.

오징어 게임

우리나라의 '왕따', 즉 따돌림에 해당하는 일본말은 '이지메'다. 이 말은 1970년대에 등장했지만, 과거 농경시대에도 무라하치부村八分라는 나쁜 관습이 있었다. 공동체의 규칙이나 질서를 어긴 사람을 투명인간 취급해서 외톨이로 만드는 벌칙이다. 무라하치부 통보를 받으면, 집단 협업이 필요한 농사일에서 이웃의 도움을 전혀 얻지 못하게 되어 생존까지 위협받았다.

왕따, 이지메, 무라하치부가 개인에게만 해당하는 것은 아니다. 국제사회에서도 따돌림받는 국가는 생존하기 힘들다. 지금 북한이 그러하다. 북한의 거듭된 핵실험에 대해 유엔안전보장이사회는 북한과의 석탄·철광석 거래를 금지하고 금융 거래까지 차단했다. 사전적 제재였다.

미국은 한술 더 떠서 사후 제재까지 동원했다. 마카오 소재 방코델타아시아에게 북한 당국의 계좌를 콕 집어 동결을 요구하고, 협조하지 않을 경우 은행 폐쇄를 시사했다. 애국법 제133조에 근거한 그런 협박을 제삼자 제재 또는 세컨더리 보이콧이라고 한다. 북한을 향한 21세기의 무라하치부다.

옛날 농경사회라면 모를까, 결속력이 약한 국제사회에서는 무라하치부가 통하지 않는다는 것이 정설이었다. 그런데 2005년 후안 자라테 미 재무부 차관보가 묘수를 찾았다. 국제 송금을 위해 은행들끼리 통신하는 전산망에서 북한과 거래가 의심되는 금융기관을 기술적으로 솎아내는 것이다. 동업자들과 통신이 두절되면, 금융기관은 생존할 수 없다. 그때부터 세컨더리 보이콧이 무서운 제재 수단이 되었다. 북한의 김정은은 트럼프를 만났을 때 "피가 마르는 고통을 겪었다"며 현대판 무라하치부를 풀어달라고 매달렸다.

북한은 미국이 감시하는 전산망을 피해 외교관들이 가방으로 현찰을 실어나른다. 미국은 그 정황을 잡기 위해 오늘도 정보망을 총동원하여 추적한다. 바야흐로 김정은 정권의 존망을 건 숨바꼭질, 아니 오징어 게임이 진행되고 있다.

● 맥패든법

1927년 공화당 루이스 맥패든 의원 주도로 만들어진 금융법. 크게 두 가지 목적을 갖고 있다.

첫째, 연방준비제도의 영속성 부여다. 1914년 출범한 연방준비제도는 과거 두 차례 설립되었던 중앙은행(1, 2차 미국은행)처럼 영업 기간이 20년으로 제한되어 있었다. 당시 여당인 민주당 안에서 연방준비제도를 부정적으로 보는 의원들이 많았기 때문이다. 그런데 공화당 쿨리지 대통령 취임 후 맥패든 의원의 주도로 연방준비제도를 항구적 조직으로 전환했다. 타이밍이 기가 막히게 좋았다. 영업 기간이 만료되기 전에 맥패든법이 제정되지 않았다면, 12개 지역 연방준비은행의 영업이 1934년 종료됨으로써 대공황의 해결은 극히 어려웠을 것이다.

둘째, 국법은행과 주법은행의 차별 철폐다. 연방준비제도는 회원제로 출범했고, 1920년대에는 상업은행 중 3분의 1 정도만 연방준비제도의 회원(국법은행)이었다. 나머지는 주정부의 승인에 따라 설립된 주법은행이었는데, 이들의 영업 지역은 해당 주를 벗어나지 못했다. 한편, 상당수 주에서는 지점을 허용하지 않거나 한 도시에 오직 한 지점만 설치하는 것만 허용했다. 아울러 연방정부(연방준비위원회)가 승인한 연방은행은 불청객이므로 지점 설치에서 더욱 불리한 차별을 두었다. 이는 '기울어진 운동장' 논란을 일으켰다. 이에 맥패든법은 영업 규제 면에서 국법은행과 주법은행의 차이를 금지했다.

맥패든법으로 인해 국법은행은 각 주에서 주법은행과 동등하게 경쟁하는 한편, 더욱 자유롭게 대출할 수 있게 되었다. 그때까지 국법은행은 상업어음 할인에 주력하면서 부동산담보대출은 엄격하게 통제되었으나, 그 규제가 풀렸다.

지구를 둘러싼 공포 ||||||||||||||||||||||||||||||||||||||||||

영국이 기후위기에 호들갑 떠는 이유

———

산업혁명은 영국에서 시작했다. 그것은 곧 도시화로 이어졌다. 19세기 초 100만 명이던 런던의 인구가 20세기 들어서는 650만 명으로 폭발했다. 중국 베이징과 튀르키예 콘스탄티노플(현 이스탄불)을 제쳤다.

좁은 공간에 사람들이 밀집하다보니 대기오염이 심했다. 런던의 공기가 얼마나 탁하고 끈적거렸으면 '완두콩 수프pea souper'라고 부를 정도였다. 그래도 사람들은 개의치 않았다. 생활수준이 향상된 중산층 가정들은 석탄 보일러를 태우면서 자기 집이 따뜻해진 데 만족했다. 오늘날 서울 시내의 택배 기사만큼이나 당시 런던 시내에는 굴뚝청소부가 흔했다. 영화 〈메리 포핀스〉에서는 은행 간부인 뱅크스의 집을 굴뚝청소부가 청소한다. 굴뚝의 시커먼 그을음을 긁어 낸 뒤 훨씬 더 많은 매연이 꾸역꾸역 하늘로 퍼지지만, 메리 포핀스 는 신경쓰지 않는다. 아이들과 즐겁게 노래한다.

석탄을 태운 그을음은 런던의 축축한 공기와 만나 살인적 스모그 를 만들었다. 막 운행을 시작한 디젤 시내버스는 아황산가스와 이산 화황까지 뿜어댔다. 결국 사달이 났다. 어느 겨울 아침 런던 시내는 운전이 불가능할 정도로 짙은 안개가 깔렸다. 길거리에서는 자기 신 발도 제대로 볼 수 없었고, 영화관에서는 스크린이 보이지 않았다. 닷새 동안 경제활동이 완전히 중단되었다.

영국 정부는 폐렴 사망자가 4천 명이라고 발표했다. 그러나 실제 로는 1만 2천 명이 넘었다. 깨끗한 공기의 가치를 몰랐던 영국 정부 는 1956년 청정대기법을 만들어 난방과 운송 시설을 근대화했다. 1968년부터는 가정집에서 석탄으로 난방하는 것을 금지했다. 사후 약방문 격이었다.

1952년 12월 5일 아침 런던 스모그가 시작되었다. 굴뚝에서 끊 임없이 쏟아지는 시커먼 매연을 경제의 역동성이라고 자부해온 영 국인들은 스모그가 시작되자 지난 100년을 반성했다. 그리고 환 경문제에 발 벗고 나섰다. 그때의 충격은 지금까지 이어지고 있다. 2015년 12월 브렉시트의 먹구름 앞에서도 기후관련재무정보공개협 의체TCFD를 출범시켰다. 런던은 기후 금융climate finance 분야에서 세계의 중심이 되려고 노력한다.

지구를 지키는 데 내일은 없다

군이 명대사가 아닌데도 오래 기억에 남는 말이 있다. 영화 〈내부자들〉에서 "모히토 가서 몰디브 한잔?"이라는, 이병헌이 연기한 주인공의 어이없는 말실수가 관람객들을 두고두고 웃게 만든다. 모히토와 몰디브 두 단어 위치가 바뀌었다.

하지만 인도양의 몰디브 사람들은 모히토를 마시지 않는다. 모히토의 주원료인 럼은 중남미 술이기 때문이다. 사탕수수를 증류해서 만드는 럼은 값이 싸고 독하다. 유럽에도 럼과 비슷한 서민용 독주가 있다. 그라파이다. 그라파는 와인 찌꺼기를 증류해서 만든, 재활용 와인이다. 그래서 부자들은 그라파를 마시고 취하지 않는다. 디저트로 약간 입을 축일 뿐이다.

부자들은 고급 와인을 마시며 맛, 향, 빛깔, 품종, 생산 지역과 연도를 두루 따진다. 프란치스코 교황이 한마디했다. 와인 한잔을 마셔도 이것저것 죄다 따지는 고상한 사람들이 거액을 투자할 때는 싸구려 그라파에 취하는 서민이 된다고 꼬집었다. 지구환경은 팽개치고 눈앞의 수익률만 좇는다는 꾸짖음이다.

1965년 몰디브가 영국에서 독립했다. 오늘날 몰디브의 현실은 녹록지 않다. 1천여 개 섬으로 구성된 몰디브는 가장 높은 곳의 고도도 해발 2미터를 못 넘는다. 큰 파도라도 닥치면 온 나라가 물에 잠긴다. 더 큰 걱정은 기후변화다. 지구온난화로 해수면이 상승하고 있어 조만간 수몰될 처지다. 온 국민이 '노아의 방주'를 타고 인도, 스리랑카, 호주로 집단이주하는 계획을 심각하게 고민하고 있다.

몰디브의 고민은 남의 일이 아니다. '슈퍼 엘니뇨' 현상 때문에 세계 곳곳에서 물난리가 심상치 않다. 엘니뇨는 '아기 예수'라는 뜻이다. 19세기 말 수온 상승으로 물고기가 사라지자 어부들이 고향을 등지고 떠나면서 그것을 예수가 준 선물로 받아들였다. 일종의 블랙 유머다. 지금의 기상이변은 19세기 말보다 훨씬 심각해서 그런 블랙 유머를 즐길 여유조차 없다. 당장 행동이 필요하다. 멸종 위기에 처한 동물들을 살펴보면 더욱 실감할 수 있다. 중국의 양쯔강으로 눈을 돌려보자.

가끔 기적은 있다

하로동선夏爐冬扇. 한여름의 난로와 한겨울의 부채다. 한마디로 때를 놓친 물건들이다. 가수 김광석은 한여름 털장갑 장수와 한겨울 수영복 장수를 예로 들었다. 〈두 바퀴로 가는 자동차〉의 가사다. 때를 놓친 물건은 무용지물이요, 때를 놓친 사람은 낙오자다.

자연의 세계에서 때와 장소에 적응하지 못하는 대가는 혹독하다. 개체수가 감소해 멸종하기 쉽다. 바다로 가지 못하고 민물에 남았던 상어들이 그렇다. 카리브해에서 강물을 타고 올라가 니카라과호수의 민물에서 서식하던 황소상어는 이제 발견되지 않는다. 중국의 양쯔 강과 황허강에 서식하던 주걱철갑상어도 멸종된 듯하다.

그러나 멸종의 결정적 책임은 동물이 아닌 인간에게 있다. 환경오염과 남획을 저지른 잘못이다. 중국 주걱철갑상어는 환경오염과 기후변화 때문에 사라졌다. 니카라과 황소상어는 덩치가 커서 무섭다며 인간들이 마구 죽인 결과 씨가 말랐다. 사람들이 뒤늦게 후회하면서 사라져가는 동식물에 대해 각별한 관심과 애정을 쏟는다. 이를 생물 다양성 보전이라고 부른다.

다양성 보전은 인간 자신에게도 중요한 숙제다. 소수를 인정하지 않으면, 집단 사고에 빠져 조직이 함께 퇴보한다. 2022년 큰 인기를 얻은 드라마 〈이상한 변호사 우영우〉에서 장애인인 주인공은 말한다. 흰고래 무리에 섞여 있는 외뿔고래가 이상하고 별나긴 해도 가치 있고 아름답다고.

그 드라마에서 변호사는 둘로 나뉜다. 기득권을 변호하며 승승장구하는 변호사와 약자를 대변하며 연전연패하는 변호사다. 지나친 이분법이기는 하지만, 틀린 말은 아니다. 이미 잘 짜인 빡빡한 틀 속에서 약자가 강자를 이기기는 정말 힘들다. 그래도 가끔 예상을 깨고 승패가 뒤집힌다. 그게 세상 사는 맛이다. 2006년 중국 정부는 양쯔강 돌고래의 멸종을 공식 확인했다. 그런데 2023년 몇 마리가 발견되었다. 각박하고 답답한 세상에도 희망과 기적은 있다.

베니스의 정치인

과거 이탈리아 베네치아(베니스)는 유럽 해운의 중심지였다. 남쪽으로는 아프리카의 황금해안, 동쪽으로는 흑해까지 항로가 이어졌다. 셰익스피어의 희곡 『베니스의 상인』에서 주인공 안토니오의 배가 향하던 곳은 북쪽 스칸디나비아반도였다. 하지만 수심이 얕기로 유명한 도버해협을 지나다가 모래톱에 걸려 좌초하고, 안토니오는 빚에 쫓긴다.

베니스의 상인 안토니오는 파산했지만, 상인의 도시 베네치아는 영원할 것 같았다. 그러나 14세기에 흑사병을 만나 인구가 40퍼센트나 줄었다. 그러자 콧대 높고 배타적이기로 유명했던 베네치아 사람들이 문호를 개방했다. 베네치아를 다시 살린 것은 이민정책이었다.

베네치아가 또 위기를 맞고 있다. 지난 50년 동안 인구가 절반으로 줄어 지금은 6만 명에 불과하다. 더 큰 문제가 있다. 도시 전체가 매년 조금씩 물속으로 가라앉고 있다. 매년 2천만 명의 관광객이 찾는 세계문화유산이 곧 사라질 지경이다. 그래서 중앙정부와 국제기구의 재정지원을 받아 지반 전체를 높이는 중이다. '모세 프로젝트'다.

도시가 도시다워지려면, 도로와 건물 그리고 인프라가 번듯하고 안전해야 한다. 그런 시설들을 '도회적urbs, urban'이라고 한다. 정신이 아닌 물질이다. 물질적 투자 면에서 베네치아는 타의 추종을 불허한다. 그러나 '모세 프로젝트'에 아무리 돈을 쏟아부어도 별 효과가 없다. 베네치아는 지난 1200년 동안 여섯 번 물에 잠겼는데, 그중 네 번이 지난 20년 사이에 일어났다. 기후변화의 영향이다. 기후변화는 돈만으로는 해결할 수 없다.

정치 탓도 크다. 베네치아 주민들이 연고에 끌려 뽑은, 탐욕스러운 정치인들의 무능은 세계적으로 유명하다. 배임, 수뢰, 협잡이 끊이지 않는다. 덕분에 공사에 진척이 없다. 장차 『베니스의 정치인』이라는 희곡이 나올 판이다. 결국 도시를 지키는 것은 물질이 아닌 정신이다. 도회적 시설을 갖추려면, 거기에 걸맞은 의식이 필요하다. 그런 의식을 갖췄을 때 '시민적civitas, civic'이라고 한다.

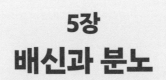

5장
배신과 분노

직업과 변신 ||||||||||||||||||||||||||||||||||||||||||||||||||||||

관료의 변신
—

마키아벨리는 교활함과 변덕스러움을 군주의 미덕이라고 보았다. 그런데 프랑스혁명의 대혼란기를 살았던 조제프 푸셰는 군주도 아닌 주제에 그 미덕을 실천했다. 권력의 풍향에 따라 수시로 입장을 바꾼 그는 배신자, 모사꾼, 변절자의 상징이다. 푸셰를 오랫동안 연구한 평론가 슈테판 츠바이크는 그에게 '벌레'라는 별명을 붙여주었다. 그는 푸셰를 이렇게 평가했다. "그가 지조 없었다는 말은 사실이 아니다. 그가 한평생 충성한 대상은 오직 하나였다. 그 이름은 '다수파'였다."

푸셰는 원래 신학교 교사였다. 그런데 프랑스혁명이 시작되자 수도사 옷을 벗고 현실 문제에 뛰어들었다. 그리고 자기가 몸담았던 교회를 타도의 대상으로 몰아세우면서 그 재산을 몰수하는 데 앞장섰다. 그 공로로 혁명정부의 지역대표자가 되었다. 그런데 교회 재산을 빼앗은 시민들은 갈수록 과격해졌다. 민심의 변화를 읽은 푸셰는 루이 16세를 단두대에 세우고, 귀족들을 처형하는 일을 주도했다.

혁명정부는 재정이 빈약해서 화폐를 남발했다. 그로 인해 물가가 폭등하자 민심이 돌아섰다. 그 순간 푸셰는 자기 상관인 로베스피에르에게 물가 상승과 공포정치의 책임을 씌워 단두대로 보냈다. 그 공로로 다음 정권의 경시총감 직을 꿰찼다. 온갖 첩보를 수집하는, 정보 경찰의 시조였다. 그런데 나폴레옹의 정부 전복 계획은 알면서도 뭉갰다. 1799년 쿠데타에 성공한 나폴레옹은 푸셰를 창업 공신으로 대접했다.

나폴레옹이 힘이 빠지자 푸셰의 버릇이 또 나왔다. 이번에는 외국과 손을 잡고 나폴레옹 축출 계획을 짰다. 1814년 왕정복고 직후 루이 18세에게 충성을 맹세했다. 그것도 오래가지는 않았다. 권력에서 멀어지는 순간 왕을 배신하고 다시 나폴레옹에게 붙었다. 엘바섬을 탈출하여 파리로 귀환한 나폴레옹에게 "조금만 늦으셨으면 제가 반역죄로 죽을 뻔했습니다"라며 너스레를 떨었다. 그 연기에 마음이 풀린 나폴레옹은 워털루전투를 위해 프랑스를 떠날 때 모든 권력을 푸셰에게 맡겼다.

푸셰는 권력을 향해 껍질을 자주 벗는 벌레였다. 푸셰의 껍질 벗기가 새삼스러운 것은 아니다. 어느 나라에나 푸셰 같은 사람은 존재하기 마련이다. 50년 전 미국에서도 비슷한 사람이 있었다.

정치인의 변신

___

정책은 정치와 다르다지만, 모든 정책에서 정치색을 떼어낼 수 없다. 통화정책은 다소 예외다. 재정정책에 비해서 정치적 중립성과 전문성이 강조된다. 그래서 어느 나라에서나 중앙은행 총재의 임기를 보장한다. 우리나라에서도 이전 대통령이 임명한 한국은행 총재가 다음 정부와 호흡을 맞추는 일이 어색하지 않다.

미국의 닉슨 대통령은 그런 생각에 동의하지 않았다. 국민이 뽑은 대통령은 통화정책에도 영향력을 행사할 수 있다고 생각했다. 1970년 경제보좌관 아서 번스를 연준 의장으로 임명하면서 언질을 줬다. 1960년 대통령 선거에서 여당 후보였던 자신이 케네디에게 패한 이유가 연준의 금리 인상 때문이었다는, 자기의 불만을 털어놓았다. 선거가 끝날 때까지 금리를 높이지 말라는 압박이었다.

그런데 재정정책에서는 정반대였다. 당파성을 띠기 쉬운 재정정책에서 탕평책을 썼다. 케네디 대통령이 암살될 때 같은 차에 탔다가 대통령과 함께 총탄을 맞은 사람이자 존슨 대통령의 정치적 후계자였던 민주당의 존 코널리를 재무장관에 임명한 것이다. 민주당이 장악한 의회를 의식한 포석이었다.

코널리는 경제 전문가가 아니었다. 하지만 거물 정치인답게 닉슨 행정부에서 금방 뿌리를 내리고 경제정책의 중심에 섰다. 1971년 8월 13일 경제 관료들이 대통령 별장인 캠프 데이비드에 비밀리에 모였다. 2박 3일에 걸쳐 당시 최대 현안인 달러화 위기를 토론하다가 금태환 중단이라는 결론에 도달했다. 좌장이었던 코널리가 닉슨 대통령에게 회의 결과를 보고했다. 닉슨 대통령은 보고받은 직후 TV 생방송을 통해 긴급 성명을 발표했다. 8월 15일 일요일 저녁 9시였고, 서울은 월요일 아침 10시였다. 제2차세계대전 직후 미국 주도로 만든 브레턴우즈 체제를 해체한다고 선언했다. 그 유명한 '닉슨 쇼크'다.

닉슨 쇼크의 배경 인물 존 코널리는 골수 민주당원이다. 케네디 행정부에서 해군장관을 맡았으며, 텍사스 주지사를 역임해서 명성이 자자했다. 그런데 닉슨 탄핵설이 솔솔 퍼지던 1973년 5월 갑자기 민주당에서 공화당으로 당적을 옮겼다. 스피로 애그뉴 부통령이 뇌물 수수 혐의로 사임한다는 소문이 확산되던 때였다. 닉슨이 후임 부통령을 지명한다면, 양당을 두루 거친 초당적 인물이라는 이미지를 가진 자신이 유리하다고 판단한 것이다. 이후 코널리는 1980년 대통령 선거에 도전해서 공화당 안에서 레이건과 예선에서 맞붙었다. 코널리의 대권 도전은 찻잔 속의 태풍으로 끝났다. 그의 유난스런 철새 행적은 미국 유권자들에게도 통하지 않은 것이다.

경제학자의 변신

___

선거철에는 당이 해체되고, 신당이 만들어진다. 혼자 짐을 싸서 당을 옮기기도 하는데, 그런 정치인에게는 보통 '철새'라는 불명예가 따른다.

경제학계에서도 정치인처럼 소신을 바꾸는 사람들이 있다. 거시 경제학의 개척자 케인스가 그랬다. 대공황 이후 과거의 주장들을 확 바꾸었다. 사람들이 그것을 변절이라고 흥보자 "저는 사실이 달라지면 생각을 바꿉니다. 선생님은 어떠신지요?"라고 응수했다. 지상의 모든 '철새'들에게 엄청나게 힘이 되는 말이다.

경제학자의 변신은 지금도 계속된다. MIT대학교의 블랑샤르 교수는 국제통화기금의 수석이코노미스트로 근무할 때 늘 균형재정을 강조했다. 그런데 2019년 초 전미 경제학회 총회에서 자기 말을 뒤집었다. 시장 금리가 낮은 상황에서는 이자 부담이 없으므로 국가 채무 증가가 전혀 재앙이 아니라면서 나라 빚 걱정을 잊으라고 충고했다.

하버드대학교의 래리 서머스 교수도 마찬가지다. 재무장관으로 근무할 때 그는 재정 적자 축소에 골몰했다. 장기국채의 만기가 돌아오기도 전에 단기국채를 발행해서 그 돈으로 미리 상환하는 '바이 백 프로그램'을 만들었다. 어떻게든 이자 지출을 줄여보려던 고육지책이었다. 하지만 글로벌 금융위기 이후에 말을 바꿨다. "재정 적자 걱정보다는 교육, 의료, 인프라 등 긴급한 사회 현안 해결에 힘을 쏟아야 한다"며 재정확장론을 주장했다.

제롬 파월 미 연준 의장의 말 바꾸기가 기가 막힐 정도다. 2020년 여름에는 "물가가 상당히 오랜 기간 목표 수준을 밑돌았으므로 앞으로는 상당 기간 목표 수준을 넘더라도 금리를 동결하겠다"라고 선언했다(3장에서 설명한 '유연한 평균물가목표방식'이다). 그러다가 2년 뒤 인플레이션을 잡는다면서 금리를 미친듯이 올렸다. 자이언트 스텝(0.75퍼센트 포인트)으로 올리기를 거듭했다. 2024년에 들어서는 금리를 낮출 듯했지만 이내 물가가 '끈적끈적sticky하다'느니, 물가안정으로 가는 길이 '울퉁불퉁bumpy하다'느니 말장난을 해가면서 애를 태운다.

정치인이든 경제학자든 말 바꾸기는 좋아 보이지 않는다. 말에 일관성이 있어야 신뢰를 얻을 수 있다. 하지만 지동설이 밝혀진 후에 천동설을 고집하는 것도 바보짓이다. 사실이 달라지면 그것을 인정하고 생각을 바꾸는 것이 현명하다.

그래서 '나는 왜 지금 이렇게 생각하고 있을까?' 하는 물음을 늘 마음속에 품고 있어야 한다. 생각의 반추, 즉 생각에 관한 생각이라고 할 수 있다. 그런 접근을 철학에서는 인식론epistemology이라고 부른다. 존재론이나 가치론과는 다른, 서양철학의 중요한 줄기다.

아인슈타인은 "인식론 없는 과학은, 정녕 그런 것이 있기라도 하다면, 원시적일 뿐 아니라 혼란스러울 것"이라고 했다. 과학에서도 생각의 되새김질이 굉장히 중요하다는 말이다. 어지럽고 복잡한 세상에서 남의 변덕과 변신을 탓하기는 쉽다. 그전에 나의 인식이 올바른 것인지 짚어보아야 한다. 남을 향한 손가락질만 난무하는 세상은 원시적이며 혼란스럽다.

배신이 써내려간 역사 ‖‖‖‖‖‖‖‖‖‖‖‖‖‖‖‖‖‖‖‖‖‖‖‖‖

금융 사기가 부른 중앙은행 설립

공자는 "귤이 회수를 넘어 북쪽에 가면 탱자가 된다"라고 말했다. 그런데 그 반대 현상이 벌어졌다. 2021년 1월 서울 동부구치소에서 코로나19 확진을 받은 100여 명의 미결수를 경북 청송으로 옮겼더니 음성으로 나왔다. 북쪽의 귤 바이러스가 남쪽으로 옮겼더니 탱자가 된 것이다! 틀림없는 오진이었다. 한바탕 소동이 벌어졌다.

오진이 역사를 바꾸기도 한다. 15년 형을 받고 복역하던 미국 재벌 찰스 모스의 경우가 그랬다. 그는 교도소 안에서 신장염에 걸려 석 달 안에 죽는다는 진단을 받았다. 모스는 그 진단서를 언론에 뿌려 동정여론을 조성했다. 그리고 대통령의 사면을 유도했다. 수감된지 2년밖에 안 되어 절대 사면할 수 없다던 태프트 대통령도 비서실장의 성화에 결국 자기 뜻을 굽혔다.

웬걸! 교도소를 나온 모스는 멀쩡했다. 제1차세계대전이 터지자 군납을 통해 떼돈을 벌면서 태프트 대통령보다도 3년을 더 살다 죽었다. 모스는 남의 피와 소변으로 의사들을 철저히 속였다. 물론 뇌물도 엄청 뿌렸다. 비서실장까지 뇌물을 먹었다는 것을 알고 퇴임한 태프트가 땅을 쳤다.

모스는 교도소 동창 루포와 폰지에게 영감을 심어주었다. 이그나지오 루포는 '늑대'라는 별명을 가진, 조폭들의 조폭이었다. 30년 형을 받아 복역하던 그는 훗날 모스와 같은 수법으로 애틀랜타 교도소를 빠져나와 잔혹한 범죄를 이어갔다. 잡범에 불과했던 찰스 폰지는 모스를 통해 금융 사기에 눈을 떴다. 그리고 그 분야에서 전설이 되었다.

모스가 교도소에 간 이유는, 자기 소유 은행 돈을 횡령해서 주가를 조작했기 때문이다. 조작은 실패하고, 은행은 파산했다. 그 여파로 1907년 금융공황이 닥쳤다. 한 사람의 농간으로도 경제가 쉽게 망가지는 것이 확인되자 뒷수습이 시작되었다. 중앙은행, 즉 미 연준을 세운 것이다. 전화위복이었다. 무릇 모든 사고는 뒷수습이 중요하다.

인질로 잡힌 수에즈운하

제1차세계대전의 주된 싸움터는 유럽이었다. 그나마 스페인은 전쟁에 끼어들지 않았고, 그리스와 미국은 마지막에 아주 살짝 발을 담갔다. 그러니까 '세계대전'이라는 표현은 지나치다. 처음에는 그냥 '대전Great War'이라고 불리다가 제2차세계대전이 끝난 뒤 지금의 이름이 붙었다.

제1차세계대전의 별명은 '모든 전쟁을 끝낸 전쟁'이다. 하지만 현실은 반대였다. 그 전쟁을 마무리하는 1919년 파리강화조약은 패전국 독일에서 극우파 나치가 부상하여 제2차세계대전으로 치닫게 했다. 오늘날의 중동문제도 그때 싹텄다. 돈이 궁했던 영국 정부가 '팔레스타인 지역에 유대계 독립국가가 건설되는 것을 지지한다'는 밀서를 통해 유대계 자본가들을 유혹했다. 밸푸어선언이다. 그것은 17세기 말 프랑스와 전쟁하기 위해 영국 정부가 상인들에게 돈을 빌리면서 그들이 세우는 영란은행에 발권 독점권을 준 것과 똑같은 방식의 물밑 거래였다.

밸푸어선언대로 1948년 이스라엘이 건국되자 주변 아랍국들이 즉각 이스라엘을 공격했다. 제1차중동전쟁이다. 그것이 이스라엘의 일방적 승리로 끝나자 이집트 국민들은 정부의 무능함에 분노했다. 현역 중령 나세르가 왕정을 무너뜨리고 대통령에 취임했다. 그리고 아랍 세계의 각성과 단결을 촉구했다.

나세르가 주도하는 아랍민족주의가 불안했던 이스라엘이 이번에는 이집트를 선제공격했다. 1956년 제2차중동전쟁이다. 나세르도 가만있지 않았다. 이스라엘 편에 선 영국과 프랑스한테 수에즈운하를 빼앗아 국유화했다. 그리고 미국과 소련에게 "운하를 계속 이용하고 싶으면 영국, 프랑스, 이스라엘을 주저앉혀라"라고 요구했다. 미국과 소련의 중재로 전쟁은 멈추고, 영국과 프랑스는 운하만 잃었다. 1970년 그 운하를 국유화한 나세르가 사망했다. 그는 없지만 중동 문제는 여전히 진행형이다.

영원한 우방은 없다

───

국제사회에서 영원한 우방은 없다. '깐부'가 되어 이익을 나누는 것은 잠깐이고 상황이 달라지면 갈라선다. 19세기 말 소련과 일본이 그랬다.

1894년 청일전쟁에서 승리한 일본이 요동반도를 차지하자 러시아가 훼방을 놓았다. 러시아는 독일, 프랑스와 편을 먹고 일본을 향해서 요동반도를 반환하라고 압박했다. 이를 갈면서 땅을 돌려준 일본은 10년 뒤인 1904년 러시아와 전쟁으로 치달았다.

5년 뒤 갑자기 사이가 좋아졌다. 일본이 꼬리를 낮춘 것이다. 러시아는 동북아에서 일본의 독주를 막으려고 자기 땅 연해주에 미국을 불러들이려고 했다. 그것은 일본의 만주 진출에 큰 걸림돌이 될 수 있었다. 국가 원로 이토 히로부미가 도쿄의 러시아대사관을 직접 찾아갔다. "1902년 일본이 러시아를 배신하고 영일동맹을 맺은 것은 실수"라고 사과하면서 시베리아 횡단철도를 만주까지 연장하자고 제안했다. 하지만 협의를 위해 하얼빈에서 코콥초프 재무상을 만나려던 계획은 안중근 의사의 거사 때문에 불발로 끝났다.

볼셰비키혁명이 터지자 두 나라는 다시 멀어졌다. 일본은 공산화 예방을 명분으로 러시아내전에 간섭했다. 그러면서 슬쩍 블라디보스토크와 하바롭스크까지 진출했다. 두 나라가 다시 가까워진 것은 제2차세계대전 때문이었다. 소련은 독일과 전쟁하기 위해 동쪽에서 병력을 끌어와야 했고, 그러려면 일본과의 타협이 필요했다. 일본은 한반도 너머 중국 본토로 진출하는 데 소련의 동의가 필요했다. 두 나라는 상대방의 행동을 묵인하기로 하는 불가침조약을 체결했다. 계약 기간은 5년이었다.

그러나 그 약속은 5년을 넘기지 못했다. 나치 독일이 패망하자 소련이 돌변했다. 독일 포츠담에서 개최된 미·영·소 정상회담에서 소련은 일본을 향해 전쟁을 선포했다.

국가 간의 관계는 언제든지 뒤집힌다. 그래서 힘을 키워야 한다. 국가 경제가 건실해야 하는 이유도 거기에 있다.

영웅과 역적 사이

———

"나 밀양 사람 김원봉이오." 영화 〈암살〉에서 김원봉(조승우 분)이 안옥윤(전지현 분)에게 던진 첫마디다. 김원봉은 틀림없는 독립운동가이지만 해방 후 월북하여 북한의 고위직을 지낸 경력 때문에 평가하기가 괴롭다.

미국의 해리 화이트도 그렇다. 화이트는 영국 경제학자 케인스와 함께 전후 국제통화질서를 설계하였으며, 그 공로로 국제통화기금의 초대 미국 이사를 역임했다. 그런 탁월한 공직자가 소련 스파이였다는 사실은 미국인들을 무척 곤혹스럽게 만든다.

리투아니아 출신의 유대계 이민 2세였던 화이트는 집안 형편상 대학에 못 갔다. 그런데 제1차세계대전에 참전한 공로로 정부가 학비를 대주자 늦깎이 대학생이 되었다. 컬럼비아대학교와 스탠퍼드대학교를 거쳐 38세에 하버드대학교에서 경제학 박사가 되었다. 미국 주류 사회의 일원이 된 것이다.

그래도 당시 만연했던 반유대 정서 때문에 취직은 어려웠다. 그때 유대계 재무장관인 모건소가 그를 보좌관으로 특채했다. 그리고 각종 1급 국가 기밀들을 맡겼다. 전후 독일을 분할통치하는 방안을 소련과 협의하거나 국제통화질서 재편을 검토하는 것이 화이트의 일이었다.

1948년 미국은 화폐개혁을 통해 나치가 패망한 서독 점령지에서 새 화폐를 뿌렸다. 그런데 화폐 원판 하나가 사라졌다. 알고 봤더니 소련이 입수하여 미국과 서독을 교란하고 있었다. 비슷한 사고들이 계속되었다. 에드거 후버 FBI 국장이 공개리에 소련 스파이 색출 작업에 돌입했다.

그러자 화이트는 심리적 부담을 느꼈는지, 갑자기 심장마비로 죽었다. 나중에 밝혀진 FBI의 극비 문서에는 그가 스파이였다는 증거가 차고 넘쳤다. 하지만 매카시선풍 때 만들어진 그 기록의 신빙성은 지금까지도 논쟁거리다.

1948년 12월 FBI는 화이트가 스파이였다고 결론 내렸다. IMF의 아버지 화이트의 정체는 영원한 수수께끼다. 월북한 김원봉에 대한 평가도 그러하다. 정부가 바뀔 때마다 독립운동가와 공산주의자 사이에서 무게추가 오간다.

● 밸푸어선언

1917년 11월 2일 영국 외무장관 밸푸어가 팔레스타인에 유대 민족국가 수립에 동의한다고 발표한 선언. 엄격히 말하면, 유대인을 대표하는 영국의 은행가 월터 로스차일드에게 보낸 편지다. 이는 기존의 맥마흔선언을 뒤집는 것이라서 충격이 컸다.

제1차세계대전중이던 1915년 이집트 주재 영국 고등 판무관 헨리 맥마흔은 아랍 지도자 알리 빈 후세인에게 아랍 국가의 건설을 지지한다는 것을 여러 차례 공개리에 문서로써 확인해주었다. 이를 맥마흔선언이라 한다. 팔레스타인 지역에 아랍인들의 독립국가가 건설되는 것을 지지하는 내용을 담고 있었다. 이는 당시 팔레스타인 지역을 지배하는 오스만제국이 독일과 동맹을 맺고 있는 것을 감안하여 제국의 분열을 촉구하는 데 목적이 있었다. 이후 오스만제국을 향해 아랍군이 군사 반란을 일으켰고, 영국의 정보장교 토머스 로런스(별명 아라비아의 로런스)가 아랍측을 지원하여 대승을 거뒀다(아랍반란).

하지만 영국은 약속을 지키지 않았다. 1916년 사이크스-피코협정(The Sykes-Picot Agreement)을 통해 동맹국들을 규합해서 오스만제국을 분할키로 했다. 영국이 오늘날의 이라크와 쿠웨이트를, 프랑스가 시리아와 레바논을, 러시아가 터키 동부 지역을 차지하기로 했다. 그 협정에서 아랍의 독립국가 설립은 배제되었다. 그것은 특급 비밀이었지만 1917년 볼셰비키혁명을 계기로 러시아를 통해 폭로되었다.

이어 1917년에는 밸푸어선언을 통해 심지어 유대인 국가 건설을 지지하는 쪽으로 선회했다. 유대계 자본가와 언론인들의 지지를 얻기 위한 계산이었다. 아랍반란 때 10만 명의 전사자를 내면서 영국과 협력했던 베두인족은 배신감에 치를 떨었다. 밸푸어선언은 오늘날 중동분쟁의 씨앗이라고 평가된다.

강자는 뜨고 약자는 가라앉는다 ||||||||||||||||||||

힘없으면 당한다

    19세기 말 조선은 강대국들의 놀이터이자 싸움터였다. 20세기 초 모로코도 그랬다. 아프리카대륙의 서북단에 위치한 모로코는 지브롤터해협을 사이에 두고 유럽과 코를 맞대고 있어 늘 유럽의 사냥감이었다. 하지만 한 나라가 차지하기에는 너무나 중요해서 유럽 열강은 1880년에 마드리드협약을 맺고 중립지대로 둘 것을 약속했다. 그런데 스페인과 프랑스가 그 약속을 위반하고 야금야금 영향력을 넓혔다. 대신 영국과 밀약을 맺고 영국의 이집트 진출과 맞바꿨다. 갓 통일을 이룬 독일이 외톨이가 되었다. 독일 황제가 모로코를 직접 방문하여 모로코 주민들의 궐기를 촉구했지만 소용없었다.

    독일의 자극은 몇 년 뒤에야 발동이 걸렸다. 마침내 모로코의 근대화를 요구하는 폭동이 발생했고, 당시 모로코의 술탄은 프랑스의 파병을 요청했다. 그러자 독일도 군함을 파견했다. 카사블랑카 남쪽의 아가디르항구에서 무력 충돌의 위험이 고조되었다. 이를 '아가디르 위기'라고 부른다.

그때 프랑스와 밀약을 맺은 러시아가 독일에서 투자금을 회수했다. 갑자기 금융위기를 겪게 된 독일은 전쟁을 포기해야 했다. 그리고 윈스턴 처칠 영국 해군장관의 중재에 따라 군함을 철수시켰다. 체면상 콩고 북부 일부를 프랑스에서 넘겨받는 조건이었다. 그리고 며칠 뒤 프랑스와 스페인은 모로코에서 사이좋게 관할구역을 나눴다. 독일은 닭 쫓던 개가 되었다.

아가디르 위기는 약소국 백성들의 궐기가 강대국들의 개입으로 이어졌다는 점에서 청일전쟁과 닮은꼴이다. 동학농민운동이 몰고 온 청일전쟁이 청나라 몰락의 변곡점이라면, 아가디르 위기는 제1차세계대전의 서곡이었다. 국제 협약은 언제든지 헌신짝처럼 내버릴 수 있다는 선례와 함께 유사시 한편이 될 수 있는 조합이 만들어졌다. 영국-프랑스-러시아의 '삼국협상'과 독일-오스트리아-이탈리아의 '삼국동맹'이다. 그 무렵 한반도에서는 일본이 대한제국의 화폐인 한국은행권을 수집해 소각하면서 옛 흔적들을 불태웠다.

금융의 덩케르크 철수작전

———

남북전쟁 이후 산업국가로 달려가기 바빴던 미국은 나라밖 일에 전혀 관심이 없었다. '금을 화폐로 쓰느냐' 하는 금본위제도, '금과 은을 함께 화폐로 쓰느냐' 하는 복본위제도를 두고 유럽이 30년에 걸쳐 고민할 때 미국은 끼어들지 않았다. 제1차세계대전이 끝난 뒤인 1920년 34개국이 브뤼셀에 모여 국제통화제도를 논의할 때는 대표단도 보내지 않았다. 1933년 런던에서 열린 세계통화경제회의에서는 프랭클린 루스벨트 대통령이 직접 참가해서 찬물을 끼었었다. 세계경제 회복을 위해 '킹달러' 정책을 펼쳐 '달러화 가치를 높여달라'는 유럽 정상들의 요구를 단칼에 거절했다.

그런데 제2차세계대전이 끝나갈 때쯤 생각이 바뀌었다. 좋든 싫든 미국이 빠진 국제통화질서는 있을 수 없고, 국제통화질서 없이는 미국이 바라는 국제무역 증진과 평화도 기대할 수 없기 때문이었다. 그래서 1944년 7월 미국으로 44개국 대표들을 불렀다.

700명이 넘는 사람을 한꺼번에 수용할 시설이 필요했다. 하지만 인종차별이 걸림돌이었다. 중·저소득 국가의 유색인종이 몰려와 떠들썩하게 국제회의를 여는 데 대한 거부감이 강해서 백인들이 운영하는 대도시 유명 호텔들이 장소 대여를 거부했다. 결국 뉴햄프셔주 브레턴우즈라는, 상당히 후미진 곳에서 회의가 열렸다. 거기서 영국 대표 케인스가 제안한 국제통화기금과 국제부흥개발은행 설립안이 채택되었다.

38개국이 설립협정문에 서명을 마치자 1946년 3월 이를 알리는 회의가 열렸다. 이번에도 호텔 확보가 어려워 조지아주 서배너라는 곳에서 열렸다. 케인스가 거기서 충격을 받았다. 새로 임명된 프레드 빈슨 미 재무장관이 자신과 영국을 얕보았기 때문이다.

빈슨의 언행에서 모멸감을 느낀 케인스가 심장을 움켜쥐고 쓰러졌다. 그길로 귀국해서 한 달 뒤 사망했다. IMF의 아버지 케인스가 사라진 뒤 1946년 9월 27일 워싱턴 D.C.에서 IMF 연차총회가 처음 열렸다. 달러 패권 시대의 시작이었다.

●1920년 브뤼셀 국제회의

국제연맹(League of Nations)의 주도로 국제통화질서를 논의했던 회의. 금본위제도의 폐기 이후 각국의 경쟁적 평가절하가 세계경제를 피폐하게 만들었다는 반성에 따라 금본위제도로의 복귀와 중앙은행 설립 권고안을 채택했다. 아울러 국제연맹 산하에 경제금융기구(EFO, Economic and Financial Organization)를 설치하는 데 합의했다. 39개국에서 90여 명이 참석했으나 미국 정부는 공식 대표단을 파견하지 않았다.

브뤼셀 국제회의는 다자간 협의를 통해 전후 국제통화질서 구축에 합의했다는 점에서 훗날 브레턴우즈 회의와 국제통화기금 설치의 모델이 되었다.

●1933년 런던 세계통화경제회의

1931년 독일과 오스트리아에서 은행 연쇄 부도 사태를 겪은 뒤 금융위기 극복을 위해 개최된 국제회의. 프랭클린 루스벨트 대통령이 취임 후 처음으로 국제무대에 등장했다. 회의 개최 직전 미국이 금본위제도를 중단함에 따라 60여 개 참가국의 대표들은 세계평화와 금융 안정 달성을 위한 일차적 해결책으로 미 달러화의 평가절상을 제안했다. 유럽 각국에서 공산혁명을 막고 독일에서 막 부상한 나치당의 집권을 막으려면 유럽의 일자리 창출이 시급했기 때문이다. 하지만 루스벨트 대통령이 그 제안을 거절함으로써 회의는 실패로 끝났다.

전쟁의 부산물 ||||||||||||||||||||||||||||||||||||||||||||||||||||||||||||

그림의 떡, 코앞의 섬

———

그리스와 튀르키예의 반목은 국가를 넘어선 문명의 충돌이다. 그 지역의 패권을 두고 기원전 5세기에는 스파르타와 페르시아가 싸웠고, 1071년에는 비잔티움제국과 셀주크튀르크가 십자군전쟁을 치렀다.

그러나 모든 충돌이 심각하지는 않았다. 1897년 그리스가 크레타섬을 되찾기 위해 전쟁을 시작했을 때 오스만튀르크 군사들은 마치 관광하는 기분이었다. 에게해의 아름다운 경관에 한눈이 팔린 병사들은 대포에 포탄을 넣는 것도 귀찮아했다. 가끔 건성으로 방아쇠만 당기다보니 소리만 요란하고 폭발은 없었다. 사망자는 극소수였다.

전쟁의 긴장감이 전혀 없었던 이유는 그리스가 끌고 나간 군함 안에 변변한 무기가 없었기 때문이다. 오스만튀르크가 패배할 경우에 러시아가 오스만튀르크를 차지하고 지중해까지 진출할 것을 걱정한 주변 열강들이 그리스의 무기를 뺏었다. 기독교 국가들이 이슬람 국가 오스만튀르크를 응원하는 모순 속에서 전쟁은 아주 싱겁게 끝냈다.

그리스 지역은 십자군전쟁 이후 줄곧 오스만튀르크의 지배 밑에 있었다. 그런데 오스만튀르크가 제1차세계대전에서 패전하자 그리스가 1919년 독립 전쟁을 재개했다. 이번에는 기독교 형제국들이 그리스를 도왔다. 그 덕에 오스만튀르크의 수도 앙카라까지 진군했다. 하지만 케말 파샤가 이끄는 육군이 그리스를 격파했다. 튀르키예는 대승을 거둔 1922년 8월 30일을 지금도 국경일로 기념한다.

그때 케말 파샤가 아주 큰 판을 짰다. 그리스를 혼내주기는커녕 에게해의 작은 섬들까지 전부 덤으로 줬다. 대신 그리스를 도왔던 주변국들을 압박했다. 제1차세계대전 이후 튀르키예 내륙을 분할 점령했던 승전국들에게 퇴각을 요구했다. 점령국들이 이를 받아들여 지금의 그리스와 튀르키예의 영토가 확정됐다. 1923년의 로잔조약이다.

전쟁에서 진 그리스가 에게해의 보석 같은 섬들을 몽땅 차지하고 있는 것은 역설이다. 튀르키예에게는 코앞의 그 섬들이 그림의 떡이다. 케말 파샤가 육지의 영토 회복을 위해 섬을 포기한 결과다. 경제학에서는 그러한 것을 '기회비용'이라고 한다.

새똥을 사수하라

———

세계화가 후퇴하고 경제 안보가 그 자리를 차지했다. '칩포 동맹'이니 '프렌드 쇼어링'이니 하는 말이 상식으로 통한다. 하지만 경제 안보가 새로운 것은 아니다. 과거에도 석유와 식량 같은 희소 자원은 가격을 불문하고 물량을 확보하려고 발버둥쳤다. 희소 자원은 국가의 경쟁력도 좌우한다. 화약은 종이, 인쇄술, 나침반과 함께 중국의 4대 발명품에 속한다. 중국이 화약 발명에서 앞선 것은, 그 원료인 초석이 중국에 유난히 많았기 때문이다.

초석의 학술 명칭은 질산칼륨이다. 질산칼륨은 화약뿐만 아니라 비료의 주성분이기도 하다. 농사에서 질산칼륨이 중요하다는 사실이 알려지자 그것을 많이 함유한 새똥이 전략 자원으로 부상했다. 남태평양의 나우루공화국은 부산 가덕도 크기의 작은 섬나라인데, 섬 전체가 새똥밭이다. 나우루공화국은 그 새똥을 팔아서 소득 3만 달러의 부국이 되었다. 하지만 1990년대 후반에 이르러 새똥이 고갈되었다. 지금 1만여 명의 주민은 국제기구의 원조를 받으면서 힘들게 산다. 그것을 경제학 교과서는 '자원의 저주'라고 부른다.

새똥 때문에 전쟁을 벌인 적도 있다. 페루와 볼리비아 사이에 있는 아타카마사막은 400년 동안 비가 한 방울도 내리지 않을 정도로 건조하다. 그래서 남태평양 갈매기의 새똥이 썩지 않고 겹겹이 쌓여 있다. 두 나라가 그것을 차지하려고 으르렁거리는데, 칠레까지 뛰어들었다.

1879년 4월 5일 칠레가 페루와 볼리비아를 상대로 전쟁을 선포했다. 새똥 전쟁이다. 그 전쟁에서 칠레는 영국, 프랑스, 이탈리아를 동맹으로 끌어들여 아타카마사막을 독차지했다. 반면 페루와 볼리비아는 변변한 동맹이 없었다. 칠레가 점령한 새똥밭을 물끄러미 바라보면서 닭 쫓던 개 신세가 되었다.

전쟁중에도 장수를 바꾼다
——

우리나라에서는 경제부총리와 한은 총재의 만남이 큰 뉴스거리다. 미국은 그렇지 않다. 재무장관과 연준 의장이 워낙 자주 만나기 때문이다. 과거에는 그 만남이 수평적이지 않았다. 법률상 연준위원회의 의장인 재무장관이 연준을 자기 휘하의 조직으로 알고 마구 다뤘다.

연준법을 만든 매커두 재무장관은 현직 대통령 윌슨의 막냇사위였다. 그런 배경에서 연준 위원과 지역 연준의 임원들도 매커두가 점찍었다. 훗날 자신의 대선 출마를 염두에 둔 '내 사람 심기'였다. 심지어 지역 연준의 위치도 그가 정했다. 매커두의 입맛대로 고른 12개 지역 연준의 위치는 아주 무원칙했다. 그때 연준 직원들은 감히 아무 말도 하지 않았다.

역사상 연준을 가장 혹독하게 다룬 재무장관은 스나이더다. 트루먼 대통령의 친구였던 존 스나이더는 연준에게 국채 매입 규모와 금리 수준까지 시시콜콜 지시했다. 한국전쟁 때문에 재정 적자가 급팽창하여 물가와 시장 금리가 빠르게 뛰는데도 금리 인상은 허락하지 않았다. 참다못한 연준 관계자들이 의회에 출석해서 스나이더의 부당한 지시를 폭로했다. 언론이 이를 대서특필하며 행정부의 직권남용을 비판했다.

당시 트루먼은 맥아더 총사령관에게 시달리고 있었다. 한국전쟁에 개입한 중공군을 응징하지 않으면 공산주의에 항복하는 셈이라면서 맥아더가 공개리에 대통령에게 핵 공격을 요구했다. 군 통수권에 대한 도전이었다. 그런 판국에 연준 때문에 직권남용과 국정난맥이라는 말까지 나오니 난감했다. 트루먼은 일단 스나이더를 불러 질책했다. 연준에게 당장 사과하고 통화정책을 존중한다는 각서를 쓰라고 명령했다. 스나이더는 마뜩잖게 그 지시를 따랐다.

중공군의 개입으로 한국전쟁이 한창이던 1951년 3월 4일 그 화해 각서가 공개되었다. 그것은 재무부와 연준 간의 수평적 관계를 상징하는 기념비가 되었다. 그러나 트루먼은 임기가 1년 남은 연준 의장에게 사표를 요구했다. 트루먼은 판사 출신이었지만, 연준 의장의 임기 따위는 개의치 않았다. 인플레이션과 전쟁중이라는 사실도 무시하고 연준의 수장을 날렸다. 보름 뒤에는 공산군과 전쟁중인 맥아더도 전격 해임했다. 미국을 놀라게 한 두 인사 충격 혹은 국정 수습

노력은 한국전쟁이 만든 나비효과였다.

전쟁에서 이기고 화폐전쟁에서 패하다

러시아는 우크라이나를 침공하면서도 자기가 피해자인 듯 억지를 부린다. 일본도 그랬다. 동학농민운동 진압을 위해 조선이 청나라에 지원병을 요청하자 일본이 펄펄 뛰었다. 텐진조약이 묵살되었다면서 조선이 원치 않는데도 파병했다. 1894년 그렇게 청일전쟁이 시작되었다.

그뿐만이 아니다. 1937년 베이징 외곽의 일본 관동군 부대에서 병사가 실종되자 일본은 그것을 중국의 도발로 단정했다. 그리고 베이징 시내를 향해 진격했다. '루거우차오盧溝橋 사건'이다. 하지만 그 병사는 멀쩡했다. 이쯤 되자 중국이 각성했다. 국민당과 공산당이 내전을 중단하고 손을 잡았다. 마오쩌둥이 이끌던 공산당 홍군이 국민당 휘하의 팔로군으로 합류했다. 제2차 국공합작이다. 중일전쟁의 시작이었다.

전쟁중에는 화폐가치가 떨어지기 쉽다. 지금의 러시아 루블화가 그 증거다. 하마터면 위안화도 그럴 뻔했다. 중국은 실크로드가 개척된 이래 외국과 무역하며 은을 쌓아왔지만, 20세기 들어 서양은 더이상 은을 돈으로 여기지 않았다. 더군다나 대공황이 시작되어 은값은 바닥을 모르고 폭락했다. 위안화의 신뢰가 떨어지는 가운데 중국은 허둥지둥 은을 처분하기 바빴다. 아시아에서 중립을 지키던 미국에게 '제발 은을 국제가격보다 비싼 값으로 사달라'고 졸랐다. 미국이 그 부탁을 들어주자 위안화 환율이 안정되었다.

태평양전쟁 당시 일본 관동군은 화폐의 생리나 화폐제도에 관한 식견이 없었다. '화폐는 일단 뿌리면 세력이 붙는다'는 미신을 따랐다. 발권력을 군사력으로 착각해서 돈을 많이 뿌릴수록 힘의 우위에 선다고 믿었다. 그래서 친일파 왕징웨이汪精衛를 통해 '난징 국민정부'라는 괴뢰정권을 세우고 마구 돈을 찍었다. 그 돈의 가치를 믿는 사람은 없었고, 괴뢰정권은 작동하지 않았다. 일본 천왕이 이타가키 세이시로板垣征四郎 관동군 사령관을 불러 "돌대가리!"라고 꾸짖었다. 야단맞은 사령관은 "전쟁에서 이기고 화폐전쟁에서 졌다"라며 땅을 쳤다.

분노는 후회를 부른다 ||||||||||||||||||||||||||||||||||||||||

허영의 불꽃

2001년 아프가니스탄의 탈레반 정권이 바미안 석불을 파괴해서 전 세계를 안타깝게 했다. 혜초 스님의 『왕오천축국전』에도 소개되는 바미안 석불은 유네스코 세계문화유산의 하나다. 그뿐만이 아니다. 2015년 시리아에서는 이슬람 무장조직IS이 2천 년 역사의 아랍 문화재를 로켓포로 파괴했다.

역사와 문화를 부정하는 야만적 행동이 중동 지역에만 있는 것은 아니다. 기원전 5세기경 북아프리카의 반달족은 로마를 정복한 뒤 로마의 고급 예술품과 건축물들을 파괴했다. 거기서 '반달리즘'이라는 문화재 파괴 행위를 뜻하는 말이 나왔다. 20세기 중국의 문화대혁명 때도 전국에서 반달리즘이 꿈틀거렸다.

통치자 한 사람이 집단 광기를 주도하는 때도 있다. 기원전 3세기경 진시황은 책을 불태우고 학자들을 생매장하는 '분서갱유焚書坑儒'를 주도했다. 15세기 이탈리아 피렌체 혁명정부의 지롤라모 사보나롤라는 서적과 화장품을 압수하여 광장에 쌓은 뒤 불살랐다. 그것들이 허영심을 부추긴다는 이유였다. '허영의 불꽃Bonfire of the vanities'이라는 사건이다.

사보나롤라는 도미니코수도회 소속의 탁발 수도사였다. 기독교 원리주의자였던 그는 막 시작된 '르네상스운동이 사람의 영혼을 타락시키는 사악한 현상'이라고 주장했다. 시민들에게 지독한 금욕을 강요하면서 교황마저 타락했다고 비판했다. 그러다 결국 철퇴를 맞았다. 교회는 그를 파문한 뒤 1년 전 사보나롤라가 저질렀던 허영의 불꽃 사건처럼 피렌체광장에서 그를 공개 화형했다.

사보나롤라는 시곗바늘을 거꾸로 돌려서 중세로 돌아가려 했다. 사보나롤라의 통치 기간 중 문화와 금융은 크게 후퇴했다. 레오나르도 다빈치는 프랑스로 피신하고, 메디치 가문은 100년 역사의 은행업을 접었다. 1497년 2월 7일 피렌체광장에서 허영의 불꽃이 활활 탔다. 그 불꽃이 꺼지면서 피렌체 경제도 빛을 잃었다. 이후 금융 중심지는 독일 아우크스부르크와 이탈리아 밀라노로 옮겨갔다.

천인공노할 세금

옛날 통치자들은 세금 걷는 기술이 형편없었다. 토지, 집, 창문, 굴뚝 등에 재산세를 부과하거나 인두세를 걷는 것이 전부였다. 눈에 보이는 것에만 세금을 매겼다. 반면 눈에 보이지 않아 포착이 어려운 소득은 세금 부과를 거의 포기했다. 소득세는 1799년 프랑스와 전쟁을 앞두고 윌리엄 피트 영국 수상이 처음으로 시도했다. 그나마 부자들에게만 3년 동안 한시적으로 적용했다. 그 밖에 관세가 있었으나 성격이 달랐다. 재정수입보다는 수출입 억제가 목적이라서 벌금이라는 생각이 더 강했다.

그러니 1764년 영국 정부가 북미 식민지를 향해 설탕 관세를 신설할 때 식민지 주민들은 단것을 밝힌다고 벌받는 기분이었다. 그런데 3년 뒤 납, 유리, 종이, 페인트, 차 등에까지 관세가 확대되었다. 재정 파탄에 이른 영국 정부가 쌍욕을 먹을 각오를 하고 북미 식민지를 쥐어짜기 시작한 것이다.

네덜란드를 통해 수입하던 값싼 인도산 차에 아주 높은 관세를 매긴 것은 지극히 의도적이었다. 수입처를 영국 동인도회사로 돌리게 만드는 것이 목표였다. 정치인들로 가득찬 영국 동인도회사 주주를 위한 특혜였다.

인쇄물에 부과하는 인지세는 더 심각했다. 인지세는 물품세에 해당하는데, 물품세는 술과 도박을 근절하려고 청교도 혁명정부가 도입했다가 반발이 커서 금방 폐지되었다. 인쇄물은 술과 도박과 다르고, 영국이 물품세를 걷으면 식민지 자치권과 충돌한다. 그런 천인공노할 세금을 도입한 사람은 영국 재무장관 찰스 톤젠드였다.

진짜 하늘이 노한 것일까? 관세 부과대상을 마구 확대할 때는 멀쩡하던 톤젠드가 갑자기 시름시름 앓기 시작하다가 석 달 뒤인 1767년 9월 4일 세상을 떠났다. 그가 죽은 뒤에도 식민지 주민들의 분노는 식지 않았다. "대표 없는 과세 없다"라는 구호와 함께 영국을 향한 독립전쟁이 시작되었다. 납세자를 납득시키지 못하는 세금은 나라를 분열시킨다.

공산혁명과 맞바꾼 철도 건설
—

냉탕과 온탕에 몸 담그기를 반복하다보면 정신이 몽롱해진다. 국가도 그렇다. 19세기의 제정러시아는 공포정치와 자유주의를 오락가락하다가 결국 공산혁명으로 막을 내렸다.

나폴레옹이 뿌려놓은 법치주의와 시민평등사상이 러시아에도 밀어닥쳤다. 니콜라이 1세는 러시아의 군주제도가 붕괴되는 두려움에 사로잡혔다. 구체제를 수호하는 '유럽의 헌병'임을 자처하고 공포정치로 일관했다. 그 아들 알렉산드르 2세는 정반대였다. 병역 부담을 줄이고 검열을 폐지했으며 러시아의 근대화를 위해서 농노까지 해방시켰다. 미국보다 빨랐다. 그러자 기득권을 빼앗긴 귀족들이 그에게 등을 돌렸다. 그런데 자유주의자들까지 그를 싫어했다. 개혁이 너무 느리다는 이유로 그에게 폭탄 테러를 저질렀다.

그 뒤를 이은 알렉산드르 3세는 아버지를 죽인 자유주의자들에게 이를 갈며, 시곗바늘을 거꾸로 돌렸다. 전제군주제를 강화하고 반대 세력들은 잔인하게 처형했다. 공산혁명의 주인공 블라디미르 레닌의 친형도 그의 손에 처형되었다.

정치를 후퇴시켰던 알렉산드르 3세가 경제 근대화에는 관심이 많았다. 드넓은 국토를 개발하기 위해 특히 철도 건설에 심혈을 기울였다. 크림전쟁 때 적국이었던 프랑스와 화해하고 프랑스 차관으로 시베리아 횡단철도 공사를 시작했다. 그는 죽으면서도 아들 니콜라이 2세에게 횡단철도 완성을 유언으로 남겼다.

10년 뒤 마침내 그 유언이 성취되었다. 그러자 그 노선의 중요성을 간파한 일본이 자신들의 만주철도와 연결하자고 제안했다. 1909년 10월 26일 코콥초프 러시아 재무상이 일본과 담판하려고 하얼빈에 도착했다. 하지만 그날 회담은 무산되었다. 일본 대표 이토 히로부미가 안중근 의사에게 저격을 받았다.

알렉산드르 3세는 물질적 근대화에 집착했지만, 정치적 근대화는 외면했다. 거기서 공산혁명이 잉태되었다. 경제 발전 못지않게 정치 발전도 중요하다.

경제는 당신이 대통령이야

2021년 2월 미얀마에서 군부 쿠데타가 터졌다. 미얀마에서는 대통령이 아닌 최고사령관이 군 통수권을 갖고 있다. 그러니 쿠데타가 안 일어나는 것이 오히려 이상할 정도다. 쿠데타는 우리나라도 겪었다. 그런데 쿠데타로 집권한 당시 전두환 대통령은 "경제는 당신이 대통령이야"라고 하면서 권력을 '양보'하는 듯한 파격을 보였다. 한국은행 출신의 김재익 경제수석을 향한 무한 신뢰였다.

김재익은 수재인데 인복도 많았다. 훗날 한국은행 총재를 역임한 하영기, 김건 등의 서울대 문리대 선배들이 인사 규정을 고쳐가면서까지 학업을 위한 그의 장기 휴직을 여러 번 눈감아줬다. 박사 공부를 마칠 무렵 스탠퍼드대학교를 찾아온 남덕우를 만났다. 훗날 부총리 직을 꿰찼던 남덕우는 자신에게 최신 경제 이론들을 쉽게 풀이하는 김재익을 눈여겨봤다가 장관 비서관으로 특채하고 경제수석으로 천거했다.

김재익은 원칙주의자였다. 그는 1960년대 말 농촌 민심을 달래기 위해 도입한 이중곡가제가 경제를 망친다고 보았다. 정부가 농민들에게 쌀을 비싸게 사서 싸게 팔면, 재정 적자만 심화되고 구조조정이 늦어지기 때문이다. 김재익은 대통령에게 이중곡가제 폐지와 쌀 시장 개방을 제안했다. 아주 민감한 문제였지만, 대통령은 "경제는 당신이 대통령이야"라고 말하며 힘을 실어주었다.

쌀시장 개방에 이어서 과일과 쇠고기 수입도 늘렸다. 그러자 농민들의 분노가 폭발했다. 담당 장관이 대통령의 외국 순방도 따라가지 못한 채 농심을 달래야 했다. 그런데 일이 터졌다. 1983년 10월 9일 미얀마에서 북한 공작원들이 폭탄테러를 저질렀다.

그날 김재익 경제수석 등 17명의 수행원과 취재진이 목숨을 잃었다. 장관이 바빠서 대신 출국한 강인희 농수산부 차관도 포함되었다. 아웅산과 쿠데타, 그리고 테러라는 말이 우리에게는 낯설지 않다. 40여 년 전 폭탄 테러의 슬픈 기억과 함께 착잡함이 밀려온다.

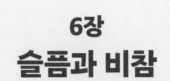

6장
슬픔과 비참

가난한 시절의 자화상 |||||||||||||||||||||||||||||||||||||||||||||||

돈, 왜 갖고 싶으세요?

―――

1929년 10월 미국 증시 폭락 이후 세계는 어떻게든 버텨보려고 했다. 하지만 독일이 1931년 7월 견디다못해 금본위제도를 포기했다. 그러자 영국, 이탈리아, 덴마크, 핀란드, 노르웨이, 스웨덴, 스위스도 일제히 금본위제도를 이탈했다. 일본까지 가세했다. 1933년 마침내 미국도 손을 들었다. 금값이 천정부지로 올랐다.

그 무렵 상해의 유학생 피천득은 골목을 지나가다가 걸인을 보았다. 그는 벽돌담 밑에 쭈그리고 앉아 손바닥을 뚫어지게 보고 있었다. 누가 오는지도 모르는 그의 손에는 은화 한 닢이 있었다.

피천득은 누가 그렇게 많이 도와줬는지 물었다. 걸인은 위를 힐끔 쳐다보며, 얼른 손을 가슴에 숨겼다. 그리고 더듬더듬 설명했다. 한

푼 두 푼 6개월을 배를 곯아가며 동냥해서 모은 돈이라고 했다. 얼굴에는 희열이 넘쳤다.

피천득은 더 궁금해졌다. 왜 그렇게까지 애를 써서 그 돈을 만들었는지 그 돈으로 무얼 하려고 하는지 물었다. 걸인이 머뭇거리다가 남들처럼 이 돈 한 개가 갖고 싶었다며 울먹이듯 말했다. 그동안의 배고팠던 서러움이 떠오른 듯 그의 뺨에 눈물이 흘렀다.

피천득의 1932년작 수필 「은화 한 닢」의 줄거리다. 당시 22세였던 초보 수필가는 걸인의 맹목적인 절약을 안타까운 시선으로 바라본다. 걸인은 진짜 어리석었다.

장제스 정부는 일본이 세운 만주국과 경쟁하려면 화폐가치를 안정시켜야 한다고 믿었다. 그래서 은본위제도를 힘들게 지켰다. 그러나 대공황이 닥치자 역효과가 났다. 위안화 가치의 폭등으로 수출이 급감했다. 견디다못해 1935년 마침내 은본위제도를 포기했다. 그러자 물가가 급등하여 그 걸인의 구매력도 절반으로 줄었다. 차라리 먹고 쓰는 것이 나았다. 남들처럼 돈을 갖는 것 자체가 목표여서는 곤란하다.

아방가르드는 언제나 고독하다
———

글로벌시대에는 인재를 유치할 때 국적을 가리지 않는다. 공직도 예외가 아니다. 영국은 캐나다 사람인 마크 카니를, 이스라엘은 미국 사람인 스탠리 피셔를 각각 중앙은행 총재로 임명했다.

우리나라도 비슷한 사례가 있다. 한국은행 총재 배의환은 대한제국 신민으로 태어나 식민지 백성을 거쳐 미국 시민이 된 뒤 대한민국 국민이 되었다. 파란만장한 이중국적자다.

그는 원래 조선은행 직원이었다. 그러나 매일 똑같은 일을 반복하는 은행원 생활에 환멸을 느끼고 미지의 세계인 미국을 향해 배를 탔다. 높은 급여의 편안한 직장을 팽개치는 엄청난 도박이었다. 힘들게 고학하여 대학을 마칠 때쯤 진주만 공격 사건이 터졌다. 일본을 깊이 연구하려는 미 국무부는 일본식 교육을 받은 배의환을 채용하여 하와이의 태평양사령부에 배치했다.

1946년 배의환은 미군정청 재무장관 특보, 즉 미국인 신분으로 귀국했다. 그러나 대한민국 정부가 출범하자 미국으로 돌아갔다. 하와이에서부터 지켜보았던 이승만은 대통령감이 아니라고 실망했기 때문이었다. 4·19혁명 직후 새 인물을 찾던 허정 내각수반은 수소문 끝에 배의환을 불렀다. 반反이승만 성향의 금융 전문가였으므로 한국은행 총재로는 최적격이었다.

배의환은 곧 세번째 환멸감을 느꼈다. 1960년 6월 입국할 때 공항에서 미국 여권을 제출했던 사실을 두고 '이중국적자는 총재 자격이 없다'는 시비가 붙은 것이다. 그것은 인사권을 둘러싼 민주당 내 구파와 신파 간 힘겨루기의 시작이었다.

오랜 해외 생활로 국내에는 아무 배경이 없던 배의환은 고립무원 속에서 취임 3개월 만에 총재직을 사퇴했다. 그러나 이번에는 출국하지 않았다. 국제법 전문가로서 한일회담 수석대표를 맡아 국교 정상화에 매진했다. 그로써 이중국적은 공직자의 애국심과 무관함을 증명했다.

배의환은 한국은행 역사에서 최단명 총재였다. 그리고 최초의 미국 유학파였다. 미지의 세계에 도전하는 것을 마다하지 않던 그가 이중국적 시비의 첫 희생자가 된 것은 필연이었다. 남들과 다르게 살아가는 아방가르드는 언제나 고독하다. 그때나 지금이나.

씨날코를 아십니까

바이든 대통령이 취임하던 날 책상에서 가장 먼저 없앤 것이 빨간색 버튼이다. 전임 트럼프 대통령이 코카콜라를 마시고 싶을 때 비서를 부르려 누르던 것이다. 미국 문화의 상징인 코카콜라가 한국에 들어온 것은 한국전쟁 때다. 한국 음식이 입에 맞지 않는 유엔군 병사를 위해 유엔한국민사지원단UNCACK이 코카콜라를 일본에서 반입해 왔다.

병사들을 위해 들어온 코카콜라가 곧 신분의 상징이 되었다. 내로라하는 사람들만 마실 수 있었고, 높은 사람에게 바치는 선물로

도 쓰였다. 1950년대 권력 서열 2위인 이기붕의 사저로 보내는 귀한 선물 중 하나가 코카콜라였다.

4·19혁명 당시 성난 시민들이 '서대문 경무대', 즉 이기붕의 집을 습격했을 때 두툼한 수첩을 찾았다. 언제 누가 다녀갔고 무엇을 두고 갔는지 꼼꼼하게 적은 일지였다. 박근혜 대통령 시절 안종범 경제수석의 수첩에 버금가는 스모킹 건이다.

그 기록에 따르면, 1960년 초 장도영 제2군사령부 사령관이 생선을, 자유당 이동근 의원이 갈비짝을, 김성곤 의원은 이불을 놓고 갔다. 정치 깡패 임화수는 꽃을, 최재유 문교장관은 그림을 두고 갔다. 경제계 인사들도 줄을 이었다. 송인상 재무장관은 과일상자, 전예용 한국은행 이사는 곶감을 보내 성의를 표시했다.

받은 물건 중에는 비단, 난초, 방석, 한지, 수박, 깨소금, 배추, 맥주, 미제 과자 등 없는 것이 없었다. 눈에 띄는 것은 이기호 제일은행장이 보낸 코카콜라와 씨날코다. 씨날코는 당시 코카콜라에 버금가는 독일의 청량음료였다.

1960년 4월 19일 서울대학교 학생들의 시국 선언문 발표가 유혈 사태로 확대되었다. 일주일 뒤 이승만 대통령이 하야했다. 그 이틀 뒤 이기붕 일가가 집단 자살로 생을 마쳤다. 그들이 죽던 날 집에서 발견된 수첩은 권력자의 마음을 얻는 데 청량음료까지 동원되었음을 보여주는, 최빈국의 슬픈 자화상이다. 걸인도 코카콜라를 마시는 이 시대의 사람들은 이해하지 못한다. 절대로, 절대로, 절대로.

박정희와 경제학자의 대결

———

공자는 현실 참여를 갈망했다. 그가 전국을 주유했던 까닭은 자기 뜻을 세상에 펼치기 위함이었다. 현실 개조다. 그런 공자의 눈으로 보자면 영국 경제학자 조앤 로빈슨은 한심한 사람이다. 그는 일평생 대안 없는 비판만 했다. 학자는 현실을 진단하고 비판하는 사람이고, 현실을 바꾸는 것은 정치가의 일이라고 보았기 때문이다. 그런 순수한 생각을 갖다보니 로빈슨은 공산국가들의 행사에 동원되는 선전 도구로 이용당했다.

로빈슨은 근대 경제학의 산실인 케임브리지대학교 최초의 여성 경제학 교수이자 케인스학파의 선봉이었다. 미시와 거시 경제학 양쪽에서 독보적인 업적을 남겼다. 그의 상품성을 알아본 소련과 중공은 그를 불러 극진하게 대접했다. 모스크바와 베이징으로 불려간 그는 각종 행사장에서 미국이 주도하는 자본주의 체제를 저주하는 한편, 계획경제를 칭송하는 연설을 폭포수처럼 쏟아냈다.

그는 북한도 방문했다. 그리고 '코리아의 기적Korean Miracle'이라는 짧은 칼럼에 "만일 한국인들에게 선택권을 주면 전부 북한을 고를 것"이고, "남북한의 경제 격차가 지금처럼 계속되면 휴전선이라는 거짓말의 장막은 조만간 찢어진다"라고 단언했다.

그는 1983년 죽을 때까지 자기 생각이 틀렸다는 것을 인정하지 않았다. 노벨경제학상 수상자 조지 스티글러는 그를 두고 "탁월한 논리학자이자 멍청한 경제학자"라고 평했다. 눈앞의 현실을 무시했기 때문이다. 로빈슨은 케인스의 진짜 중요한 가르침을 잊었다. 케인스는 대공황이 시작되자 과거의 소신을 굽혔다. 앞에서 살펴봤듯 케인스는 변절이라는 비판에 "저는 사실이 달라지면 생각을 바꿉니다. 선생은 어떠신지요?"라고 응수했다.

1960년대 중반까지는 북한이 남한보다 분명히 풍족했다. 남북한의 경제력이 뒤집어진 것은 제1차경제개발5개년계획이 마무리되면서부터다. 1964년 박정희는 제1차경제개발5개년계획의 성공에 골몰하고, 북한에서 돌아온 로빈슨은 런던에서 '코리아의 기적'을 쓰느라 골몰했다. 누가 맞았는지는 지금 전 세계가 눈으로 보고 있다.

땐쓰를 허하라

현직 검사가 청탁과 함께 고급 승용차와 명품 핸드백을 선물받고도 처벌받지 않았다. 그에 대한 국민적 공분을 바탕으로 부정 청탁 및 금품 등 수수의 금지에 관한 법률, 소위 '김영란법'이 제정되었다. 하지만 2016년 막상 그 법을 시행하려고 하자 볼멘소리가 커졌다. 소비가 위축된다는 항변이었다.

그런 일은 옛날에도 있었다. 한국전쟁중에 다방과 고급 식당에 공무원의 출입이 금지되었다. 국무총리의 지시에 따라 업소를 급습해서 손님의 신분증을 압수하고, 공무원들은 직장에 통보했다. 그러자 다방과 요정 주인들이 장사가 안된다고 아우성쳤다. 결국 휴전하기도 전에 규제가 풀렸다. 근무시간이 끝나면 출입할 수 있다는 조건이 붙었다.

공무원이 그 정도이니 일반 시민을 상대로 금욕을 강요하는 것은 성공하기 힘들다. 1950년 3월 정부는 식량난을 이유로 매주 수요일을 무주무육일無酒無肉日로 지정하고 술과 고기를 파는 식당을 단속했다. 국민이 아우성치자 매월 25일 하루만으로 축소되었다가 이내 그것도 흐지부지되었다. 결국 총선을 앞두고 정부가 무주무육일을 폐지했다. 1957년 4월 27일 조선일보가 그 반가운 소식을 1면 기사로 다뤘다.

술과 고기뿐만 아니라 춤도 금기 대상이었다. 1947년 12월 장택상 수도경찰청장이 '해방의 경축 분위기를 이용해서 일확천금을 노리는 상술이 과도하다'면서 '땐쓰홀'의 불법 영업을 단속했다. 하지만 효과가 없었다. 1954년 8월 15일 이승만 대통령의 지시로 다시 전국 땐쓰홀 일제 폐쇄령이 내려졌다.

그 와중에 은행원들이 재수없게 붙잡혔다. 퇴근 후 삼삼오오 춤을 배우던 한국은행 목포지점 여직원 네 명이 단속에 걸렸다. 경찰서에서 호되게 조사받던 그들은 "교양 삼아 운동을 배웠을 뿐"이라고 해명하면서 "사교땐쓰를 허하라"라고 항변했다. 하지만 춤을 퇴폐풍조로 보는 시각은 1980년대까지도 계속되었다. 그런 우여곡절 끝에 지금은 케이팝 댄스가 세계를 휩쓸고 있다.

사이공 블루스

———

1961년 11월 케네디 대통령을 만날 때 박정희 혁명의장은 절박했다. 24억 달러가 투입되어야 할 제1차경제개발5개년계획의 지원과 한국군 감축 계획 중단을 부탁해야 했다. 두루뭉술하게 말하는 케네디를 향해서 결례에 가까울 정도로 확답을 '구걸'했다.

상황이 뒤집혔다. 1964년 7월 미 국무부 차관보가 한국으로 뛰어오고, 12월에는 존슨 대통령이 친서를 보냈으며, 마침내 1966년 1월에는 험프리 부통령이 직접 방한했다. 월남전 파병을 늘려달라는 미국의 '읍소'였다. 한국은 우선 1964년 8월 100여 명의 의료진과 태권도 교관 파견으로 성의를 보였다. 이어 비둘기부대, 청룡부대, 맹호부대, 백마부대를 보냈다. 총 5만 명이었다.

파병의 이유는 안보와 경제였다. 미국은 군사비 원조 삭감 계획을 없던 일로 하고 향후 주한미군을 감축할 때 반드시 한국과 협의한다고 약속했다. 그리고 미군과 똑같은 수준의 작전비, 운영 유지비, 해외 수당도 보장했다. 다른 당근도 있었다. 기술자와 노무자 등 민간인들이 현지 미군 부대를 상대로 달러를 벌 수 있도록 했다. 훗날 한진그룹으로 성장한 한진상사의 조중훈 사장이 거기 끼였다. 영화

〈국제시장〉의 한 장면이다.

한데 그들이 번 달러를 집으로 보내려면 은행이 필요했다. 당시 국내에서는 한국은행만 외환을 취급했다. 그래서 험프리 부통령이 방한할 즈음 한국은행 사이공지점 설립이 결정되었다. 도쿄, 오사카, 홍콩, 뉴욕, 서독에 이어 여섯번째 해외 지점이었고 런던사무소보다는 거의 3년이나 빨랐다.

사이공지점은 선망의 근무지였다. 제법 많은 험지 수당을 달러로 받는데다가 현지 미제 물건들을 국내 암시장으로 돌리면 짭짤한 부수입도 생겼기 때문이다. 1년 뒤 한국외환은행이 설립되어 한국은행의 외환 업무가 새 은행으로 이관되었다. 하지만 직원들은 돌아오지 않았다. 사이공에 더 눌러앉으려고 새 은행으로 집단 이직했다. 1966년 4월 11일 한국은행 사이공지점이 문을 열었다. 군인이나 은행원이나 목숨걸고 달러벌이 하던 시절의 사라진 기억이다.

● 한국은행 사이공지점

1년 만에 문을 닫은
한국은행 사이공지점
(출처: 국가기록원)

한국은행의 여섯번째 해외 조직. 1950년 6월 출범 당시 한국은행은 조선은행의 재산을 이어받아서 해외 조직은 도쿄에만 있었다. 당시에는 한국은행이 국내 유일의 외국환 취급 기관이었으므로 도쿄사무소가 아닌 도쿄지점이었다. 즉 일반인을 상대로 외환 매매와 송금을 담당했다. 그러다가 전쟁이 끝나갈 즈음이 되자 우리나라의 물자 수입이 늘어나면서 오사카지점(1951년 12월)과 홍콩지점(1953년 2월)을 열었다. 전쟁이 끝난 직후에는 뉴욕사무소(1953년 12월)를 개설했다. 한국 기업을 통틀어 당시 해외 조직을 가진 기관은 한국은행이 유일했다.

이어 서독에 광부와 간호사 파견이 시작되면서 프랑크푸르트에 서독사무소(1962년 2월)를 개설했고 베트남 파병과 함께 여섯번째로 사이공지점(1966년 4월)을 개설했다. 하지만 오래가지는 않았다. 제1차경제개발5개년계획과 더불어 외국환 거래가 폭증함에 따라 한국은행은 중앙은행 본연의 자리로 돌아가기로 했다. 시중은행과 지방은행이 외국환 업무를 담당토록 하고 외국환 업무에 특화된 한국외환은행이 설립되었다. 그 결정에 따라 한국은행 사이공지점은 한국외환은행으로 이관되었다. 국제금융 중심지인 런던에는 1969년 1월에야 사무소가 문을 열었다.

한국 경제의 피, 땀, 눈물 |||||||||||||||||||||||||||||||||||

싸우면서 건설하다

1962년 시작된 제1차경제개발5개년계획은 대성공이었다. 기간 중 연평균 경제성장률이 8.3퍼센트를 기록하여 목표인 7.1퍼센트를 훌쩍 뛰어넘었다. 남북한의 경제력이 그때 뒤집혔다.

1967년 시작된 제2차 계획은 출발부터 순조로웠다. 1964년 베트남 파병에 이어 1965년 한일 국교 정상화로 상당한 외자가 유입되었기 때문이다. 자신감을 얻은 정부는 경공업을 뛰어넘어 중공업까지 지향했고 거기에 맞춰 1967년 12월 현대자동차가, 1968년 4월 포항제철이 설립되었다. 그 기간의 연평균 경제성장률은 11.5퍼센트에 이르러 다섯 번의 개발계획 중 최고를 기록했다.

그러나 호사다마好事多魔였다. 체제 경쟁에서 뒤처지는 것이 초조했는지 북한의 도발이 유난히 잦아졌다. 1968년 1월 21일 김신조를 포함한 31명의 무장 게릴라가 청와대 코앞까지 다가와 소총을 쏘고 수류탄을 던졌다. 학생들까지 희생되었다. 이틀 뒤에는 동해 공해상에서 미 해군 소속 정찰함 푸에블로호를 나포했다. 11월에는 120명의 무장공비가 민중 봉기를 꾀한다면서 울진과 삼척 지역에 침투하여 많은 민간인을 살상했다. 아홉 살 생일을 맞은 이승복 어린이와 그 가족들도 희생되었다. 이듬해 4월에는 동해에서 미 해군 정찰기 EC-121가 격추되어 30여 명의 승무원이 전원 사망하기도 했다.

그러자 우리 정부도 강하게 대응했다. 간첩 신고와 반공 사상 고취를 위해서 전국의 산악과 해안 지역에 '멸공소년단'과 '멸공부녀단'을 조직했다. 1961년 제정된 이래 사실상 사문화되었던 향토예비군설치법도 발동했다. 1968년 4월 창설된 향토예비군의 모토는 '싸우면서 건설한다'였다.

1968년과 1969년은 실로 싸우면서 건설하는 시기였다. 안팎의 온갖 시련과 도전 속에서도 경제성장률이 13.2퍼센트와 14.6퍼센트를 기록했다. 그 대장정의 계기가 이른바 김신조 사태였다. 아이러니라면 아이러니고 비극이라면 비극이다.

죽어서 산 남자

2020년대 들어 우리나라 조선업계가 다시 세계 1위 자리를 탈환했다. 과거에 비하면 상전벽해다. 해방 직후 일본인들이 본국으로 철수할 때 큰 배들을 전부 끌고 가는 바람에 국내에는 100톤급 이하의 작은 배가 대부분이었다. 큰 배가 고장나면 일본과 대만에 가서 수리했다. 큰 배를 만드는 일은 꿈도 꿀 수 없었다.

1962년 12월 국가재건최고회의는 '어업차관 지불보증 승인안'을 통과시킬 계획이었다. 한국은행 외환 보유고의 절반을 깨서 이탈리아 피아트사에서 중고 선박을 수입하기 위해서다. 그 배로 원양어업에 나선 다음 저임금 노동력을 통해 통조림을 만들어 수출하는 것이 궁극의 목표였다.

민병도 한국은행 총재가 그 회의장을 찾아갔다. 그 자리에 모인 혁명 세력들 앞에서 "통조림을 수출하겠다고 국가경제의 최후 보루인 외환 보유고를 허물 수 없고, 만약 그래야 한다면 총재직을 사임하겠다"라고 선언했다. 뜻밖의 강한 반론에 회의장이 술렁였다. 그날 의안 통과는 보류되었다.

박정희 의장은 고민 끝에 전략을 바꿨다. 어획량 증진을 뛰어넘어 조선업을 키우기로 용기를 낸 것이다. 그해 우리나라는 100톤급 배밖에 못 만들었다. 하지만 제1차경제개발5개년계획의 마지막 해에는 4천 톤급 배를 진수시켰다. 이어 1967년 조선공업진흥법을 제정했다. 조선 강국이라는 불가능한 꿈의 시작이었다.

돌아보건대 반대하는 것도 그 반대를 받아들인 것도 용기였다. 국가 개조를 위한 우선순위를 두고 박정희와 민병도의 생각은 달랐으나 두 사람의 고민과 용기가 대한민국 조선업을 지금의 자리에 이르게 만들었다.

1963년 6월 민병도가 물러났다. 정부가 한국은행에서 은행 감독 기능을 분리하려는 데 항의하는 기자회견을 연 뒤였다. 그 바람에 혁명정부의 한은법 개정 시도는 중단되고, 그의 재임 기간은 1년으로 멈췄다. 그러나 무소불위 혁명정부 앞에서도 늠름하게 사표辭表로 소신을 지킨 민병도는 한국은행의 영원한 사표師表로 남았다. 흠모는 재임 기간에 비례하지 않는다.

수출의 날

————

1946년 1월 미군정청은 국제무역을 면허제로 운용하겠다는 대외무역규칙을 선언했다. 1948년 제정된 헌법(제87조)에는 "대외무역은 국가의 통제하에 둔다"라고 적혀 있었다. 기술은 없고 물자는 부족하니 수입을 막아야 적자가 줄어든다는 패배감의 산물이다. 실제로 1950년대가 끝날 때까지 무역수지는 만성 적자였고 수출품의 90퍼센트는 농수산물과 지하자원이 차지했다.

수입은 더 한심했다. 우리 정부가 GARIOA, ECA, SEC, CRIK, UNKRA, AID, ICA, PL480 등 온갖 국제기구와 미국 정부부처에서 '심청이가 동냥젖 얻어먹듯' 받아온 원조품이 수입의 상당 부분을 차지했다. 1961년 집권한 군사정부가 모험을 걸었다. 헌법(제116조)을 고쳐 자유무역을 선언하고 '보세무역'으로 옹색한 현실을 타개하려고 했다. 관세 보류된 원자재와 중간재에 값싼 노동력을 보태서 완성품을 만든 뒤 수출하는 전략이다.

문제는 관료 집단이었다. 일제강점 말기에 자급자족론을 배운 관료들은 민원서류에 도장을 찍는 일에 인색을 떨면서 수입을 건별로 승인하는 것이 관료가 할 일의 전부라고 믿었다. 보다못한 김정렴 상공부 차관이 배수진을 쳤다. 수출을 위한 수입허가권을 1964년 한국은행에 넘겼다. 대신 정부는 수출만 생각하겠다는 선언이었다. 특권을 빼앗긴 상공부 직원들이 난리를 쳤고, 업무량이 늘어난 한국은행 직원들은 아우성을 쳤다.

그래도 효과는 있었다. 수입 심사가 간단해지면서 보세무역과 수출이 급격히 늘었다. 그해가 끝나기도 전에 수출액이 1억 달러를 넘어설 희망이 보였다. 신이 난 박정희 대통령은 수출 1억 달러를 돌파하는 날을 '수출의 날'로 지정했다. 1964년 11월 30일이었다.

이제 한국의 수출액은 연간 6천 억 달러를 훌쩍 넘어 세계 8, 9위에 이른다. '수출의 날'은 '무역의 날'로 대체되었다. 60년 전의 수출의 날이 얼마나 감격적인 순간이었는지 기억하는 사람들이 드물다.

우리나라에만 있는 K-금융

역사가 에릭 홉스봄은 19세기를 1789년부터 1914년까지로 구분했다. 프랑스혁명 이후 자본주의로 치닫던 때다. 그 긴 기간 동안 각국 정부는 복지와 빈민 구제까지 챙길 여력이 없었다. 회원끼리 상부상조하는 풀뿌리 조직이 탄생했다. 협동조합이다.

영국과 프랑스에서는 협동조합이 노동조합 형태로 나타났다. 반면 산업화가 늦은 독일에서는 신용협동조합, 줄여서 신협이 두드러졌다. 신협은 자본가가 없어도 지역 주민과 회원끼리 십시일반 자금을 갹출해서 설립할 수 있다. 그래서 캐나다와 미국 같은 금융 후진국에 들불처럼 번졌다.

독일은 1889년 신협법을 따로 만든 반면, 가난한 시민들이 신협을 꾸렸던 미국에서는 신협에 관한 입법에 관심조차 없었다. 대공황을 맞아 신협들이 무더기로 쓰러지던 1934년에 이르러서야 부랴부랴 연방신협법을 만들고 농장신용청FCA을 신설했다. 하지만 영세 신협들을 하나하나 감독하는 것은 귀찮고 위험했다. 관련 부처가 책임을 떠넘기기 바빴다. 1942년 연방예금보험공사, 1948년 사회보장국SSA, 1953년 보건복지부HHS, 1970년 전국신협청NCUA 순으로 신협 감독권이 전전했다. 순전히 정치적 타협의 결과였다.

1907년 대한제국에 '금융조합'이 설립되었다. 농업협동조합의 전신이다. 1960년에 이르자 부산에서 가톨릭 신자들끼리 세운 신협이 등장했다. 군사정부가 거기서 힌트를 얻었다. '묵은 인습을 깨우쳐 나태와 무기력에서 탈피하고자' 재건국민운동본부를 설치했는데 현역 군인이 지휘하는 그 본부는 재건국민체조와 함께 지역 신협, 즉 마을금고 설립을 권장했다. 새마을금고의 출발이다.

처음에는 법적 근거가 없었다. 그러다가 1972년 신용협동조합법을 만들면서 감독 부처를 나눴다. 직장과 단체 신협은 재무부, 마을 금고는 내무부가 맡았다. 21세기 들어 새마을금고 감독제도를 바꿔보려고 하지만 쉽지 않다. 정치적 배경에서 탄생한 것이라 경제 논리만 적용하기 어렵다.

어서 와요, 옐런 장관님

2022년 7월 재닛 옐런 미 재무장관이 한국을 방문했다. 한미 양국 간 경제협력을 위해서다. 오바마, 트럼프, 바이든 등 미국의 대통령들은 연이어 한국을 찾았었지만 재무장관의 방한은 드물었다. 옐런 장관의 방한은 2016년 제이컵 루 장관 이후 6년 만이다.

미국 장관들 중에서 한국을 가장 빈번하게 찾은 이들은 국방장관과 국무장관이다. 양국의 최대 관심사가 한반도의 안보와 평화였기 때문이다. 반면, 미국과 세계의 금융시장을 살피는 재무장관은 한국에 올 이유가 별로 없었다. 차관급 이하가 아주 가끔 한국에 들렀다.

재무부보다는 상무부와 농무부 장관이 찾아와 통상과 원조 문제를 협의할 때가 많았다. 아니면 대외활동처FOA나 국제개발처AID 대표들이 방문하여 원조 보따리를 풀어놓곤 했다. 한국은 그들이 반가우면서도 마음이 편하지는 않았다. 그 시절 미국 고위 관리들이 한국을 찾으면 경제부처 장관들이 주한 미국대사관에 우르르 불려가서 경제정책이나 재정 안정 계획을 설명했다. 미국에서 받은 잉여농산물을 국내에 판 뒤 그 자금을 어떻게 쓰고 있는지 보고할 의무가 있었기 때문이다. 이를 위해서 한미합동경제위원회CEB니 한미경제협력위원회ECC니 하는 기구들이 설치되었다.

'을'의 서러움이 담긴 그 기구들은 1970년 해체되었다. 다만 미국의 잉여농산물 지원(PL480)은 계속되었다. 1981년 마침내 그 지원이 끊기자 미국의 요구 수준이 한층 까다로워졌다. 1984년 서울에 온도널드 리건 재무장관은 덤핑 수출을 경고하고 금융시장 개방을 요구했다. 그 차가운 태도에 우리 정부가 당황했다. 여태까지 느끼지 못했던 매정함이었다. 이듬해인 1985년 제임스 베이커 재무장관이 IMF 연차총회 참석을 이유로 서울을 찾아왔다. 그리고 진척 상황을 캐물었다. 이번에는 우리도 맞받아쳤다. 한덕수 상공부 산업정책과장이 거기 있었다.

한미 양국이 갑과 을의 관계에서 수평적 관계로 진화했다. 한국을 찾은 미국 장관들에게 줄 것은 주고 받을 것은 받아야 한다. 우리나라 기업들이 국내가 아닌 미국에 공장을 짓는 대가를 챙겨야 한다.

경제사 속 여성들 ||||||||||||||||||||||||||||||||||||||||||||||||||

경제학자의 눈으로 사회를 바라볼 때

———

진정한 사랑은 신분을 초월한다. 우리나라의 『춘향전』과 서양의 『신데렐라』가 그러하다. 그런데 돈과 신분 상승을 향한 욕망이 사랑으로 포장되기도 한다. 정략결혼이다. 최근에 있었던, 재벌 3세임을 주장하는 전청조라는 사람의 막장 사기극이 그러하다. 한 편의 코미디다.

프랑스의 극작가 몰리에르는 정략결혼을 소재로 많은 코미디를 남겼다. 1664년작 『강제 결혼』이라는 작품은 재산을 노리고 육십대 홀아비에게 의도적으로 접근하는 젊은 여자를 풍자했다. 1668년작 『수전노』는 자식들을 돈 많은 과부나 홀아비와 결혼시켜 재산을 늘리는 데 혈안이 된 중년 남자를 그렸다. 1670년작 『귀족 수업』에서는 외국 귀족과 사돈이 되려고 비굴하게 처신하는 중산층의 신분 상승 욕망을 꼬집었다. 작품에 등장하는 귀족마다 한결같이 우스꽝스러워서 루이 14세가 공연을 금지하기도 했다.

몰리에르가 살았던 17세기 프랑스는 배금주의와 신분을 둘러싼 위선이 최고조였다. 돈만 주면 누구라도 공직에 오를 수 있고 공직자는 복장을 통해 신분을 과시하는 것이 법률로써 보장되었다. 그래서 '법복 귀족noblesse de robe'이라는 말까지 있었다. 왕실과 결탁한 법복 귀족들의 분탕질이 끊이지 않는 바람에 프랑스는 결국 혁명을 맞았다. 구체제와 귀족의 소멸과 함께 『신데렐라』 같은 일은 불가능해졌다.

몰리에르는 정략결혼을 익살스럽게 그렸지만, 영국의 버나드 쇼는 심각하게 다뤘다. 1893년작 『워렌 부인의 직업』에서 영국 귀족의 위선과 속물근성을 꼬집었다. 영국 귀족이 성매매를 경멸하면서도 그 사업으로 크게 돈 번 포주와는 사돈을 맺고 풍요를 누리기를 은근히 바라기 때문이다.

쇼는 성매매가 윤리 문제가 아닌 경제 문제라고 파악했다. 그는 작품을 쓰기 위해서 사회를 관찰했고, 사회를 관찰하기 위해서 경제를 연구했다. 그래서 "내 작품에서 경제학이 차지하는 역할은 미켈란젤로 작품에서 해부학이 차지하는 역할과 같다"라고도 말했다. 버나드 쇼야말로 경제학자의 눈으로 사회를 바라봤던 사람이다.

치즈라는 신세계

웬만한 나라와 민족에는 건국신화가 있다. 거기에는 여성이 빠질 수 없다. 한민족에게는 웅녀가 있고, 중국인들에게는 서왕모가 있다. 마찬가지로 일본인들에게는 이자나미가 있다.

네덜란드 건국신화의 주인공은 '홀란디아Hollandia'라는 여성이다. 두툼한 허리에 앞치마를 두르고 고깔모자를 쓰고 있다. 상황에 따라 투구를 쓰기도 하고 망치나 부지깽이를 쥐기도 한다. 홀란디아는 모든 면에서 실용주의를 추구하는 네덜란드가 건국신화에도 실용성을 발휘한 결과다. 16세기 후반 신성로마제국에서 독립할 때 별로 내세울 것이 없던 네덜란드는 일상 속의 평범한 주부를 건국신화에 주입했다.

네덜란드가 거대한 신성로마제국을 상대로 80년간 싸워서 독립을 쟁취한 것은 시작에 불과했다. 그뒤 세계에서 가장 많은 배를 바다에 띄우고 국제무역을 선도했다. 그 시기를 '네덜란드의 황금시대'라고 하는데, 당시 국내에는 남자들이 드물었다. 세계로 흩어져 식민지를 개척하고 장사해야 했기 때문이다. 국내에 남은 여자들이 남자들의 험한 일까지 도맡았다.

황금시대의 특징은 청결이다. 네덜란드 가정의 부엌은 유난히 깨끗했다. 그래서 네덜란드 여자들은 깔끔한 것으로 유명했다. 영국의 역사학자 사이먼 샤마는 그 깔끔함의 근원을 낙농업에서 찾았다.

네덜란드 여성들은 치즈와 버터를 비싸게 팔려면 소젖을 짤 때부터 박테리아의 번식을 잘 통제해야 하는 것을 알았다고 한다. 밖에서 힘든 일을 끝마친 여성들은 집에 와서 손부터 씻은 뒤 억척같이 쓸고, 닦고, 삶고, 빨래했다. 그들 모두가 홀란디아였다.

덕분에 '네덜란드 하녀'는 인건비가 아깝지 않은 노동자라고 정평이 났고, 프랑스와 스위스가 그들로부터 청결의 비결을 터득했다. 박테리아가 통제되면서 카망베르, 브리, 그뤼예르, 에멘탈 같은 명품 치즈들이 탄생했다. 청결이 새로운 맛의 세계를 열었다.

전통문화에 우는 이슬람 여성

'똥개가 짖어도 열차는 달린다'는 우스갯소리가 있다. 그 뿌리는 "개가 짖어도 카라반은 전진한다"는 아랍 속담이다. 대공황이 한창이던 1933년 몬터규 노먼 영란은행 총재가 통화정책을 비판하는 사람들에게 그 속담을 읊었다. 졸지에 개 취급을 받은 영국인들은 흥분했고, 다른 나라들은 파안대소했다. 그 속담이 한국전쟁 때 미군을 거쳐 한국까지 전파되었다.

카라반은 인적이 드문 사막이나 초원에서 도적떼를 만날까봐 열차처럼 긴 행렬을 만들어 다녔다. 낙타나 말을 이용한 그들의 운송 방식은 해상운송에 비해 효율성이 낮았다. 그래서 보석이나 향신료

같이 무게 대비 가격이 비싼 품목만 취급했다. 귀중품을 운반하는 위험이 커서 한눈을 팔 수 없었다. 도중에 개가 아무리 짖어도 묵묵히 갈 길을 재촉했다.

카라반이 다니던 길은 엄청나게 광활하다. 북아프리카 서쪽 끝 탕헤르에서 바그다드를 거쳐 북경에 이르기까지 2만 킬로미터에 이른다. 그 단체 여행객들이 다니는 길목에 이슬람제국은 '카라반서라이 caravanserai'라고 하는 국영 호텔을 세웠다. 그 숙소는 튼튼한 경호 시설과 넓은 창고, 그리고 편안한 침실과 외양간을 두루 갖추고 있었다. 오늘날의 대형 호텔이나 콘도미니엄처럼 체인을 이루면서 다음 목적지의 기후나 현지 물건 시세, 정치 상황 등 다양한 정보를 제공했다.

카라반의 혈통과 종교가 모두 같지는 않았다. 하지만 제국의 국영 호텔은 모든 투숙객을 차별 없이 환대했다. 이슬람의 창시자 마호메트가 상인이었을 정도로 상업이 발달했고, 중요했기 때문이다. 절정기의 이슬람제국은 이민족과 타 문화에도 너그러웠다. 인두세만 내면 이교도들도 제국 안에서 자유롭게 장사할 수 있었다.

지금의 이슬람은 타 문화에 대한 포용력이 적다. 그리고 변화를 거부한다. 이란 정부는 히잡을 쓰지 않은 여성을 체포하고, 아프가니스탄에서는 부르카로 온몸을 가리지 않는 여자를 길거리에서 채찍질한다. '똥개가 짖어도 열차는 달린다'는 그 외곬이 안타깝다.

3부
돈 너머 사람

7장
돈을 다루는 마음가짐

눈치보지 말되 유연하라 ‖‖‖‖‖‖‖‖‖‖‖‖‖‖‖‖‖‖‖‖‖‖‖‖

98퍼센트의 말과 2퍼센트의 행동

1929년 10월 24일은 '검은 목요일Black Thursday'로 기억된다. 주가 대폭락과 더불어 대공황이 시작된 날이다. 그로부터 두 달 뒤인 1930년 12월 10일 유나이티드스테이츠라는 미국 최대 은행이 파산했다. 그 여파로 이듬해 5월에는 오스트리아 최대 규모의 은행이 문을 닫았다. 그러자 7월부터 독일에서 예금 인출 사태와 은행 강제 휴무가 시작되었다.

실타래처럼 얽힌 글로벌 금융경색을 연쇄적으로 풀려면 세계 금융의 중심지 영국이 나서야 했다. 일단 오스트리아에 구제금융을 제공해야 영국까지 위기에 휩쓸리지 않는다고 판단한 정부는 영란은행의 오스트리아에 대한 대출의 지급보증 동의법안을 만들었다. 그러자 국민들이 "왜 세금으로 외국과 영란은행을 돕느냐"며 반발했다.

반발이 커지자 긴급 대출을 결정한 영란은행의 몬터규 노먼 총재가 자신의 대저택에서 기자회견을 열었다. 그 자리에서 날카롭게 추궁하는 기자들에게 "개가 짖어도 카라반은 전진한다"는 아랍 속담을 읊었다. 이유를 설명해도 알아듣지 못할 테니 그냥 그런 줄 알라는 태도였다. 그 말에 국민들이 격분했다. 250년 이상 민간 기관이었던 영란은행의 성격에 이의를 제기하고 국유화를 요구했다. 처음에는 황당하게 들렸지만 노동당 집권과 함께 1946년 결국 현실화되었다.

몬터규 노먼 영란은행 총재는 소통에 도통 관심이 없었다. 남들이 뭐라 하든 전혀 신경쓰지 않았다. 1930년 하원에서 노먼을 불렀다. 그가 제안했던 대로 1925년 금본위제도를 재개하자 경기가 급격히 나빠진 것을 추궁하기 위해서였다. 그 자리에서 노먼은 퉁명스럽게 답했다. "금본위제도 복귀를 주장한 이유가 무엇이냐고요, 의장님? 글쎄요, 저에게 이유는 없습니다. 본능이 있을 뿐입니다."

그 말은 진심이었다. 노먼은 중앙은행 총재가 이론가일 필요는 없다고 생각했다. 감만 좋으면 된다고 믿었다. 또한 중앙은행이 정책 결정의 배경을 밝힐 이유는 없다고 확신했다. 법관은 판결문으로 말하듯이 중앙은행은 대출과 금리 결정으로 말하며, 그것으로 충분하다는 것이 그의 지론이었다. 그래서 앞서 말한 그의 소신, "설명도, 변명도 하지 않는다Never explain, never excuse"에 따라 언론과 항상 거리를 두었다(145쪽 참조).

글로벌 금융위기 때 미 연준 의장을 맡았던 벤 버냉키는 정반대다. 2023년 노벨경제학상을 받을 정도로 학계의 거물인 그는 대중과의 소통을 굉장히 중시했다. 금리 결정 직후 연준 의장이 기자간담회를 갖는 관행을 만든 사람이 바로 버냉키다. '통화정책은 98퍼센트의 말과 2퍼센트의 행동으로 이루어진다'는 것이 그의 지론이다. 바야흐로 말과 표현이 중요해진 시대다.

조직 밖과의 소통뿐만 아니라 조직 안에서의 소통도 중요하다. 그것이 잘못되면 조직 전체가 망가진다. 100년 전 미 연준의 경험이 좋은 사례다.

아랫사람 말을 경청하라

———

권위의식을 보여주는 것 중 하나는 쉬운 말을 두고 괜히 어렵고 장황하게 말하는 버릇이다. '불 꺼주세요'를 '조명기구를 소등해주세요'라고 말하는 식이다. 전문 분야일수록 권위의식이 두드러진다. 한국과 미국의 중앙은행법은 채권의 매매를 굳이 '공개시장조작'이라는 어려운 말로 표현한다.

무엇인가를 사고파는 일은 너무 평범해서 대다수 나라에서는 그것을 중앙은행법에 담지 않았다. 수신이나 여신에 비해 중요도가 한참 떨어진다고 믿었다. 금융 후진국인 미국만 매매 활동까지 법률에 담았다. 콤플렉스 때문이다. 미국은 유럽보다 한참 늦은 1900년이 되어서야 금본위제도에 합류했다. 달러화 가치를 유지하려면 중앙은행인 연준이 외국과 수시로 금을 매매해야 했다. 그런 활동을 '공개시장조작'이라고 표현했지만, 그걸로 국내에서 국채까지 매매하게 될 줄은 몰랐다.

제1차세계대전이 끝나면서 불황이 찾아왔다. 소비와 투자는 물론 대출까지 감소했다. 대출이자 수입 감소로 연준이 적자에 직면했다. 그러자 일부 지역 연준 지점이 적자를 면할 요량으로 1924년 처음으로 국내에서 국채를 매입했다. 그랬더니 놀랍게도 경제가 좋아졌다. 오늘날에는 양적완화라고 부르지만, 당시 지역 실무자들은 '가위 효과'라고 불렀다. 국채 매입으로 돈이 풀리면서 실업률이 하락한 모습이 마치 가윗날이 서로 반대 방향으로 움직이는 것과 같았기 때문이다.

그런데 본부 연준위원회가 가위 효과를 인정하지 않았다. 국채 매입을 통해 실물경제에 대한 지방 실무자의 영향력이 커지면, 본부의 권위가 그만큼 약해진다고 걱정한 탓이다. 대공황일 때도 실무자의 의견을 묵살하고 공개시장조작을 틀어막았다. 연준 고위층은 공개시장조작을 어떻게 효과적으로 집행할지 고민하는 대신 어떻게 금지할지 고민했다. 그러는 가운데 대공황의 골이 깊어갔다.

참다못한 의회가 1935년 본부의 권위의식을 질타하면서 연방공개시장위원회FOMC라는 의결기구를 신설하고, 거기에 모든 지역 연준을 참가시켰다. 오늘날에는 그 위원회의 금리 결정을 매번 전 세계가 숨죽이며 기다린다.

조직은 아랫사람 말을 경청해야 힘이 생긴다. 그런데 미국항공우주국에는 윗사람 말을 경청하는, 그것도 지나치게 경청하는 문화가 있었다. 그것이 비극을 불렀다.

남들이 뭐라 하건

———

과학자는 정책 당국이 아니다. 남의 말에 자기 이론과 소신을 쉽게 뒤집어서는 안 되므로 카라반이 되어야 한다. 20세기 최고 천재의 한 사람인 미국 물리학자 리처드 파인먼이 그 모범을 보였다.

파인먼에 관한 일화는 너무나 많다. MIT대학교 물리학과에서 지금까지도 전무후무한 백점 만점을 받았다든지, 아인슈타인, 폰 노이만, 오펜하이머, 괴델 같은 전설적인 천재들이 운집했던 프린스턴 고등연구소에서 기발한 질문으로 오히려 교수들을 괴롭혔다는 이야기는 진부할 정도다.

파인먼의 독창성이 가장 돋보인 것은 1986년 챌린저호 폭발 사고 진상조사위원회에서 활동할 때다. 7인의 승무원이 탄 거대한 로켓이 발사 70여 초 후 하늘에서 폭음과 함께 사라진 그 사고는 지금까지도 세계인들의 기억에 생생한 대참사였다.

사건 직후 레이건 대통령의 지시에 따라 조사위원회가 구성되었다. 인류 최초로 달을 밟았던 우주인 닐 암스트롱부터 물리학자인 파인먼까지 당대의 전문가들이 전부 모였다. 이 위원회는 약 6개월간 활동하면서 수만 개의 부품을 점검하고 수백 명의 관계자와 면담했다. 그러나 비극의 원인을 찾지 못했다.

이때 파인먼은 아무도 관심 갖지 않았던 작은 부속품에 주목했다. 이 물건이 보통 온도에서는 멀쩡하지만 하늘로 올라가서 기온이 낮아지면 탄성을 잃어 쉽게 부서진다는 사실을 알아냈다. 미국항공우주국의 몇몇 실무자도 그 점을 진작 알고 있었다. 하지만 윗사람에게 문제를 제기했다가 번번이 핀잔과 꾸중을 들은 뒤 전부 침묵했다. 그리고 집단 사고에 빠져 챌린저호 발사를 강행했다.

조사위원회는 파인먼의 의견을 믿으려 하지 않았다. 그러자 파인먼은 다른 위원들 앞에서 문제의 부속품을 얼음 컵에 담근 뒤 쉽게 부서지는 것을 보여주었다. 그리고 말했다. "이것이 원인입니다. 그런데 나사에서는 높은 사람 눈치나 보느라고 아무도 그 사실을 말하지 못했습니다. 남들이 뭐라 하건 그게 그렇게 중요합니까?"

파인먼의 신랄한 비판이 너무나 쓰라렸던 나머지 최종 보고서에는 그것이 빠졌다. 그러나 파인먼이 옳았다는 것은 누구나 알았다. 그리고 나사는 조직문화를 대대적으로 손봤다. 파인먼의 지적이 더이상의 비극을 막은 것이다. 파인먼은 1988년 병상에 누워 그때 일을 회고하며 『남이야 뭐라 하건!What do you care what other people think』이라는 유작을 남겼다.

인간 사회에서 순종은 미덕이다. 그러나 연구실에서건 회사에서 건 지나친 순종과 눈치보기는 진실에서 멀어지게 만든다. 소통이 중요하기는 하지만 그것이 직장 안에서 집단 사고로 흐르면 위험하다. 나사의 중간 간부들은 '설마' 하는 집단 사고에 빠져 실무자들의 보고를 무시했고, 대신 윗분과 긴밀하게 소통하면서 코드 맞추기에 바빴다. 나사의 중간 간부들은 소통과 심기 경호를 혼동했다. 불행하게도 어느 조직에나 그런 사람들이 많다. 그런 사람들을 걸러내야 조직이 발전한다.

개혁은 마음먹기 나름

어두웠던 제5공화국이 끝나고 제6공화국이 출범할 때 사회 각층의 기대와 요구가 아주 컸다. 사회 원로들로 구성된 민주화합추진위원회(민추위)는 인권 신장, 지역감정 해소, 기업집중 완화, 노동삼권 보장 등을 두루 담은 두툼한 건의서를 대통령 당선인에게 제출했다. 거기에는 금융실명제도 담겨 있었다.

금융실명제 아이디어가 처음 나온 때는 1982년이다. 이철희·장영자 어음 사기 사건 직후 강경식 재무장관이 사채시장 양성화 방안의 하나로 금융실명제 실시를 약속했다. 그러나 불발로 끝났다.

1987년 대통령 선거에서 다시 그 문제가 제기되고, 대선 후보들은 앞다투어 금융실명제 실시를 약속했다. 노태우 대통령 당선인도 민추위 건의서를 받으면서 다시 한번 자기 공약을 다짐했다. 나웅배, 조순 부총리는 1991년이라는 시한까지 못박았다. 그런데 1990년 1월 3당합당 이후 모든 것이 달라졌다.

3당합당 직후 임명된 이승윤 부총리의 첫 소견은 금융실명제 유보였다. 금융시장의 자금이 부동산으로 흘러가 부동산 투기와 과소비가 촉발된다는 이유였다. 그 말에 김종인 경제수석이 화답하면서 유야무야되었다.

결국 금융실명제는 1993년이 되어서야 현실화되었다. 김영삼 대통령이 전격적으로 단행했다. 3당합당의 주인공이 결자해지의 심정으로 헌법상의 대통령 긴급재정명령권을 발동한 것이다. 저녁 7시 국무회의에 소집된 장관들도 놀랐고, 8시 긴급 뉴스를 듣던 국민들도 놀랐다.

1993년 8월 12일 김영삼 대통령이 금융실명제 실시에 관한 긴급 담화문을 발표했다. 그때는 부작용과 실패에 대한 걱정이 많았다. 그런데 1년 뒤 돌아보니 실명 확인율은 90퍼센트가 넘었고, 큰 부작용은 없었다. 가명과 차명으로 밝혀진 것은 전체 금융자산의 2퍼센트에 불과했다. 고작 2퍼센트 때문에 금융실명제의 단행이 늦어졌던 것이다.

결국 금융실명제의 부작용에 관한 지나친 걱정 또는 집권 여당의 집단 사고 때문에 허송세월을 했다. 개혁할 때 가장 힘든 일은 결심하는 것이다. 심호흡을 크게 하고 마음을 다잡으면 걱정했던 것보다 일이 쉽게 풀린다. 어렵다고 생각되는 일은 걱정하는 것보다 쉬울 수 있다.

지나간 것은 지나간 대로

———

여자 골프 세계 1위에 올랐던 리디아 고는 아마추어 시절 다섯 번이나 프로 대회에서 우승했다. 프로 골퍼들이 할말을 잃었다. 데이비드 흄도 비슷했다. 철학자인 그가 '가격-정화-플로우 메커니즘', 즉 통화량과 물가와 국제수지의 관계를 밝혀냈다. 흄의 친구이자 경제학의 아버지인 애덤 스미스 역시 할말을 잃었다.

케임브리지대학교 수학과 시간강사였던 프랭크 램지도 경제학을 배운 적이 없었다. 그는 어느 날 교수 식당에서 아서 피구 경제학과장과 식사를 했다. 당대 최고의 경제학자였던 피구는 자기도 답을 잘 모르겠다는 문제를 소개했다. 램지는 그 말을 듣고 집으로 돌아와 혼자서 궁리했다. 그렇게 완성한 최적 세율稅率에 관한 증명이 재정학의 이정표가 되었다. '저축-자본-성장률'의 관계를 설명하는 수학 모델은 경제성장이론의 출발점이 되었다. 그 두 논문을 통해 램지는 경제를 모르는 대경제학자가 되었다.

램지는 레오나르도 다빈치에 비교될 만한 팔방미인형 천재다. 수학, 철학, 논리학, 경제학, 통계학 분야에서 그의 이름이 심심찮게 튀어나온다. 철학자 비트겐슈타인은 램지를 친구로 알았고 경제학자 케인스는 그를 동료로 여겼다.

그러나 미인박명이었다. 램지는 케임브리지강에서 수영하다가 세균에 감염되어 급성 황달로 사망했다. 겨우 스물여섯 살 때였다. 천재의 너무 이른 죽음 앞에서 많은 사람이 "만일 그가 살아 있었다면 세상이 달라졌을 것"이라며 두고두고 아쉬워했다.

하지만 램지는 살았을 때 그런 조건문을 싫어했다. "리디아 고가 아마추어 시절 다섯 번이나 우승하지 않았다면 프로 골퍼가 되지 않았을 것"이라는 식의 과거 조건문은 공허하다. 과거에 관한 조건문은 미래에 관한 조건문과 수학적 의미가 다르며, 이미 지난 일을 공상하는 것은 부질없다는 것이 램지의 생각이다.

램지는 우리가 가진 정보의 질을 의심했다. 우리가 관찰하는 것은 특정한 조건 속에서 벌어진 일이기 때문이다. 즉 우리가 측정한 확률은 죄다 조건부확률이다. 하지만 우리가 알고 싶은 것은 과거가 아니라 미래이며, 미래는 이미 벌어진 일을 조건으로 하는 새로운 조건부확률의 세계다. 램지는 미리 고정된 객관적 확률을 거부하고, 각자의 믿음에 기초한 주관적 확률만 있다고 주장했다. 그리고 새로운 정보가 추가될 때마다 종전의 주관적 확률, 즉 믿음을 수정해가면서 실체적 진실에 접근한다고 보았다. 그의 철학에 기초한 주관적 확률론이 현대 통계학의 뼈대를 이루고 있다.

그러니 직장 상사의 경험담이나 과거의 결정은 별로 유용한 정보가 아니다. 마음먹기에 따라 미래는 얼마든지 달라질 수 있다. 그러니 '만일 그랬더라면' 하면서 지난날을 타령하는 것은 어리석다. 뒤가 아닌 앞을 봐야 한다. 지나간 것은 지나간 대로, 오는 것은 오는 대로 다른 의미가 있다. 지난 일을 교훈 삼아 다가오는 날을 대비하는 것이 지혜롭다.

● 이철희·장영자 어음 사기 사건

중앙정보부(오늘날 국가정보원의 전신) 차장 출신의 이철희와 사채시장의 '큰손'으로 불리던 장영자 부부가 어음을 미끼로 거액 사기를 벌이다가 1982년 5월 발각된 사건. 장영자의 형부가 전두환 대통령의 처삼촌(이규광)이었고, 사기액이 1천억 원을 넘어 사회적 파장이 컸다.

사기 수법은 단순했다. 이철희·장영자 부부는 정계 실력자의 자금을 관리한다고 허풍을 치면서 사채시장에서 큰손 행세를 했다. 이에 현금이 쪼들리는 대기업들이 은밀히 돈을 구하러 오면, 담보로 약속어음을 받았다. 이를 '견질(見質)어음'이라고 하는데, 부동산 등 주담보를 보완하는 보조 역할을 한다. 그것은 보관용이었다. 그런데 현금이 많지 않았던 이철희·장영자 부부는 견질어음을 다시 다른 사람에게 팔아 현금을 확보했다. 그런 일이 반복되다보니 사채시장에서 유통되는 어음이 늘어나고, 시장 금리가 치솟았다. 기업 부도가 급증했다.

견질어음을 발행했던 기업들이 부부를 사기죄로 고소했다. 수사 결과 은행장 2인을 포함해서 30여 명이 이들 부부와 금전적으로 얽혀 있어 구속되었다. 또한 민심 수습 차원에서 유창순 내각이 5개월 만에 교체되었다. 이 사건은 지하경제의 폐해를 세상에 알려 금융실명제 실시의 계기가 되었다.

● 주관주의 확률론

조건부확률에 관한 베이즈 정리(Bayes Theory)를 이용해서 실체적 진실에 점진적으로 접근하는 통계 방법론. 경험주의 확률론에 대비되는 개념이다. 동전을 1천 번 던져서 앞면이 467번 나왔다면, 앞면이 나올 확률을 0.467퍼센트라고 결론짓는 접근 방법을 경험주의 확률론이라고 한다.

경험주의 확률론에는 한계가 있다. 시간과 비용이 많이 든다는 것, 동일한 조건에서 여러 번 반복할 수 있는 실험이 현실에서 거의 없다는 것이다. 여론조사가 그렇다. 여러 사람에게 물어볼수록 정확한 확률을 얻겠지만 조사하는 사이에 여론의 흐름도 달라진다. 그러므로 오랜 시간에 걸쳐 방대한 결과를 얻은들 쓸모가 없어진다. 이런 경우 사전지식이나 믿음을 통해 주관적 확률을 구한 다음 베이즈 정리와 여러 정보를 종합해서 그것을 조금씩 수정하는 것이 합리적이다.

하지만 일부에서는 주관주의 확률론에 비판적이다. 케인스는 1921년 저서 『확률론』에서 주관과 객관을 구별해야 한다고 주장했다. 이에 대해 프랭크 램지는 1926년 저서 『진실과 확률』에서 주관적 확률이야말로 경험주의 확률에 비해 논리적으로 훨씬 우월하다고 반박했다. 램지의 주장은 객관을 의심하는 20세기 철학과 이어져 있다. 오늘날 여론조사를 비롯한 각종 조사에서는 램지가 제안한 주관주의 확률론을 적용하고 있다.

사소한 것의 중요함 ‖‖‖‖‖‖‖‖‖‖‖‖‖‖‖‖‖‖‖‖‖‖‖‖‖‖‖‖‖‖‖‖‖‖‖

대항해시대를 연 과학의 힘
——

전기차의 장점 중 하나는 회전 반경이 작다는 것이다. 엔진의 폭발력을 전달하는 구동축이 따로 없기 때문이다. 배터리에 저장된 에너지가 구부러진 전선을 통해 바퀴로 그대로 전달된다. 그래서 유턴과 주차하기가 아주 쉽다. 강아지처럼 제자리에서 빙빙 돌 수도 있다.

운송수단은 회전 반경이 작을수록 유리하다. 노예들이 노를 젓던 로마시대의 갤리선은 회전반경이 아주 컸다. 그래서 맞바람이 불면 버티지 못하고 뒤로 밀리기 일쑤였다. 그런데 15세기 후반 방향타方向舵, rudder가 발명되었다. 배꼬리에 붙은 널빤지를 움직이면 큰 배도 쉽게 방향을 튼다. 맞바람이 불어오면 뱃머리를 돌려 역풍을 피하는 것이다. 방향타를 단 포르투갈 배가 적도 밑에서 불어오는 강한 무역풍을 뚫고 아프리카대륙 남쪽까지 단숨에 내려갔다. 대항해시대의 시작이었다.

그러자 스페인이 다급해졌다. 금의 나라 인도로 가기 위해 아프리카대륙을 거치는 대신 서쪽의 대서양을 가로지르는 모험을 했다. 많은 물자를 실은, 엄청나게 비대한 산타마리아호에 방향타를 달았다. 그리고 나침반과 돛대만 믿고 항구를 떠났다. 그 배의 선장 콜럼버스가 석 달 뒤 육지에 도착했다.

콜럼버스가 인도라고 믿었던 그 땅에 도착하자 스페인은 부리나케 교황청에 그 사실을 보고했다. '인도'로 가는 새 항로를 공인받기 위해서였다. 교황 알렉산데르 6세는 거대한 대서양을 동쪽과 서쪽으로 나누어 양국의 항로를 모두 인정했다. 1494년 토르데시야스조약이다. 오늘날 남아메리카대륙 동쪽 끝의 브라질이 포르투갈어를 쓰고, 그 서쪽은 스페인어를 쓰게 된 원인이다.

대항해시대의 시작, 지리상의 발견, 국제조약의 탄생 배경에는 방향타의 발명이 숨어 있다. 배의 크기에 비해 지극히 작은 물건이지만 매우 중요하다. 폭풍우를 만났을 때 방향타를 똑바로 다루지 못하면 배가 난파한다. 결국 뱃머리에 앉은 선장의 명운은 배꼬리에 달린 널빤지에 달려 있다. 구석진 곳의 미미한 것까지 잘 다스려야 훌륭한 선장이다.

의도와 사실의 뒤범벅

외국의 성씨는 직업을 표시하는 경우가 많다. 애덤 스미스의 조상은 대장장이고, 윌리엄 셰익스피어의 조상은 창 휘두르는 사람이다. 세계지도를 만든 게라르두스 메르카토르의 조상은 장사꾼이다. 네덜란드어 '메르카토르mercator'는 상인을 뜻하는 영어 'merchant'에 해당한다. 세계를 떠돌며 무역을 하던 장사꾼의 후예가 세계지도를 만든 것이 우연은 아니다.

메르카토르 이전에도 세계지도는 있었다. 그것을 '마파 문디'라고 불렀는데, '커다란 천(마파)에 그려진 세상(문디)'이라는 뜻이다. 하지만 그것은 지도라기보다 상상화에 가까웠다. 에덴동산이 그려져 있을 정도였다.

상상이 만든 오류는 에덴동산에 그치지 않았다. 기독교 세계가 보기에 껄끄러웠던 이슬람 지역은 마파 문디에서 작게 표시되었다. 유럽에서 일본까지의 뱃길도 지나치게 짧았다. 아시아 정복욕이 가득했던 유럽인들이 그 꿈이 금방 실현될 거라는 자기최면을 건 결과다. 신대륙을 발견한 콜럼버스가 죽을 때까지 그 땅을 인도라고 굳게 믿었던 이유도 모든 마파 문디에서 인도까지의 거리가 지나치게 가깝게 그려졌기 때문이다.

메르카토르는 상상으로 범벅이 된 마파 문디를 폐기하고 과학적 방법으로 세계지도를 만들었다. 하지만 왜곡이 완전히 제거되지 않았다. 극지방에 가까운 그린란드와 알래스카가 실제보다 훨씬 부풀려졌다. 나아가 왜곡을 일부러 조장하기도 했다. 지도 정중앙에 있어야 할 적도를 살짝 아래로 낮춰서 북반구를 부풀렸다. 그래서 미국 본토가 브라질보다 더 커 보인다. 남반구 사람들은 그런 지도를 제국주의의 산물로 여긴다.

왜곡은 세계지도뿐만 아니라 동네 지도에도 있다. 오늘날 많은 포털과 플랫폼 기업들이 동네 지도를 만든다. 거기에는 광고비를 낸 건물과 가게들이 강조된다. 결국 지도는 과학과 의도의 결합이다. 매년 초 각 기관이 쏟아내는 각종 전망도 마찬가지다. 작성자의 생각이 객관적 사실처럼 포장된다.

산업혁명의 진정한 주역

산업혁명이 영국에서 시작된 것이 우연인지 필연인지에 관해서는 의견이 크게 엇갈린다. 청교도혁명을 계기로 입헌군주제로 일찍 돌아선 덕에 재산권 보호가 훌륭했던 점은 영국에서 산업혁명이 시작되어야 할 필연적 이유다.

그러나 산업혁명의 중요한 조건은 충분한 노동력인데, 하필 그때 영국의 초혼 연령이 낮아지고 출산률이 상승한 것은 우연이다. 기계를 만들려면 철이 필요하고 철을 만들려면 석탄이 필요한데, 영국의 석탄 매장량이 엄청나게 풍부했다는 것도 우연이다. 19세기 중반까지 영국은 독일, 프랑스, 벨기에, 미국의 석탄 채굴량을 합한 것보다 거의 두 배나 많은 석탄을 생산했다.

우연과 필연의 중간쯤 되는 이유도 있다. 바로 종교다. 영국의 국교는 성공회였는데 그것을 따르지 않는 비국교도Dissenter들도 많았다. 한마디로 말해서 '반골'들이다. 퀘이커교도, 감리교도, 장로교도 등 영국의 반골들은 제대로 교육을 받기 어려웠고 공직 진출은 꿈도 꿀 수 없었다. 그래서 일찌감치 공부를 포기하고 사회로 뛰어들었다.

18세기 후반에 시작된 산업혁명의 중요한 발명들은 고매한 학자들이 주도하지 않았다. 어릴 때부터 망치로 이것저것 두드리며 기계를 익혀왔던 땜장이tinker들이 주역이었다. 전부 비국교도들이다. 한 사람이 8개의 물레를 동시에 돌려 실을 뽑는 방적기를 발명한 하그리브스는 무학無學이었다. 그 방적기를 수력으로 개량한 아크라이트는 원래 동네 이발사였다. 탄광의 통풍과 배수용 증기기관을 만든 토머스 뉴커먼은 일자무식이라서 자기 발명품에 특허를 받아야 하는 것도 몰랐다.

그 증기기관이 미국으로 건너가서 운송수단으로 진화했다. 1807년 8월 17일 세계 최초의 증기 정기운항선 클러먼트호가 뉴욕항에서 처음 출항했다. 그 배를 만든 로버트 풀턴도 아버지를 일찍 여의고 독학으로 공부한 퀘이커교도였다. 산업혁명은 가방끈이 짧았던 비주류의 혁명이었다.

K-과학이라 부를 만한 사건

────

현대사회에서 인터넷은 생필품이다. 인터넷이 차단되면 하루도 버티기 힘들 정도로 불편하다. 그런데 그것이 냉전시대의 산물임을 아는 사람은 드물다. 인터넷은 미국 국방부가 군사 목적으로 시작했다.

1957년 10월 구소련이 세계 최초로 인공위성 스푸트니크 1호를 우주에 띄워 올리자 미국이 패닉 상태에 빠졌다. 이듬해 미국항공우주국을 설립하고, 국방과 우주항공 분야에 천문학적인 돈을 쏟아붓기 시작했다. 컴퓨터 처리능력 향상을 위해 컴퓨터끼리 연결하는, 국방부 프로젝트도 발동했다. 1969년 드디어 미국 서부의 몇 개 대학교 컴퓨터끼리 연결되었다. '아르파넷ARPATnet'이라는 이름의 이 네트워크는 외국으로도 이어졌다. 하지만 군사용으로 개발되다보니 영국과 노르웨이 등 소련을 견제하는 데 협조가 필요한 나라만 초대받았다.

한국은 아르파넷에 초대받지 않았다. 그런데 한국 과학자들이 국내 원거리 컴퓨터끼리 연결하는 데 성공했다. 자기들만 컴퓨터끼리 통신하는 능력이 있다고 자부했던 아르파넷 참가국들이 깜짝 놀랐다. 스푸트니크 쇼크에 버금가는 K-쇼크였다.

그때까지 아르파넷은 회선교환방식을 채택하고 있었다. 발신자와 수신자가 전용회선을 이용하는 방식이다. 반면 한국은 패킷교환방식TCP/IP을 시도했다. 오늘날 국제표준이 된 그 방식은 안정성과 효율성 면에서 훨씬 뛰어나다. 또한 컴퓨터의 폐쇄성이 무색해진다. 모뎀이라는 장치만 붙이면, 어떤 컴퓨터라도 쉽게 통신할 수 있기 때문이다. 미국이 그 사실을 깨닫고 1983년 허겁지겁 군사정보를 분리하며 아르파넷을 해체했다. 대중 인터넷 시대의 개막이다.

1982년 5월 31일, 200킬로미터 떨어진 서울대학교와 한국전자통신연구원 구미연구소의 컴퓨터가 일반 전화선을 통해 느린 속도로 연결되었다. "굴러들어온 돌이 박힌 돌을 빼낸다"는 속담을 전 세계에 알리는 역사적 순간이었다.

새로운 기준을 제시하다 ∥∥∥∥∥∥∥∥∥∥∥∥∥∥∥∥∥∥∥∥∥∥∥∥∥∥

원초적 질문, 여긴 어디인가?

1990년대 인기 댄스 그룹 듀스가 부른 노래 〈우리는〉에는 나는 누구이고, 여기는 어디인가를 묻는 유명한 가사가 있다. '난 누구인가?'는 철학적 담론이고, '여긴 어디인가?'는 과학적 담론이다. 콜럼버스를 포함한 모든 탐험가가 "여긴 어딘가?"라는 질문과 싸웠다. 망망대해를 오래 떠다니다보면 자기 위치를 잊기 때문이다. 그래서 갈릴레오나 뉴턴 같은 저명한 과학자들까지 달라붙어서 바다에서 정확한 위치를 파악하는 문제를 고민했다. 바다 한가운데서 위도 latitude를 파악하는 것은 비교적 쉽다. 시계를 보고 한낮에 해의 높이를 관찰하면 어느 정도 답이 나온다. 하지만 경도longitude는 알기 어렵다.

1568년 스페인의 멘다냐는 남태평양에서 섬들을 발견하고 보물섬이라고 확신했다. 그래서 성경 속 풍요의 왕을 생각하며 '솔로몬 제도'라는 이름까지 붙였지만 두 번 다시 찾아가지 못했다. 처음에 위치를 잘못 기록하는 바람에 네 번의 시도가 모두 실패했다. 그런 일을 없애려고 펠리페 3세가 종신연금을 걸고 항해중의 위치를 정확히 파악하는 방법을 공모했다. 영국은 현상금을 2만 파운드로 올렸다.

그 현상금은 의외의 인물이 차지했다. 학교를 다닌 적이 없는 목수 출신의 존 해리슨이었다. 그는 배의 속도, 방향, 운항 시간을 누적하여 기록한 뒤 출발항에서 상대적 위치를 자동으로 역산하는 항해용 시계를 만들었다. 추측항법이라는 그 방식은 너무나 단순해서 뉴턴과 하위헌스 등 당대의 물리학자들이 할말을 잃었다.

해리슨의 시계 덕분에 영국이 시공간 측정의 기준점이 되었다. 1884년 그리니치천문대를 남북으로 지나는 선이 경도와 표준시간의 출발선, 즉 본초자오선으로 정해졌다. 프랑스만 그 약속에 동의하지 않았다. 1884년 세계 표준시에 관한 국제적 합의를 만들 때 '그리니치평균시Greenwich Mean Time, GTM'라는 말에 지독한 거부감을 보였다. 다른 나라들을 설득해서 1967년 마침내 GMT를 협정세계시 universal time coordinated, UTC로 바꿨다.

영국이 위치 계산에 유독 민감한 이유가 있다. 스페인 왕위계승 전쟁에서 프랑스에게 대승을 거두고 돌아오던 네 척의 군함이 고국

앞바다 암초 지역에 들어가서 좌초했다. 1,600여 명의 수병이 익사했다. 1707년 10월 22일 경도 계산 실수로 빚어진 비극이었다. 이후 "여긴 어딘가?"라는 질문이 영국의 화두가 되었다. 세월호 사고 이후 안전 불감증이 한국의 화두가 된 것처럼.

표준시를 둘러싼 묘한 기싸움

———

말이 제아무리 빨리 달려봐야 해의 이동 속도를 따라잡을 수는 없다. 그러므로 말을 타던 시절에는 여행중에 시차증jet lag이 없었다. 역사상 가장 넓은 영토를 차지했던 몽골제국은 아시아가 낮일 때 유럽이 밤이라는 사실을 꿈에도 몰랐다.

지구가 둥글다는 것이 알려진 뒤에도 한동안은 지역별 시간 차이를 피부로 느끼지 못했다. 그것이 문제가 된 것은 1804년 증기기관차가 등장한 뒤다. 열차 운행을 위해 모든 기차역의 시곗바늘을 일치시키자니 같은 시각에 지역마다 태양의 위치가 달랐다. 결국 기차 회사들이 나서서 지역별로 시각 차이를 두었다. 특별한 원칙은 없었다. 뉴욕과 워싱턴 D.C.의 시차는 12분이었다.

1847년 영국이 나서서 시간에 관한 국제 규칙을 정했다. 런던을 기준으로 경도 15도마다 1시간씩 벌어지도록 했다. 그 규칙은 열차 운행의 혼란을 막으려고 만들었기 때문에 처음에는 '열차시railway time'라고 불렀다. 오늘날은 '표준시standard time'라고 부른다.

표준시가 없었을 때 가장 혼란스러웠던 지역은 만주였다. 러시아 시베리아 횡단열차, 일본 남만철도, 중국 경춘선(북경-장춘선)이 집결하여 만주에는 3개국의 시각이 공존했다. 1909년 10월 26일 이토 히로부미가 하얼빈역에 도착했을 때 플랫폼에 걸린 3개의 시계는 각기 다른 시간을 가리키고 있었다.

서울은 거리상 베이징(런던+8시)이나 도쿄(런던+9시)와 30분 정도 시차가 생긴다. 경의선을 만주로 잇기 전에 그것부터 정해야 했다. 1908년 대한제국은 우리의 표준시를 런던보다 8.5시간 빠르게 정했다. 일본을 향한 일종의 자주성 선언이었다. 그러나 일제강점기가 시작되면서 표준시가 도쿄에 맞춰졌다. 1954년 이승만 대통령이 이를 환원했지만, 1961년 군사정부가 다시 도쿄에 맞췄다. 북한도 똑같은 시도를 했다. 대한제국과 이승만 대통령을 좇아 2015년 '평양시(런던+8.5시)'를 선언했으나 3년 만에 번복했다. 지금 평양의 시각은 서울과 같다.

경제 안보의 시대

———

금속활자로 만든 첫 출판물은 『직지심경』이다. 그렇다고 해서 후속 출판물들이 전부 불경이라고 생각하면 난센스다. 그런데 비트코인의 후속물은 으레 지급수단으로 취급된다. 스테이블 코인이나 대체불가능토큰NFT처럼 코인과 토큰임이 강조된다. 블록체인 기술이 적용된 발명품을 통틀어 '디지털 자산'이라고 부르지만, 그것들을 하나로 묶는 것은 난센스다. 여객기, 전투기, 헬리콥터, 행글라이더, 드론, 미사일, 인공위성 등 항공기술이 적용된 물건들을 통틀어 '날것'이라 묶는 것과 다르지 않다.

1903년 라이트 형제가 하늘을 날았을 때 그들이 발명한 물건을 '날것flyer'이라 불렀다. 미국 육군(그때는 공군이 없었다)이 그 물건에 눈독을 들였다. 현상금을 내걸고 더 멀리 더 빨리 비행하는 '날것'을 주문했다. 미국 항공 산업의 시작이다.

미국 항공 산업의 경쟁력은 크지 않았다. 이미 18세기에 프랑스의 몽골피에 형제가 열기구를 타고 하늘을 날았다. 라이트 형제가 실패를 거듭할 때 브라질의 산투스두몽은 30분간 에펠탑 부근을 날았다. 독일의 체펠린이 만든 발명품은 라이트 형제의 '날것'보다 훨씬 많은 사람과 무거운 물건을 실었다.

'날것'들의 경쟁은 치열했다. 미국은 속도가 빠른 비행기airplane로, 독일은 수송량이 월등한 비행선airship으로 승부했다. 그러던 어느 날 미국이 독일에 헬륨가스 공급을 뚝 끊었다. 공급망에 차질이 생긴 히틀러 정권은 비행선에 헬륨가스 대신 수소를 채워넣었다. 그러다가 1937년 5월 수소를 가득 채운 힌덴부르크호가 공중에서 폭발했다. 끔찍한 인명 사고 뒤 비행선은 역사 속으로 사라졌다.

1900년 7월 2일 다섯 명을 태운 독일 비행선이 17분 동안 6킬로미터를 비행했다. 라이트 형제의 비행기보다 먼저, 훨씬 오래, 훨씬 멀리 날았다. 그렇게 우수했던 독일의 항공 산업을 주저앉힌 것은 미국의 헬륨가스 공급 중단이었다. 소재 부품이 산업의 목줄이다.

오늘날 중국은 희토류 수출을 통제하고 미국은 최첨단 반도체 수출을 금지한다. 과학기술의 개발 못지않게 공급망 확보가 중요하다. '경제 안보'라는 말이 괜히 나온 것이 아니다.

악화가 양화를 구축한다

───

예수는 "보지 않고도 믿는 사람은 복되도다"라고 가르쳤지만 사람들은 눈으로 봐야 믿는다. 아무리 오랜 믿음도 증거 앞에서는 흔들린다. 교회의 거듭된 설교에도 불구하고 천동설을 의심케 하는 증거들이 쌓여가자 사람들이 고개를 갸우뚱거렸다.

교회 옥상에서 별 보기를 좋아했던 신부 코페르니쿠스가 고민에 빠졌다. 모든 별이 계절에 따라 동쪽에서 서쪽으로 흐르는데, 수성과 금성은 가끔씩 그 반대로 움직이는 사실은 천동설로 도저히 설명하기가 어려웠다. 마침내 천동설을 버리고 지동설로 돌아섰다. 하지만 교황청과 맞서는 것이 무서웠다. 그래서 발표는 최대한 늦췄다. 임종하는 자리에서 『천체의 회전에 관하여』라는 자기 책을 받아 쥐고 눈을 감았다.

코페르니쿠스가 살았던 폴란드는 신성로마제국에 속했다. 헝가리, 보헤미아, 프로이센, 리투아니아 등 다른 지역의 금화와 은화가 열일곱 가지나 돌아다녔다. 이름도 제각각이었다. 그런 판에 폴란드의 지그문트 1세가 1528년 새 돈을 발행했다. 그 지역에서는 은이 많이 생산되었는데, 그 은으로 만든 새 돈 이름은 '탈러'였다. 오늘날 '달러'의 기원이다.

지그문트 1세가 자기 계획에 관해 코페르니쿠스에게 의견을 물었다. 지동설에 관해서는 입을 굳게 다물고 있던 코페르니쿠스가 돈 문제는 자신 있게 대답했다. "새 돈을 만들려면 옛것은 폐기하십시오. 악화가 양화를 구축합니다." 영국인들은 그것을 '그레셤의 법칙'이라고 한다. 헨리 매클라우드라는 영국 경제학자가 1858년 자기 책에서 토머스 그레셤의 말로 소개한 때문이다. 하지만 코페르니쿠스가 그레셤보다 수십 년 빨랐다. 그것이야말로 '코페르니쿠스적 발상의 전환'이었다.

허지만 "악화가 양화를 구축한다"라는 말은 오늘날 '그레셤의 법칙'으로 알려져 있다. 코페르니쿠스의 고향 폴란드보다 영국의 국력이 훨씬 막강하기 때문이다. 나라가 변변치 못하면 조상의 이름과 공적도 지키기 어렵다.

과학과 경제의 주거니 받거니 ⅢⅢⅢⅢⅢⅢⅢⅢⅢⅢⅢ

디지털세와 신성모독

16세기 종교개혁 전에는 교황의 한마디가 곧 기독교 세계의 질서였다. 교황은 콜럼버스가 신대륙을 발견한 뒤에도 지구가 둥글다는 것을 인정하지 않았다. 대신 기독교 세계의 평화를 지키는 데 힘을 쏟았다. 대서양을 좌우로 나누어 스페인과 포르투갈이 신대륙과 구대륙을 사이좋게 분할 점령토록 한 것이다. 1494년 토르데시야스조약이다.

종교개혁 뒤 세상이 달라졌다. 개신교 국가인 네덜란드는 교황청의 결정에 아랑곳하지 않았다. 인도양을 가로질러 제멋대로 향료 무역을 시작했다. 영국이 자극을 받았다. 상인들의 자본금을 모아 무역회사를 세웠다. 동인도주식회사였다.

이 회사의 공식 명칭은 '동인도와 무역하는 상인들의 회사와 그 총재'다. '회사와 그 총재Governor and Company'라는 긴 말을 붙인 것은 당시 '법인'이라는 개념이 없었기 때문이다. 인간이 만든 조직은 인격이 없기 때문에 영업과 관련한 모든 계약과 책임은 자연인인 총재의 몫이었다.

그뒤 회사들이 우후죽순처럼 세워지면서 변화가 생겼다. 법적 책임 때문에 총재나 사장을 맡는 것을 부담스러워하자 '인간이 만든 조직도 인격이 있다'고 간주하기 시작한 것이다. 법인격이라는 개념이다. 하지만 동의하지 않는 사람들도 많았다. 19세기 초 대법관이었던 에드워드 서로는 "법인은 처벌할 육체도, 비난할 영혼도 없다"고 푸념했다. 인간이 만든 인공물에 인격을 부여하는 것은 신성모독이라고 본 것이다.

21세기 글로벌 기업들은 육체가 없으나 인격은 있다. 전 세계를 상대로 활동하고 있어 마치 세상 어디에나 존재하는 공기처럼 느껴진다. 조세 회피처를 이용해서 세금은 거의 내지 않는다. 영락없는 조물주의 모습이다.

G20 정상들이 그런 신성모독에 대해 칼을 뽑았다. 디지털세다. 2018년 각국이 의기투합하여 플랫폼 기업들에게 경계선을 긋고 법인세를 나눠 갖자는 약속을 하고, 현재 세부적인 기준과 절차를 조정중이다. 디지털세는 21세기의 토르데시야스조약이다.

한글 타자기의 진퇴양난

——

서양의 언어들은 알파벳을 왼쪽에서 오른쪽으로 써나간다. 반면 한글은 오른쪽으로 쓰다가도 중간중간 밑으로 내려 적어야 한다. 모음과 받침 때문이다. 그것은 기계식 한글 타자기 개발에 치명적 장애로 작용했다. 그래서 주시경, 최현배 같은 한글학자들은 한글도 서양 언어처럼 계속 오른쪽으로만 적을 것을 제안했다. '한글'을 'ㅎㅏ ㄴㄱㅡㄹ'로 적는 방식이다. 이를 '풀어쓰기'라 한다.

일제강점기에 외국 유학생이나 목사들이 서양의 타자기를 개조해서 보급한 '언문 타자기'와 해방 직후 미군정청이 보급한 미제 한글 타자기에 풀어쓰기가 적용되었다. 읽기가 힘들 뿐만 아니라 한자를 담을 수 없었다. 고민하던 정부는 '한글전용에 관한 법률'을 제정했다. 한자 사용을 포기하고 모든 공문서에 한글만 쓰도록 했다.

그런데 정부 부처마다 타자기 자판이 달랐다. 표준이 필요했지만, 문교부와 상공부가 서로 발을 빼고 모른 척했다. 결국 힘없는 과학기술처가 그 숙제를 맡았다. 담당 공무원은 한글 전문가가 아니었다. 낱자의 타자 빈도를 고려하지 않은 채 자음은 왼쪽, 모음은 오른쪽으로 몰아넣은 뒤 기계식 타자기 표준 자판을 정했다.

이듬해인 1970년 한글날 그것으로 '제1회 공무원 한글 타자 경기대회'를 열었다. 받침 자음 때문에 왼손을 쓰는 빈도가 훨씬 높다보니 오타가 많았다. 온 국민을 왼손잡이로 만든 그 표준 자판은 지금에 와서 바꾸기가 어렵다. 이런 진퇴양난을 경로 의존성이라고 한다. 현재의 의사결정이 과거에 지배받는 상황을 말한다.

1948년 10월 9일 '한글 전용에 관한 법률'이 제정되었다. 그 법은 2005년 국어기본법으로 대체되고, 담당 부처는 교육부에서 문화체육관광부로 변경되었다. 한글 타자기 자판과 달리 한글 담당 부처는 경로 의존성을 탈피했다. 하지만 어문정책을 학술과 교육이 아닌 문화로 접근하는 것은 이상하다. 문체부가 힘이 없어서 맡은 것이 아니기를.

● 토르데시야스조약

1494년 스페인과 포르투갈이 맺은 영토 분할에 관한 외교 협정. 서경 46도를 기준으로 동쪽은 포르투갈, 서쪽은 스페인이 점유한다는 내용이다. 그때까지 지구가 둥글다는 것은 알려지지 않았으므로 정확히 말하면, 서경 46도가 아니다. 포르투갈이 소유하는 북아프리카 서쪽의 카보베르데제도에서 서쪽으로 4800킬로미터가 기준이었다.

스페인과 포르투갈 사이에는 그전에도 영토 분할에 관한 협정이 있었다. 이른바 알카소바스조약인데, 그에 따르면 북위 26도 이남 지역은 스페인이 항해할 수 없고, 그 지역에서 발견되는 새로운 땅은 포르투갈이 갖기로 되어 있었다. 그런데 콜럼버스(원래 이탈리아인)가 스페인 배를 타고 도착한 곳은 분명 북위 46도 이남이었다. 이에 포르투갈이 항의하고 알카소바스조약을 대체할 새로운 조약을 요구했다. 당시에는 콜럼버스가 도착한 곳은 인도라고 알려졌던 터라 포르투갈은 인도산 후추를 확보하는 것이 목적이었다. 그래서 남북이 아닌 동서로 영토를 분할하고자 했다. 그때 남아메리카대륙이 얼마나 큰지는 전혀 상상하지 못했다.

토르데시야스조약은 오늘날 브라질은 포르투갈어, 남아메리카대륙 나머지는 스페인어를 쓰는 계기가 되었다. 이 조약은 1986년에 개봉된 영화 〈미션〉의 모티프이기도 하다. 영화에서 포르투갈 사람들은 토르데시야스조약에 따라 확보된 땅을 점령하기 위해 오늘날 브라질 지역의 원주민 과라니족을 야만적으로 학살한다.

디지털이라는 새로운 무대 ||||||||||||||||||||||||||||

결제와 결재의 차이

———

2020년 초 코로나19 바이러스 공포가 덮쳤을 때 박쥐가 바이러스의 숙주라는 소문이 돌았다. 그래서 박쥐 요리를 즐겨 먹는 중국인들을 원망의 눈으로 바라봤다. 중국에서 박쥐 거부감이 적은 이유는 박쥐를 뜻하는 편복蝙蝠이 '두루 복을 받는다'라는 뜻의 편복遍福과 빌음이 같기 때문이다. 박쥐는 나무나 천장에 거꾸로 매달려 사니 중국인들은 집안 곳곳에 복福 자를 거꾸로 써붙여놓고 복이 쏟아지기를 바란다.

편복蝙蝠을 편복遍福과 연결 짓는 것을 해음諧音이라고 한다. 해음은 발음을 이용한 '아재 개그'지만, 중국 문화를 이해하는 중요한 열쇠이기도 하다. 예를 들어 중국에는 새우 그림이 흔하다. 긴 수염 때문에 새우의 별명이 '바다 늙은이', 즉 해로海老인데, 해로偕老와 발음이 같다. 그래서 새우 그림은 부부 행복을 상징한다.

해음은 한국화를 이해하는 데도 중요하다. 예를 들어 게가 갈대를 물고 가는 그림은 장원급제를 상징한다. 갑甲옷을 입은 게가 갈대를 옮기는 모습(전로傳蘆)을 통해 과거시험 일등甲 합격자가 임금이 내린 축하 음식(전려傳臚)을 받아가는 영광을 기원한다. 하지만 게는 갈대를 물지 않는다.

백로와 연꽃 열매를 그린 그림도 마찬가지다. 백로 한 마리一鷺와 연과蓮果는 일로연과一路連科, 즉 과거시험 1차, 2차를 한 번에 통과하라는 말과 발음이 같다. 하지만 백로와 연꽃 열매는 동시에 볼 수 없다. 백로는 여름 철새고 연과는 늦가을에나 맺힌다. 현실은 상상과 다르다.

해음은 일상생활에서도 관찰된다. 식당이나 상점을 나올 때 종업원이 손님에게 "결제 도와드리겠습니다"라고 말한다. 높은 분이 결재決裁하듯 결제決濟해달라는 '아재 개그'다. 하지만 손님은 결제할 수 없다. 손님은 현찰이나 신용카드로 '지급'할 뿐이요, '결제'는 그뒤에 은행이 알아서 진행한다. 현실은 상상과 다르다.

은행업의 뿌리

닭이 먼저인지, 달걀이 먼저인지는 과학계의 오랜 논쟁거리다. 거기에 비하자면 돈이 먼저인지, 은행이 먼저인지는 굉장히 쉬운 문제다. 돈이 있어야 은행의 여수신 업무가 가능하므로 당연히 돈이 먼저다.

그러나 개혁을 할 때는 순서가 바뀐다. 화폐개혁에는 저항이 따르기 때문에 은행 개혁을 먼저 시도한다. 영국은 명예혁명 직후인 1694년 중앙은행부터 세우고, 화폐개혁은 2년 뒤에 단행했다. 미국도 1791년 중앙은행을 세운 뒤 이듬해에 화폐개혁을 실행했다. 일본은 1882년 일본은행을 세울 때 화폐개혁은 엄두조차 내지 않았다. 청일전쟁 뒤 중국에서 3800만 파운드의 금화를 배상금으로 받은 뒤에야 그것을 밑천 삼아 1897년 화폐개혁, 즉 금본위제도를 채택했다.

우리나라는 특이하게도 화폐개혁이 은행 개혁보다 빨랐다. 1894년 7월 갑오개혁 때 은본위제도를 선언했다. 그때 은행제도를 담당하는 은행국도 설치했지만 유명무실했다. 일본과 영국계 상업은행들이 1878년부터 부산, 원산, 인천, 서울 등에 진출해서 제멋대로 영업하는데도 그냥 방관했다.

한참 시간이 흐른 뒤 은행의 중요성을 깨달았다. 그때 러시아의 말을 듣고 중앙은행을 설립하려는데 영국에서 온 탁지부 재정고문

브라운이 가로막았다. 중앙은행이 생기면 국고금을 재량껏 꺼내 쓰던 탁지부의 권한(외획外劃)이 줄어들기 때문이다. 그래서 상업은행부터 세웠다. 1897년 2월 대조선은행(2년 뒤 한흥은행으로 개명)과 한성은행(훗날 조흥은행)이 출범했다. 그리고 여수신과 함께 회환匯換, 즉 송금 업무를 시작했다. 송금은 그때까지 듣도 보도 못하던 최첨단 금융 서비스였다. 백성들이 그 편리함에 감탄했다.

은행의 특징은 예금을 받고 대출하는 것이 아니다. 여수신 업무 정도는 마을금고도 한다. 은행업의 핵심은 송금이다. 시대에 따라 회환, 내국환, 지급결제라고도 불렀다. 요즘 핀테크 업체들이 그것에 도전한다.

한밤중에 음식 배달을 가능케 하는 수단

———

어음은 순우리말이다. 어험魚驗 또는 어음於音이라고 적기도 했지만, 베다(자르다)라는 뜻의 '엏'에서 나온 순우리말이라는 것이 정설이다. 한 장의 채무증서를 반으로 잘라 채권자와 채무자가 한쪽씩 나눠 가진 관습에서 '엏'이라는 어원과 이어졌다. 에누리의 '에(에다)'와 뿌리가 같다.

일본에서는 어음을 '데가타手形'라고 부른다. 채무자가 손바닥에 먹을 묻혀 어음 뒤에 손 모양手形을 남겼기 때문이다. 둘로 잘라 나뉘 갖는 한국의 '엎'이 융통(약속)어음이라면, 서양식 배서 절차가 강조된 데가타는 상업어음이다. 상업어음은 끊임없이 유통되는 반면, 융통어음은 그렇지 않다.

한마디로 말해서 우리나라의 '엎' 또는 어음은 차용증이라서 장롱 속에 깊이 숨었다. 서양과 달리 우리나라에 어음은 있지만 어음교환소가 없었던 이유가 바로 거기 있었다. 그런데 1910년 7월 서울에 어음교환소가 설치되었다. 일본이 조선 강점을 염두에 두고 구한국은행과 함께 설치한 핵심 금융 인프라였다. 어음교환소가 설립되자 상업어음이 유통되면서 상거래가 급격히 증가했다.

이후 어음부도율이 아주 오랫동안 시중 자금 사정의 온도계 역할을 했다. 부도율이 조금만 튀어도 정치권과 정부가 민감한 반응을 보이며, 이유를 캐묻고 대책을 요구했다. 정치권의 눈치를 살피는 한국은행은 타입대他入貸니, 일시대一時貸니 하는 이름으로 사실상의 숫자 조작을 통해서 가끔씩 부도율을 낮췄다.

하지만 외환위기 뒤에는 아무도 어음부도율을 신경쓰지 않는다. 상거래에서 어음이 사라졌기 때문이다. 요즘에는 어음 대신 스마트폰 앱으로 돈을 주고받는다. 그런데 스마트폰으로 돈을 주고받으려면(경우에 따라) 지문부터 입력해야 한다. '손 모양' 시대의 부활이다.

손 모양 시대에도 스마트폰과 앱은 지엽말단일 뿐이다. 디지털금융의 진짜 핵심 인프라이자 중추신경은 현대화된 어음교환소와 컴퓨터 설비다. 바로 금융결제원과 타행환공동망이다. 1989년 12월

16일 금융결제원의 타행환공동망이 개통되었다. 오늘날 '배달의민족'이나 '요기요' 등의 앱을 통해 한밤중에도 음식 배달을 가능케 하는 핵심 인프라다.

중앙은행은 최초의 핀테크

———

은행들이 해외 점포를 늘리는 데는 한계가 있다. 그래서 외국의 동업자를 찾는다. 국내 고객이 해외 송금을 의뢰하면 현지의 동업자가 대신 지급토록 부탁한다. 그 계약을 코레스correspondence계약이라고 한다.

은행의 해외 점포가 없었던 동양에서는 코레스계약이 굉장해 보였다. 국제 영업을 가능케 하는 요술방망이였다. 그래서 1882년 제정된 일본은행조례에는 "일본은행은 타 은행과 코레스계약을 체결한다"(제2조)는 것을 유난스럽게 강조했다. 지금의 한국은행법에도 똑같은 내용이 있다. 다른 나라 중앙은행법에는 없는, 유치하고 지엽말단적인 내용이다.

해외 송금과 달리 국내 송금에서는 동업자를 찾을 필요가 없다. 은행들끼리 정산할 돈을 한 군데, 즉 중앙은행에 맡겨두고 그것으로 결제한다. 그 돈을 지급준비금reserve이라고 한다. 중앙은행이 없던 시절 미국의 은행들은 지역별로 어음교환소를 세우고 거기에 지급준비금을 맡겼다. 1914년 이들을 모두 합하여 '전국 지급준비금 관리연합회National Reserve Association'를 세우려다가 연방준비제도, 즉 중앙은행을 만들었다. 지금 12개 지역 준비은행Reserve Bank들은 어음교환소이기도 하다.

미국 준비은행의 모델은 유럽에서 나왔다. 중세가 끝나고 상거래가 활발해질 즈음 베네치아의 레알토은행(1587년)과 암스테르담은행(1609년)이 등장했다. 이 은행들은 지급준비금을 받아 지급과 결제 업무만 담당했다. 그러다가 차츰 대출과 채권매매까지 업무를 넓히면서 중앙은행의 꼴로 진화했다.

흔히 중앙은행은 법화를 발행하는 기관으로 알려져 있지만, 그것은 20세기 들어서 굳어진 생각이다. 중앙은행이 법화를 발행하기 이전에는 이미 세상에 있던 돈을 모아서 보관하는 기관이었다. 중앙은행은 오늘날 고객들에게 미리 돈을 받고 송금 서비스를 제공하는 핀테크의 조상이다. 중앙은행업의 출발은 지급과 결제 업무다.

금융 약자를 배려하는 신종 서비스

———

미국 맨해튼 금융가에서는 하루에 5조 달러 이상의 자금이 컴퓨터를 통해 오간다. 그 과정에서 가끔 실수가 생긴다. 2020년 8월 시티은행 실무자가 8억 9400만 달러를 잘못 송금했다. 화장품회사 레

브론의 채권자들에게 한 달 치 이자를 뿌려주려다가 3년 치 이자를 한꺼번에 선지급했다.

채권자 대부분은 더 받은 돈을 돌려줬지만, 일부는 반환을 거부했다. 그 분쟁을 둘러싼 소송에서 법원이 상식을 깨고 피고측 손을 들어주었다. 시티은행이 설마 실수할 리 없으리라 믿어서 받은 돈을 이미 다른 데 썼다는 주장이 타당하다고 판단했다. "부당이익은 반환한다"라는 민법의 대원칙이 깨지자 시티은행이 항소했다. 2022년 8월 1심 판결이 뒤집혔다.

시티은행이 늦게나마 착오 송금한 돈을 되찾은 것은 기록 덕분이다. 어두운 택시 안이나 술집에서 실수로 고액권을 지급했을 때는 기록이 없어서 돌려받기 어렵다. 기록이 있더라도 송금한 금액이 소소하면 돌려받기 힘들다. 실수한 사람이 지레 포기하기를 바라며 반환을 거부하는 사람들이 꽤 많다.

디지털 금융이 발달한 우리나라는 착오 송금이 빈번하고 분쟁도 많다. 급기야 예금보험공사가 세계 최초로 그 문제를 해결하러 나섰다. 지금까지 6천여 명이 73억 원을 돌려받았다. 건당 120만 원꼴인데, 그 정도면 소소하지 않다. 2023년 봄 인천에서 개최된 아시아개발은행ADB 연차총회에서 한국 사례가 소개되자 외국인들이 비상한 관심을 보였다. 착오 송금은 다른 나라에서도 골칫거리이기 때문이다.

중앙은행디지털화폐 시대에는 착오 송금이 무시할 수 없는 사회

문제가 된다. 모든 거래가 기록되니 이론상으로는 잘못 보낸 돈을 돌려받기 쉬워지지만, 실수의 빈도는 훨씬 잦아진다. 노약자에게 그 실수가 집중된다. 디지털 금융의 완성은 거창한 것이 아니다. 송금은 편하게 하고, 실수는 빨리 복구하는 것이다. 실수와 약자를 고려하지 않는 기술 발전은 차갑다.

● 어음과 채권

어음(bill, note)과 채권(debenture, bond)은 모두 현찰을 빌리는 수단이다. 하지만 어음 특히 상업어음은 지급수단이고 채권은 투자수단이다. 이 차이가 매우 중요하다.

서양에서 어음은 투자와 생산 등 실물경제 활동의 부산물로 등장했다. 물건을 사는 사람이 파는 사람에게 장차 돈을 갚겠다고 약속하며 발행했다. 어음의 만기가 되기 전에 돈이 필요한 사람은 그 어음을 팔아서 현금을 조달한다. 그때 배서(endorsement)가 필요하다. 배서는 어음을 매도하는 사람이 어음 뒤에 기명날인하는 절차인데, 지급을 보증하는 효력을 갖는다. 어음이 부도가 나면 배서한 모든 사람이 연대책임을 진다. 채권에는 그런 절차가 없다. 채권 발행자가 파산하면 발행자와 마지막에 소유(투자)한 사람만 남는다.

요약하건대 배서는 상거래에서 출발하며 배서는 그 사실을 보증한다. 그래서 부분 배서가 없다. 모든 배서는 무조건적이며 부분 배서는 무효이다(어음법 제12조). 이는 전 세계의 공통된 규칙이다.

대부업이 금지되었던 서양에서 상거래에서 시작된 어음 거래는 합법이었던 반면, 이자소득을 목적으로 한 채권 거래는 불법이었다. 그래서 어음만 시중에서 유통될 수 있었다. 어음교환소는 있지만 채권교환소는 없는 이유가 거기 있다. 유통되던 어음의 만기가 돌아오면 그것을 가진 사람이 은행 창구에 제시하고 추심(推尋, collection)을 의뢰한다. 심부름을 시키는 것이다. 해당 은행은 어음을 어음교환소에 가져가서 발행자의 거래 은행에 제시하고 원금을 받아온다. 그것이 성공하면 결제되었다고 하고 실패하면 부도났다고 한다. 기업의 부도 뒤에는 은행과 어음교환소의 물밑 작업이 있다.

채권은 교환보다 보관이 중요하다. 우리나라에는 채권 보관을 전문으로 하는 한국예탁결제원이 있다.

8장
돈 그 이상의 것

희망이 없으면 인내할 수 없다 ||||||||||||||||||||

내구의 법칙

성경에서 숫자 '40'은 고난과 시험을 상징한다. 하느님은 40일 동안 비를 내려 땅을 씻었고, 이스라엘 백성들은 40년 동안 광야를 방황했다. 모세, 엘리야, 예수는 40일 동안 금식했다.

동양에도 고난과 시험을 상징하는 숫자가 있다. '19'다. 춘추시대의 문공文公은 아버지에게 미움을 받아 타국으로 쫓겨났다가 19년 만에 귀환해서 진晉나라의 왕이 되었다. 타향살이하면서 인재를 알아보는 눈을 키운 덕에 진나라를 중국에서 두번째 강대국으로 만들었다. 한漢의 장건張騫은 실크로드를 개척하기 위해 서쪽으로 나갔다가 흉노에게 붙잡혔다. 온갖 고난을 참으며 기회를 노리다가 19년 만에 탈출에 성공했다. 그리고 귀국해서 불후의 영웅이 되었다. 조선의 노수신盧守愼은 전남 진도에서 19년 동안 귀양살이하면서 문장을 갈고닦았다. 그것이 밑거름이 되어 훗날 좌의정, 우의정, 영의정을 섭렵했다.

동양에서 19년을 유달리 강조한 이유는 천체 운행과 관련이 있다. 천자문의 일곱번째 구절인 윤여성세閏餘成歲는 '윤달을 더해서 한 해를 완성한다'는 뜻이다. 음력의 1년(354일)은 양력의 1년(365일)보다 11일 정도 짧아서 가끔 윤달을 보태야 한다. 정확히는 19년 동안 일곱 번의 윤달을 끼운다. 동양의 우주관에서 19년이란 음력과 양력의 길이가 일치하여 완전함에 이르게 되는 기간이다.

조선 중기의 학자 유몽인은 19가 특별한 이유를 『주역』에서 찾았다. 『주역』의 논리 체계에서 짝수는 음, 홀수는 양을 의미한다. 19는 음의 끝인 10과 양의 끝인 9를 더한 우주의 극한이다. 그러니 젊은이들이 일단 일을 시작했으면 고난 앞에서 금방 포기하지 말고 19년 정도는 꾹 참고 견디라고 충고했다. 그것을 내구耐久라고 일컬었다.

백세 시대다. 지금이야말로 19년 정도의 내구가 필요하다. 19년은 오늘날의 '1만 시간 법칙'과도 통한다. 매일 90분씩 19년을 투자한다면.

희망이라는 항생제

어느 분야에나 유난히 부지런한 사람들이 있다. 『미국의 화폐사』를 남긴 경제학자 안나 슈워츠가 그렇다. 그는 다작으로 유명하다. 25세에 첫 논문을 발표한 뒤 2012년 97세로 죽을 때까지 글쓰기를 멈추지 않았다. 도대체 몇 편이나 썼는지 알 수 없다. 2024년 박사학위를 받은 사람이 그처럼 되려면 2096년까지 논문을 써야 한다.

철학자 레이먼드 스멀리언도 그 저서를 셀 수 없다. 그는 95세까지 바쁘게 글을 쓰다가 불현듯 자신의 죽음을 떠올렸다. 쓰고 있던 원고를 부랴부랴 정리해서 생의 마지막 저서를 발간했다. 그런데 기운이 약간 더 남았다. 남은 힘을 쥐어짜서 원고를 마무리한 뒤 미안하다는 말과 함께 진짜 마지막 책을 발간했다. 그리고 아홉 달 뒤 97세로 타계했다.

물론 그 반대도 있다. 소설가 제롬 샐린저의 경우 32세에 쓴 『호밀밭의 파수꾼』 외에는 잘 알려진 작품이 없다. 『앵무새 죽이기』로 유명한 하퍼 리도 첫 소설 이후로는 작품을 발표하지 않았다. 그들은 단 하나의 걸작 때문에 기억된다. 대중 가수로 치자면 소위 '원 히트 원더one-hit wonder'다.

경제학자 리처드 래드퍼드도 마찬가지다. 그는 대학생 때 제2차세계대전에 참전했다가 독일군에 붙잡혀 3년간 포로수용소 생활을 했다. 그 경험을 바탕으로 1945년 「포로수용소의 경제구조」라는 논문을 발표했다.

그 논문에 따르면, 포로수용소의 연합군 포로들은 담배를 화폐로 대용하면서 내부의 질서를 스스로 구축했다. 정부 없이 잘 굴러가는 시장경제 모델 그대로다. 그 논문에 만족한 국제통화기금이 그를 채용했다. 래드퍼드는 대학생 때 쓴 단 한 편의 경험담 덕분에 박사들이 즐비한 IMF에서도 평생 스타 직원 대접을 받다가 은퇴했다.

하지만 포로수용소 안에서 담배를 돈으로 쓴 것이 그다지 놀라운 일은 아니다. 전쟁중 폐쇄된 사회에서 엉뚱한 물건을 돈으로 쓴 사례는 옛날에도 많았다. 필요는 발명의 어머니 아닌가!

옛날 서양 전쟁의 전형적인 모습은 공성전攻城戰이다. 성과 요새를 담보로 한 싸움이다. 높은 성벽으로 둘러싸인 철옹성 앞에 도착한 공격군은 도랑부터 팠다. 성벽 위에서 쏟아지는 화살과 돌덩이의 공습을 피하기 위해서다. 그러므로 전투는 삽질로 시작됐고 그때부터는 시간 싸움이었다. 17세기 지중해 크레타섬에서 치러진 칸디아성 전투는 한자리에서 21년을 끌었다.

반면 공성전의 인명 피해는 적었다. 공격군이 어느 한곳을 집중 공격해서 마침내 수비가 뚫리면 곧장 살육전으로 돌입하지 않았다. 공격군은 성안을 향해 정중하게 항복을 제안하고 수비군은 대체로 이 제안을 따랐다. 이때의 항복은 수치가 아니라 더이상의 희생과 비용을 줄이기 위한 용단이자 적군과 주민을 향한 예의였다.

따라서 포위된 주민들은 공성전이 시작되더라도 크게 동요하지 않았다. 평상시 하던 일을 계속했다. 외부와 단절되는 것만 빼면 성안의 생활은 평온했다. 코로나19 바이러스가 창궐했을 때 각국 시민들이 침착하게 시간과 싸웠던 것과 똑같았다.

바깥 세계와 단절된 성안에서 맨 처음 발생하는 문제는 무기나 식량의 고갈이 아니었다. 금화나 은화가 자취를 감추는 화폐의 퇴장退藏이었다. 그래서 성주나 시장은 여러 가지 금속으로 조악한 주화들을 대충 만들어서 뿌렸다. 일종의 지역 화폐였다. 인쇄술 발명 이후에는 포위된 성안에서 지폐를 발행했는데 이를 봉쇄 지폐siege note라 한다.

전쟁중 지역 화폐 또는 봉쇄 지폐의 예는 많다. 네덜란드의 레이던, 이탈리아의 만토바, 독일의 콜베르크 등 유럽 지역뿐만 아니라 19세기에 들어서는 영국의 식민지 하르툼(수단)과 네덜란드의 식민지 마페킹(남아공), 심지어 오스만튀르크 제국에서도 발행되었다.

적군에게 포위된 지역의 봉쇄 지폐는 비공식 화폐라는 점에서 독일 포로수용소 안의 담배와 다르지 않다. 담배는 상품으로서 내재가치가 있지만 적군에게 포위된 지역의 봉쇄 지폐는 내재가치마저 없었다. 그렇다고 법화도 아니었다. 오로지 성주와 시장이 다스리는 시스템에 대한 주민들의 신뢰를 토대로 유통되었다.

이처럼 전쟁중의 작은 사회에서도 신뢰가 유지되었다. 그것이 지구전을 견딘 원동력이었다. 정치학자 프랜시스 후쿠야마는 사회 구성원 간의 신뢰가 국가 번영을 좌우한다고 단언한다. 그래서 신뢰가 사회적 자본임을 강조한다.

신뢰는 희망에서 나온다. 적군에 포위된 시민들이 절망감에 사로
잡혀 있었다면 봉쇄 지폐는 유통될 수 없다. 적군이 아닌 공포감의
포로가 되어 금화나 은화로 사재기를 하다가 시스템이 마비되었을
것이다. 공포감의 끝은 자중지란自中之亂과 자멸이다. 하지만 '큰 인명
피해 없이 봉쇄는 곧 풀릴 것이고 세상은 다시 정상이 된다'는 희망
과 여유가 있어서 봉쇄 지폐의 유통이 가능했다. 실제로 당시 유통
되던 봉쇄 지폐에는 '평화가 찾아오면 금화로 다시 갚겠다'는 지급인
의 약속이 적혀 있었다.

희망이 신뢰를 만들고 신뢰가 시스템을 굴러가게 만든다. 코로나19
때도 마찬가지였다. '큰 인명 피해 없이 위기는 곧 풀릴 것이고 세상
은 다시 정상이 된다'는 희망과 여유가 사회를 지탱했다. 바이러스의
공격 앞에서 희망이 곧 항생제였다.

바이러스를 이기는 법
—

2020년 2월 18일 대구에서 코로나19 확진자가 나왔다. 이른바
'31번 환자'다. WHO가 '우한폐렴'을 '코로나19'로 고쳐 부르며 인류
차원에서 전쟁을 선포하던 무렵이었고, 31번 환자는 집단감염의 첫
사례였다. 그때부터 검역과 거리 두기를 두고 공권력과 시민의 마찰

이 시작되었다.

검역과 거리 두기가 남의 일이라면 문제없다. 1878년 미국 미시시피강 하류에서 황열병이 유행했다. 높은 치사율에 당황한 연방정부는 입항을 제한하고 입국자를 격리하는 법을 만들었다. 신체 자유를 제한하는 법이었지만 그것에 항의하는 사람은 없었다. 스페인과 전쟁을 피해서 쏟아져 들어오는 쿠바 난민이 통제 대상이었기 때문이다.

그런데 1892년 콜레라와 1918년 스페인 독감처럼 유럽에서 건너온 전염병이 유행할 때는 미국 시민권을 가진 사람들이 통제 대상이었다. 그래서 연방정부의 검역 강화 조치에 저항이 컸다. "연방정부에 위임되지 아니하였거나, 각 주에 금지되지 않은 권력은 각 주나 국민이 보유한다"라는 수정헌법(제10조)을 내세워 주정부가 거칠게 항의했다. 결국 '외국에서 유입되는 질병'에 국한한다는 조건으로 1944년 연방정부의 검역에 관한 타협이 가까스로 이뤄졌다. 공중보건서비스법이다. 하지만 이미 전염병이 지나간 뒤였다.

검역은 성경에도 언급될 정도로 역사가 깊다. 이스라엘 유목민들은 낯선 곳을 다니다 예기치 못한 역병을 만날 확률이 높았기 때문이다. 아폴로 11호의 세 우주인도 1969년 달에서 귀환했을 때 88시간 동안 격리되어 검역을 거쳤다. 보카치오의 『데카메론』은 흑사병을 피해 스스로 교회로 숨은 건강한 남녀들의 이야기다. 14세기 중엽에도 자발적 거리 두기가 있었다는 말이다.

그러나 기분 나쁜 것은 어쩔 수 없다. 검역과 거리 두기의 필요성을 잘 알면서도 행동이 통제되면 기분 나쁘다. 생계가 위협받으면 더욱 그러하다. 공자는 "무항산 무항심"이라고 했다. 소득이 불안해지면 평정심을 잃는다. 코로나19 위기 당시 각국 정부는 시민들이 평정심을 잃지 않도록 소득을 보전하는 것을 주저하지 않았다. 그 바람에 재정 적자가 눈덩이처럼 커졌다.

신축년, 60년 만에 반복되는 저주를 풀다

———

우리말에 "신축년辛丑年에 남편 찾듯"이라는 표현이 있다. 사람이나 물건을 몹시 애타게 찾을 때 쓰는 말이다. 지독한 기근으로 식구들이 뿔뿔이 흩어져 생사도 모르던 1661년 신축년의 비극에서 비롯했다. 조선 현종(재위 1659~1674년)때 일이다.

현종의 시대는 정쟁으로 시작해서 정쟁으로 끝났다. 즉위하던 해와 승하하던 해 예송 논쟁이 일어났다. 현종의 아버지(효종)와 어머니가 죽었을 때 할머니(장렬왕후)가 상복을 각각 얼마 동안 입어야 하느냐를 두고 벌어진 권력투쟁이었다.

그사이의 10여 년은 유례없는 고난의 시기였다. 가뭄과 병충해, 기상이변, 전염병이 끊이지 않아서 수많은 사람이 죽어나갔다. 그 고난의 시작이 1661년 신축년이었다.

그 바람에 현종은 조선의 왕 중에서 유일하게 후궁이 없었다. 천재지변과 재난이 끊이지 않는데 왕만 혼자서 후궁을 맞이하는 기쁨을 신하들이 용납하지 않았다. 재난이 일상화됨에 따라 구호물자를 관리하는 진휼청賑恤廳이 상설 기구가 될 정도였다.

중국의 황제 강희제는 그런 조선을 한심하게 바라봤다. 상복을 몇 년 입느냐와 같은 공리공론으로 시간을 낭비하고 여론이 분열되는 것은 왕권이 허약한 탓이라고 생각했다. 그러므로 왕을 능멸하는 신하와 백성들이 하늘의 벌을 받는 것은 당연하다고 비웃었다.

그 무렵 영국에서는 전염병 때문에 왕권이 오히려 하늘을 찔렀다. 청교도혁명의 주역 크롬웰이 전염병으로 죽고 공화파가 흩어졌다. 그 틈을 타서 외국에 있던 찰스 2세가 귀국했다. 왕정복고에 성공한 찰스 2세는 과거사 정리에 돌입했다. 10년 전 자신의 아버지를 처형하는 데 앞장섰던 신하들을 하나하나 참수했다. 크롬웰의 유해는 부관참시했다. 1661년 신축년이었다.

하지만 찰스 2세도 재난에는 속수무책이었다. 공중위생이 지독하게 불량했던 런던에 1665년 흑사병이 창궐(런던대역병)했다. 그래서 시민의 10퍼센트가 죽었는데, 이듬해인 1666년에는 런던 시내에 큰 불(런던대화재)이 나서 템스강변이 숯덩이가 되었다. 나라 안이 이토록 어수선했으니 네덜란드와의 식민지 전쟁에서도 계속 졌다. 유일한 승리는 북아메리카 신대륙의 네덜란드 식민지였던 뉴암스테르담 지역을 빼앗아 뉴욕과 월스트리트라는 새 이름을 붙인 것이다.

찰스 2세의 뒤를 이은 제임스 2세는 과거사 집착이 더 심했다. 영국을 아예 종교개혁 이전의 가톨릭 세계로 돌리려다가 민심과 부딪쳤다. 결국 3년 만에 명예혁명으로 쫓겨났다. 그제야 영국이 과거에서 해방되어 미래를 보기 시작했다. 새로운 왕(윌리엄과 메리)은 중앙은행(영란은행)을 세워 금융제도를 근대화하고, 화폐개혁(1696년)을 단행했다. 물리학자 아이작 뉴턴의 지휘로 새로 발행된 파운드화는 19세기 말까지 확고한 기축통화의 자리를 지켰다.

그 무렵 조선도 마침내 자연재해와 전염병에서 벗어났다. 긴 고통에서 살아남은 사람들은 더 열심히 살았다. 1661년 신축년에 태어난 숙종이 왕위에 오르자 상공업이 눈에 띄게 발전했다. 곳곳에 시장이 형성되고 대외무역도 크게 늘었다. 상거래가 늘다보니 상평통보도 다시 발행되었다. 상평통보는 인조 때 시도되었지만, 백성들이 화폐 사용에 익숙지 않아서 곧 사라졌다. 그러나 숙종 때 다시 발행된 뒤부터는 고종이 폐기할 때까지 법화의 자리를 단단히 지켰다.

고종이 상평통보를 폐기한 것은 서양처럼 금본위제도를 채택하고 중앙은행(대한중앙은행)을 설립하려고 했기 때문이다. 그 계획은 1901년 신축년에 선포되었는데 결국 실패로 끝났다. 한국에 진출한 일본제일은행이 사제私製 지폐를 유통시키면서 조직적으로 방해했기 때문이다. 60년 뒤인 1961년 신축년에는 군사정변으로 헌정질서가 중단되기도 했다.

고난과 실패와 충격의 그 신축년이 2021년 다시 찾아왔다. 때마친 코로나19라는 유례없는 역병이 기세를 떨쳤다. 하지만 결국 극복했다. 그것도 아주 잘. 우리 세대가 그 힘든 일을 잘 겪어냄으로써 장차 후손들은 새로운 속담을 듣게 될 것이다.

"신축년에 일 풀리듯!"

농지개혁의 갈림길

개혁이 혁명보다 파괴력이 작다는 생각은 틀렸다. 농업 기술과 생산성 향상을 '농업혁명'이라고 부르고, 농촌을 둘러싼 사회 변화를 '농지개혁'이라 부른다. 농지개혁은 농업혁명보다 절대 파급력이 작지 않다.

15세기 이전 유럽 인구의 대부분은 태어난 곳에서 평생을 살면서 영주의 명령에 따라 농사를 짓고 숙식을 해결했다. 그런데 '매뉴팩처'라는 공장형 일자리가 등장하면서 인구 이동과 더불어 영주-농노 관계가 해체되었다. 영주는 지주landlord가 되어 임대료를 받고, 도시로 떠나지 않은 농노들은 농업 노동자tiller가 되어 임금을 받았다. 그들 사이에 차지농借地農, socman이라는 새로운 계급이 등장했다. 지주에게 땅을 빌려 농장을 운영하는 경영인이다. 차지농 세력이 커져서 1832년 마침내 선거권까지 획득했다. 그런 과정 속에서 자본주의가 싹텄다.

자본주의는 종교, 직업 선택, 거주 이전, 계약의 자유 등 중요한 원칙의 틀 속에서 천천히 진화했다. 공산주의는 달랐다. 노동자가 생산수단을 지배한다는 목표가 모든 원칙을 압도하며 돌진했다. '토지(농지)개혁'이라는 이름으로 소비에트가 지주의 땅을 몰수한 것이 시작이었다.

해방 직후에는 북한도 급격한 변화를 피하려고 했다. 지주와 소작농이 수확물을 3대 7의 비율로 나눠 갖는 '3·7제'를 통해 지주계급과 타협했다. 그런데 조선건국준비위원회 위원장 조만식의 인기가 치솟자 김일성이 초조해졌다. 1946년 3월 돌연 3·7제를 폐기하며 소비에트식 토지개혁으로 급선회했다. 무상몰수, 무상배분 방식으로 치러진 김일성 정권의 토지개혁은 매우 폭력적이었다.

반대로 남한은 신중했다. 유상매입, 유상배분이라는 자본주의 원리를 충분히 살리면서 아주 느리고 조심스럽게 진행했다. 1948년 8월 헌법에 경자유전의 원칙land to the tillers을 담고, 1949년 6월 21일 농지개혁법을 제정했다. 사회의 기본 골격을 바꾸는 그 개혁은 1960년대 초까지 더디고 힘들게 진행되었다. 역사적 소임을 마친 농지개혁법은 1996년 농지법으로 대체되었다. 남의 재산을 빼앗는 개혁은 쉽다. 조금씩 양보하며 다 함께 전진하기가 훨씬 어렵다.

너무 느려도 너무 빨라도 안 좋다

———

재정정책은 내로라하는 경제학자들이 가장 쉽게 사상 전향하는 분야다. 경제학의 원래 이름이 정치경제학이었고 현실 정치와 가장 관련이 깊은 것은 재정정책이기 때문이다. 재정정책이 아니더라도 경제학에서 정치색을 완전히 지우기는 어렵다. 1982년 노벨경제학상을 받은 미국 시카고대학교의 조지 스티글러 교수는 "경제학을 연구하다보면 자연히 정치적으로 보수가 된다"라고 고백했다. 그가 말하는 보수란 미국 공화당이 추구하는 가치관을 말한다. 스티글러 교수가 속한 시카고학파는 실증 분석에 주력하면서 작은 정부를 지향한다.

영국 경제학계의 분위기는 다르다. 실증 분석보다는 가치판단을 중시한다. 예를 들어 경제학과 학생들이 수업 시간에 존 롤스의 『정의론』을 읽으며 토의한다. 영락없는 정치학과의 모습이다. 그래서 소득 불평등과 경제 정의를 상대적으로 중시한다. 제임스 멀리스(1996년 노벨경제학상 수상), 아마르티아 센(1998년 수상), 앵거스 디턴(2015년 수상) 등 영국 케임브리지대학교 출신 교수들이 분배론에서 단연 두각을 보이는 것도 이 때문이다. 영국 경제학계는 가치판단을 외면하며 작은 정부에 집착하는 미국의 학풍을 비정상으로 본다. 그런 점에서 영국 경제학은 진보적이다.

잘 알려진 대로, 글로벌 금융위기 이후 전 세계적으로 소득 불평

등에 관한 관심이 높아졌다. 그렇게 두꺼운 피케티의 『21세기 자본』이 베스트셀러가 된 것이 그 예다. 그러면서 실증 분석 위주의 미국식 주류경제학이 경제학의 전부가 아니라는 쪽으로 분위기가 변했다. 노벨경제학상도 분배, 빈곤, 여성 등 비주류 분야 연구자에게 돌아가고 있다.

흔히 진보나 좌파라고 하면 '급진'과 '포퓰리즘'을 떠올린다. 현실보다 이상을 추구하기 때문이다. 이상을 추구하더라도 속도 조절을 잘해야 진보와 좌파가 생존할 수 있다. 그런 점에서 영국의 진보 진영은 성공했다. 페이비언협회Fabian Society 덕분이다. 1884년 진보적 지식인들이 주축이 되어 구성한 이 협회는 오늘날 영국 노동당의 정강을 제공한 것으로 유명하다. 페이비언협회는 서두르지 않는 전술인 지구전으로 유명한 로마의 파비우스 장군을 모델로 삼고 완만한 사회변혁을 추구했다. 그럼으로써 자본주의의 모순이 곪아가던 영국 사회를 지속 가능하도록 변화시키는 데 크게 기여했다.

미국의 뉴딜정책도 마찬가지다. 오늘날 우리나라에 태극기 부대가 있듯이 대공황 때 미국에는 급진 포퓰리스트들이 많았다. 휴이 롱과 찰스 코글린이 대표적이다. 상원의원 휴이 롱은 국민을 흙수저와 금수저tramps and millionaires로 나누고, 흙수저의 대변인을 자처한 흑백론자였다. 좌파 방송인으로 이름을 날렸던 찰스 코글린은 "대공황은 금융업자들의 음모"라면서 미 연준의 국유화를 주장했다. 롱과 코글린은 부유세 신설, 상속 금액 제한, 전면적 연금제도와 무상교육 실시 등 달콤한 정책으로 대공황에 지친 유권자들을 유혹했다.

그들 눈에는 뉴딜정책이 너무 미적지근했다. 서민을 앞세워 당선된 루스벨트가 변절했다면서 그를 수구 꼴통으로 몰아세웠다. 하지만 루스벨트는 그들과 선을 그었다. 일부 지지자들이 돌아서는 위험을 감수하고 개혁의 속도를 조절했다. 그 덕에 대통령 선거에서 세 번 더 당선되었다.

우리 사회에서 변화와 개혁이 필요한 분야는 많다. 국민연금뿐만 아니라 노동, 교육, 분배 등 골치 아픈 분야가 눈앞에 널려 있다. 그렇지만 용기를 내어 전진해야 한다. 특히 분배 문제가 중요하다. 영화 〈기생충〉 열풍이 보여주듯이 소득 불평등은 이제 세계인이 공감하는 주제가 되었다. 그러나 변화가 감당할 수 없이 빨라서도 곤란하다. 커다란 변화를 불러오는 진보적 정책일수록 급진적이지 않아야 성공할 가능성이 커진다. 페이비언협회와 뉴딜정책의 성공 비결이 바로 거기에 있다.

● 페이비언협회

1884년 영국의 진보적 지식인들이 설립한 점진적 사회주의 단체. 오늘날 영국 노동당의 기초가 되었으며, 인도의 독립 등 외교정책에도 깊은 영향을 끼쳤다.

조지 버나드 쇼, 버트런드 러셀, 존 메이너드 케인스, 시드니 웨브, 비어트리스 웨브 등 당대의 저명한 저술가, 학자, 명망가 들이 참여했다. 그들은 혁명적인 변화보다는 점진적인 개혁을 통한 사회변혁을 추구했다. 그래서 지연전술로 유명한 고대 로마의 파비우스 막시무스 장군의 이름을 내걸었다. 파비우스는 카르타고의 한니발 장군이 침입했을 때 전면전을 피하고 지구전을 펼침으로써 원정 온 한니발을 괴롭혔다.

● 뉴딜정책

대공황이 한창이던 1933년 취임한 미국 프랭클린 루스벨트 대통령이 집권 1, 2기인 1933년부터 1938년까지 추진했던 일련의 정책. 경제 구조조정과 활성화를 목적으로 했다. 즉 달러화 약세와 수출 증진을 위한 금본위제도 중단, 영리기업 지원을 위한 연방준비제도법 개정, 은행 파산에 대응하기 위한 예금보험제도 도입, 일자리 창출을 위한 테네시강 유역 개발공사 설립, 농축산물 생산과 가격의 통제, 노동자의 단결권과 단체교섭권을 보장한 전국노사관계법 제정, 취약 계층 보호를 위한 사회보장법 제정 등 셀 수 없이 많은 정책으로 구성되어 있다.

영국의 경제학자 케인스의 제안에 따라 당시 최대 현안이던 유효수요 창출에 초점을 맞춘 것으로 평가된다. 그러나 당대에는 야당인 공화당은 물론 민주당 안에서도 지나치게 급진적이고 사회주의적이라는 비판이 많았다. 일부 정책은 전임자 허버트 후버 대통령이 이미 계획했던 것이고 일부는 위헌 시비 등으로 계획이 축소되기도 했다. 미국의 국가부채가 급증하는 단초이기도 하다.

진짜 소중한 것은 돈으로 살 수 없다 ‖‖‖‖‖‖‖

대한민국의 주인

———

월드컵 대회에서 프랑스 대표팀은 마치 중동이나 아프리카의 어느 팀 같았다. 백인 선수들이 별로 눈에 띄지 않았다. 혈통을 중시하는 속인주의가 아니라 출생지를 중시하는 속지주의에 따라 국적을 부여했기 때문이다. 자유와 평등을 강조하는 프랑스혁명의 결과다.

국적은 바꿀 수 있다. 프랑스와 미국은 그것을 자연화naturalization라고 부른다. 장소, 즉 자연환경이 사람의 정체성을 결정한다는 속지주의가 물씬 묻어나는 표현이다. 반면 동양에서는 국적변경을 귀화라고 부른다. '왕의 어진 정치에 감화되어 그 백성이 된다'는 뜻을 담고 있다. 봉건시대의 흔적이다.

대한제국은 외국인의 귀화는 받아주면서도 우리 백성이 자발적으로 왕의 통치를 벗어나는 것은 허락하지 않았다. 국적이탈을 반란이나 절도에 준해서 처벌했다. 일본이 그 점을 악용했다. 일본인은 물론이고 대만이나 사할린 현지인들에게도 희망에 따라 국적변경을 허용했지만 조선인은 예외로 두었다. 대한제국 시절부터 국적변경의 자유가 없었으니 일본의 신민이 된 뒤에도 마찬가지라고 우겼다. 조선인은 한반도건, 일본이건, 만주국이건, 미국이건 어디를 떠돌더라도 일본의 손아귀에 두겠다는 의도였다.

민주국가에서 국적은 의무가 아닌 권리다. 세계인권선언은 "모든 사람은 국적에 대한 권리를 가진다"(제15조)는 점을 명문화했다. 그 정신에 따라 우리나라에서도 국적법이 제정되었다. 1948년 12월 20일이다. 그런데 국적법을 만들면서 오래 묵혀두었던 원초적인 의문이 돌출되었다. 몇 달 전 대한민국 헌법을 만든 사람들의 국적은 도대체 무엇이었느냐는 것이다.

초대 법무장관 이인이 답했다. "결국 8·15 이전에도 국가가 있었다고 생각합니다. 우리는 오래전부터 정신적으로 국적을 가졌습니다." 일본의 강점을 견디며 단절 없이 존재해온 한민족의 국가가 우리 마음속에 있었다는 선언이었다. 그렇다. 대한민국은 불굴의 민족정신에서 출발했다.

말단 은행원의 독립운동

———

영국의 언론인 월터 배젓은 "은행원은 놀고먹는 사람들이다. 그들이 바쁘면 뭔가 잘못된 것"이라고 말했다. 놀고먹지는 않더라도 은행원의 일이 단조롭기는 하다. 매일 똑같은 일의 반복이다.

시인 T. S. 엘리엇도 은행원 생활이 너무 단조롭다고 느꼈다. 하지만 제1차세계대전중이던 1917년 돈이 필요한 나머지 로이드은행에 취직했다. 그러자 그의 친구들이 돈을 모아 그를 탈출시켰다. T. S. 엘리엇에게 은행이란 문학성을 말라죽게 만드는 '황무지'였기 때문이다.

19세기 말 케네스 그레이엄은 월급을 많이 주는 영란은행을 떠나지 않았다. 자신의 글솜씨도 숨겼다. 총재 비서실장으로 정년퇴직한 뒤에야 『버드나무에 부는 바람』이라는 책을 발표했다. 앞을 못 보는 아들에게 들려주려고 쓴 글들을 묶은 이 책은 지금도 전 세계가 사랑하는 영미권 최고의 동화다.

일제강점기 조선은행에도 숨은 작가가 있었다. 강경상고를 수석으로 졸업한 박용래였다. 그에게도 은행원 생활은 맞지 않았다. 더구나 해방 직전의 조선은행은 놀고먹기는커녕 철야 작업을 밥먹듯 하는 곳이었다. 감수성이 예민한 18세 문학 소년에게 일상의 고단함을 잊는 유일한 즐거움은 시상詩想이었다. 거기서 나온 것이 「저녁 눈」을 포함한 주옥같은 시들이다. 요즘 국어 교과서에 실려 있다.

조선은행은 두둑한 월급 때문에 선망의 직장이었다. 하지만 엔벤

룽징촌 출장소의 전홍섭은 월급보다 독립에 관심이 많았다. 김좌진 장군에게 군자금을 실은 열차의 도착 시간을 알렸다. 극비 정보를 접수한 김좌진 장군은 그 열차의 현금을 탈취하여 무기를 마련하고 청산리전투를 승리로 이끌었다. 그러나 전홍섭은 체포되어 옥고를 치렀다. 1920년에 있었던 그 사건이 영화 〈좋은 놈, 나쁜 놈, 이상한 놈〉의 소재였으며 지금 룽징에는 옌볜 현금 탈취 사건을 기리는 기념비가 있다.

고리타분한 은행원이 마음먹기에 따라 작가도, 독립운동가도 되었다. 그들을 기억한다면 환경을 탓할 이유가 없다.

팬데믹도 못 말린 독립 열기

———

코로나19 바이러스의 발원을 밝히려는 세계보건기구WHO의 조사가 2023년 실패로 끝났다. 중국의 협조 거부 때문이다. 이제 진실은 알 길이 없다. 중국이 생물학 무기로 개발했던 바이러스가 유출되었다느니, 인구 폭발 억제를 위한 거대한 계획이었다느니 하는 음모론만 남는다.

희생자 수에 관한 한 흑사병에 비할 만한 재앙은 없다. 흑사병은 여러 세기에 걸쳐 유럽 인구 1억 명 이상을 사망케 했을 것으로 추정된다. 급격한 인구 감소는 세상의 질서를 바꿨다. 노동력이 귀해지면서 조금이라도 대접이 나은 곳을 찾아 인구가 이동했다. 코로나19 이후 각국에서 벌어지는 '대퇴사great resignation' 또는 '조용한 퇴사silent quitting' 현상과 비슷했다.

인구 이동은 새로운 도시와 장터의 출현으로 이어졌다. 장터에서 벌어지는 상거래와 무역의 확대는 생산과 자금 회수 간의 시차를 벌렸다. 그 간격을 메우기 위해 어음 거래가 늘어나고, 어음을 취급하는 금융업자들이 부상했다. 세속의 힘이 세지는 만큼 종교의 힘은 줄었다. 노스트라다무스는 흑사병 희생자의 시신을 처리하던 장의사였는데, 감히 예언자 행세를 했다. 하지만 권위를 잃은 교회는 그를 처벌하지 못했다.

동시다발적으로 환자가 발생한 흑사병은 정확한 전염 경로를 알기 힘들다. 20세기 초 스페인 독감도 마찬가지다. 당시 제1차세계대전에 뛰어든 나라들이 보건에 신경을 쓸 겨를이 없었던 반면, 참전하지 않았던 스페인은 그 팬데믹을 착실하게 기록했다. 그 바람에 '스페인 독감'이라는 이름이 붙었지만, 스페인은 발원지가 아니다.

1918년 3월 8일 스페인에서 첫 독감 환자가 보고되었다. 그 소식을 몰랐던 조선인들에게 '무오년 독감'은 청천벽력이었다. 사망자가 너무 많아 추수를 포기했고, 우편배달도 중단했다. 극도의 공포 속에서 양치질과 냉수마찰로 독감이 예방된다는 뜬소문이 돌았다. 그런데도 독립 의지는 꺾이지 않았다. 무오년 이듬해인 기미년 3월 1일 전국에서 "대한 독립 만세!" 함성이 울렸다.

금 모으기와 금 보관하기

외환위기의 기억은 모든 사람에게 스산하다. 그래도 한 가지 훈훈한 기억이 있다. '금 모으기 운동'이다. 1997년 말 외환위기를 실토하는 김영삼 대통령의 특별 담화가 발표되자 온 국민이 발 벗고 나섰다. 집안의 금붙이를 외국에 팔아서 그 돈으로 부족한 달러를 메꾸자는 시민운동이 시작되었다.

"쌓아두면 먼지가 서 말, 꺼내 팔면 달러가 서 말"이라는 현수막을 걸어두고 은행들이 국제 시세로 금을 매입했다. 은행 창구 앞에는 장롱 속에 두었던 돌반지를 팔려는 국민들이 긴 줄을 섰다. 전국 가구의 23퍼센트인 349만 명이 그 운동에 동참하여 석 달 동안 225톤의 금을 모았다.

그렇게 모은 금은 효자였다. 그 금을 외국에 팔아서 벌어들인 18억 달러는 극심한 외환 가뭄 해소에 단비가 되었다. 팔지 못한 나머지 금은 한국은행이 사들였다. 그때까지 한국은행이 가진 금은 4톤밖에 없었지만 한꺼번에 3톤을 더 늘렸다.

한국은행은 금을 사는 것보다 보관하는 것이 더 힘들다. 최고로 안전한 지하 금고를 갖고 있지만 그것으로도 안심하지 못한다. 한국전쟁 당시 금 0.2톤과 은 16톤을 공산군에게 빼앗긴 경험이 있기 때문이다.

1968년 무장공비가 서울까지 침투했을 때 한국은행은 금괴를 저

멀리 부산으로 옮겼다. 그런데 1983년 부산 다대포에 무장공비가 나타나자 이번에는 대구로 옮겼다. 외환위기 직후 3톤의 금을 매입했을 때는 어디에 보관할지 고민하다가 미국으로 보냈다. 내친김에 나머지 금 4톤도 마저 보냈다. 이후 국내에는 한국은행의 금은 1그램도 남아 있지 않다.

스위스는 좀 다르다. 금은 국내에 두어야 더 안전하다고 믿는 사람들이 많다. 그 때문에 국론이 분열되기도 했다. 스위스 중앙은행이 해외에 맡긴 1천 톤의 금을 국내로 갖고 오자는 제안을 두고 2014년 국민투표까지 치렀다. 금은 있으나 없으나 고민거리다. 하지만 없었을 때 온 국민이 보여준 모습은 오래오래 기억할 거리다.

포클랜드전쟁의 교훈

———

영국은 아주 사소한 일로도 잘 싸운다. 영국 소설가 조너선 스위프트의 결론이다. 잘 알려진 『걸리버 여행기』에서 소인국 사람들은 나라 안에서는 당파 싸움을 벌이고 밖에서는 이웃나라와 전쟁을 한다. 18세기 초 영국의 모습이다.

소인국 사회는 높은 굽을 신은 사람들과 낮은 굽을 신은 사람들로 쪼개져 있다. 청교도 중심의 휘그파와 성공회 중심의 토리파 사이의 끝없는 정쟁에 대한 풍자다. 삶은 계란의 뾰족한 쪽부터 먹느냐, 둥근 쪽부터 먹느냐를 두고 이웃나라와 전쟁을 벌인다. 프랑스와 툭하면 황당한 이유로 전쟁하는 세태를 비꼬는 비유다. 그런 소인배들의 나라가 영국이라는 것이 스위프트의 작심 비판이다.

20세기 말 영국은 또다시 사소한 것을 두고 전쟁을 치렀다. 적도와 대서양 건너 1만 5천 킬로미터나 떨어진 아주 작은 섬을 두고 아르헨티나와 충돌했다. 1982년 포클랜드전쟁이다.

1981년 영국 정부는 인기가 없었다. 고질적인 스태그플레이션 퇴치와 재정 적자 축소를 위해 대처 수상이 초긴축 정책을 편 탓이다. 북해산 원유와 은행예금에도 세금을 신설하고 소득세 면제 기준은 대폭 낮췄다. 국민들의 불평이 사방에서 터지고 수백 명의 경제학자는 대처리즘에 반대하는 성명서를 발표했다.

국민에게 인기가 없기는 아르헨티나 군사정부도 마찬가지였다. 1976년 이사벨 페론 대통령을 축출하고 집권한 군부는 정통성과 능력 모두 없었다. 폭등하는 물가와 외채는 못 잡으면서 민주화 요구 시위는 힘으로 때려잡았다. 반체제 인사 수천 명을 몰래 납치해서 죽이기도 했다. 이른바 '더러운 전쟁'이었다.

그나마 이권 문제를 두고 쿠데타 세력 사이에 분열까지 생겼다. 1981년 12월 아르헨티나의 갈티에리 장군이 군 선배를 구금하고 새 대통령에 올랐다. 별다른 통치 이념도 없었으므로 엉뚱한 일로 국민들의 관심을 돌렸다. 아르헨티나 코앞의 포클랜드섬을 영국으로부터 찾아오는 것이었다. 영토 분쟁이 시작되고 전쟁 분위기가 조성되면

독재 타도를 외치는 시위는 자연스럽게 사라진다는 계산이었다.

그런 전략이 처음은 아니었다. 1976년 쿠데타 직후에도 군부 세력은 내부 결속을 위해 이웃나라인 칠레를 상대로 비글섬 분쟁을 벌였다. 그때는 교황청의 중재로 전쟁을 피했다. 갈티에리는 이번에도 그리리라고 믿었다. 섬을 무력으로 점령하더라도 지구 반대편의 쓸모 없는 섬을 위해 영국이 당장 파병하지는 않을 것이라고 확신했다.

오산이었다. 영국의 대처 수상은 재정 적자를 우려하는 내각의 반대를 무릅쓰고 억류된 국민과 영토 수호를 위해 127척의 배를 급파했다. 막상 전쟁이 시작되자 재정 적자 타령은 사라졌다. 국제사회에서 아르헨티나 독재 정권 편을 드는 나라도 없었다. 개전 75일 만에 아르헨티나가 깨끗이 항복했다.

아르헨티나의 충격은 컸다. 군 출신의 대통령이 시작한 전쟁에서 힘 한번 못 써본 채 패전하고 국제사회의 제재로 경제난까지 심해지자 국민들의 분노가 폭발했다. 대통령은 즉각 사임하고 군부는 몰락했다.

영국도 큰 비용을 치렀다. 12억 파운드(7억 달러)의 비용 외에 장병 255명과 전투함 6척을 잃었다. 그러나 얻은 것도 있었다. 엔드루왕자는 공군 파일럿으로 참전하여 자신의 헬기로 적군의 미사일을 유도하는 목숨을 건 임무를 자처했다. 징집을 피해 외국으로 달아난 아르헨티나 지도층의 자식들과 확연히 달랐다. 노블레스 오블리주는 왕실에 대한 존경심을 한껏 높였다. 국민들의 자긍심도 커졌다.

가장 크게 덕을 본 사람은 대처 수상이었다. 내각의 반대를 뚫고 영토 수호 의지를 관철시킨 그녀에게 '철의 여인'이라는 별명이 붙었다. 그동안의 반대 여론은 사라지고 10년 장기 집권의 길이 열렸다.

　세상에는 돈으로 살 수 없는 것이 있다. 학원 강사에게는 돈으로 사례하지만 인생의 스승에게는 돈으로 존경심을 갚지 않는다. 진짜 소중한 것은 돈으로 살 수 없다는 말이다. 영토 수호 의지와 노블레스 오블리주가 그러하다.

값을 매길 수 없는 우정 |||||||||||||||||||||||||||||||

인류의 미래를 걱정한 두 사람
—

조폭과 '일진'만 뭉쳐 다니는 것은 아니다. 지성인들도 몰려다닌다. 옛날이나 지금이나 미국 프린스턴대학교 고등연구소는 천재들이 몰리는 곳으로 유명하다. 7장에서 소개했듯이 20세기 초에는 아인슈타인, 폰 노이만, 괴델, 오펜하이머 등 전공 분야를 딱히 가르기 힘든, 전설적인 천재들이 프린스턴대학교 고등연구소에 뭉쳐 있었다.

과학계의 대표적인 '일진'은 솔베이회의다. 물리와 화학을 연구하는 학술회의로 1911년 첫 회의가 열린 뒤 지금까지 계속되고 있다. 그중에서 1927년 10월 브뤼셀에서 열린 제5차 회의는 과학사의 전설이다. 알베르트 아인슈타인, 닐스 보어, 막스 플랑크, 마리 퀴리 등이 모여서 그 무렵 막 뚜껑이 열린 원자의 세계에 대해 뜨겁게 토론

했다. 양자역학의 출발점이 된 그 모임의 참석자 29명 중 17명이 노벨상을 받았다.

과학자들이 연구실에서 소신을 지킨다면 철학자들은 연구실 밖에서 소신을 실천한다. 버트런드 러셀은 평생 시민운동에 매달렸다. 핵무기 개발을 반대하는 시위를 벌이다가 유치장에 갇히기도 했다. 노벨평화상까지 받은 89세 노인이 '사회 평화를 깨뜨린' 혐의로 구금된 것은 아이러니다.

러셀의 시위는 1954년 남태평양 비키니섬에서 실시된 미국의 수소폭탄 실험 때문이다. 미소 냉전이 심각하게 전개되던 때인데, 그쯤 되자 행동파 러셀은 물론이고 정치에 무관심한 아인슈타인도 인류의 미래를 걱정하지 않을 수 없었다. 두 사람이 손을 잡고 핵무기 제조 중단과 핵의 평화적 사용을 촉구하는 선언문을 작성했다.

1955년 7월 9일 러셀과 아인슈타인이 공동선언문을 발표했다. 그 선언문에 서명한 11명의 '일진' 중에서 9명은 이미 노벨상 수상자였고 1명은 나중에 노벨평화상을 받았다. 그 석학들의 경고가 1963년 핵실험금지조약과 1968년 핵확산방지조약의 밑거름이 되었다. 조폭이 뭉치면 범죄를 일으키고 지성인이 뭉치면 역사를 일으킨다.

우정은 어려울 때 빛난다

—

2020년 코로나19 사태가 시작된 직후 여야는 긴급재난지원금 지급 기준을 두고 힘겨루기를 했다. 긴급재난지원금의 원형은 기본소득이다. 국민의 기본권으로서 국가가 국민에게 지급하는 현금이다. 그 아이디어는 500년 전 토머스 무어가 『유토피아』에서 처음 꺼냈다.

19세기 초 영국의 윌리엄 피트 수상은 저소득층에게만이라도 이를 실현하려고 했다. 가족 수에 따라 빈민 구호 수당을 지급하는 빈민구제법을 추진했다. 지속적인 경제성장을 위해서는 노동인구의 보호와 확대가 필요했기 때문이다.

그런데 토머스 맬서스가 찬물을 끼얹었다. 『인구론』을 통해서 폭발적 인구 증가가 가져올 암울한 미래를 경고한 것이다. 노동인구의 보호는커녕 줄이는 것이 정답이라는 말이었다. 그 책을 읽은 피트 수상은 빈민구제법을 깨끗이 포기했다.

맬서스 자신은 농담을 잘하는 쾌활한 사람이었다. 자식을 셋이나 두어 인구 증가에도 기여했다. 그래도 그의 책을 읽은 독자늘은 기분 나쁠 정도로 재수없는 예언 때문에 그를 아주 혐오했다. 낭만파 시인 바이런은 그를 조롱하는 시를 짓기도 했다. 맬서스는 죽을 때까지 자기는 악마가 아니라며 해명하고 다녀야 했다.

당시 맬서스를 비판하던 사람 중에는 데이비드 리카도도 있었다. 리카도는 출신 성분부터 맬서스와 맞지 않는 사람이었다. 맬서스는 유서 깊은 가문에서 태어나 엘리트 교육을 받고 자랐으며, '경제학 교수'라는 직함을 최초로 가졌던 사람이다. 반면, 리카도는 유대인 이민자의 아들로 태어나 정식 교육을 받지 못했다. 열네 살 때 아버지 직장에 뛰어들어 유대인 주식 중개인 틈에서 실전을 통해 투자 기법을 익혔다. 타고난 천재성에 힘입어 이십대 초반에 큰돈을 벌어 빈둥거리며 놀다가 우연히 애덤 스미스의 『국부론』을 읽었다. 27세 때부터 경제학을 독학했다.

강단학자 맬서스와 재야학자 리카도는 여러 문제에서 대립했다. 그들이 다툰 주제의 하나가 공황이다. 타고난 비관론자인 맬서스는 언젠가 공황이 오리라 예측했고, 리카도는 공급은 항상 수요와 일치하므로 공황은 없으리라고 주장했다.

어느 날 맬서스가 앙숙 리카도에게 편지를 썼다. 한번 만나서 이야기나 나눠보자고 제안했다. 그렇게 만난 두 사람은 의외로 바로 친구가 되었다. 출신 성분과 생각은 달랐지만 치열한 토론 과정에서 서로 배우는 것이 많았기 때문이다. 돈 많은 리카도는 죽을 때 세 명에게 유산을 남겼는데 그중 한 명이 맬서스였다. 맬서스는 눈을 감을 때 "가족을 빼고 내 일생에서 그토록 사랑했던 사람은 없었다"라며 리카도를 그리워했다. 두 사람의 끝없는 논쟁과 우정은 경제학계의 전설이다.

비슷한 미담은 동양에도 많다. 가장 오래되고 유명한 것은 관포지교管鮑之交다. 춘추시대 제나라 사람인 관중과 포숙아의 우정이다.

관중은 "나를 낳아준 분은 부모님이지만, 나를 알아준 사람은 포숙아다生我者父母 知我者鮑子也"라고 말했다.

포숙아가 관중에게 일방적으로 베풀었다. 두 사람이 동업할 때 관중이 이익을 속였지만 그마저도 눈감아주었다. 관중이 노모를 모셔서 돈이 더 필요하다며 오히려 두둔했다. 이후 두 사람은 정치에 뜻을 두고 각기 다른 정파로 들어갔다. 그러다가 관중의 정파가 반역에 연루되고 관중이 사형당할 위기에 놓였다. 그때 포숙아가 "나라가 잘되려면 관중을 중용해야 한다"라며 그를 변호했다. 간신히 살아난 관중은 훗날 재상에 올랐다.

두 우정의 공통점은 동업자라는 점이다. 시기적으로는 정치적 혼란기였다. 관중과 포숙아의 춘추시대는 물론이고, 맬서스와 리카도의 시대도 그랬다. 루이 16세가 단두대에서 처형되고 영국과 프랑스가 전쟁하던 격동기였다.

정치적 혼란기로 말하자면 우리나라 현대사도 만만치 않다. 특히 5월은 여러 가지 사건으로 점철되어 있다. 5·13, 5·16, 5·17이 연이어 있다. 박근혜 대통령의 탄핵 뒤에 문재인 대통령이 취임한 것도 5월 10일이다.

대통령 탄핵 시도는 노무현 대통령 시절에도 있었다. 2004년 3월 탄핵소추안이 국회를 통과할 때 문재인 대통령(당시 전 민정수석)은 네팔에 있었다. 그러다가 급거 귀국했다. 변호사 사무실 동업자이자 친구인 현직 대통령을 변호하기 위해서였다. 자원방래 노문지교自遠

方來 盧文之交. 친구를 찾아 멀리서 온 노무현-문재인의 우정이 방어했던 탄핵 심판은 2004년 5월 14일 기각으로 끝났다.

돈 먹는 하마에서 파트너로

———

코로나19 위기가 터지자 모두가 죽음을 걱정했다. 그러나 관심은 곧 경제로 바뀌었다. 사는 문제다. 전쟁도 마찬가지다. 한국전쟁이 시작된 직후 미국의 〈뉴욕 타임스〉는 한국의 명운을 걱정했다. 하지만 1·4후퇴가 시작되자 같은 신문은 '한국전쟁이 초래한 증세와 적자'를 톱기사로 다뤘다. 경제 문제다.

정작 한국은 재정 적자 걱정을 덜했다. 어차피 미국의 원조로 연명하고 있으니 혼자 고민해봤자 답이 안 나왔기 때문이다. 우리 정부는 회계연도까지 미국과 일치시키고 원조금만 기다렸다. 당시 미국의 회계언도는 독립기념일에 맞춰 7월에 시작했다. 한국 정부의 회계연도가 1월에 시작하도록 바뀐 것은 원조가 줄어든 1957년이다.

당시 우리의 경제 현안은 재정 사정이 아니라 '돈' 그 자체였다. 6월 27일 서울을 버리고 급하게 남하하면서 한국은행 지하 금고의 화폐를 포기했다. 그 돈이 북한군 수중에 들어가자 새 돈을 찍지 않을 수 없었다. 화폐 제작은 일본 대장성 인쇄국이 맡았다. 화폐 도안에서 제작, 수송까지 보름밖에 걸리지 않았다. 미 태평양사령부가 일본 인쇄국 직원들을 감금하고 밀어붙인 결과다. 인쇄비는 미국이 부담했다. 그러나 1953년 2월 한국 정부는 또다시 새 돈을 뿌렸다. 인플레이션에 따른 화폐개혁이었다. 그 돈은 미국 정부가 인쇄했고, 이번에도 인쇄비는 미국 몫이었다.

그때 한국은 미국에게 '돈 먹는 하마'였다. 전쟁이 최고조였던 1952년 미국 정부가 한국에 뿌린 돈은 미국 명목GDP의 4.2퍼센트였다. 같은 기준으로 보면 2.3퍼센트의 베트남, 1퍼센트의 이라크, 0.7퍼센트의 아프가니스탄에서 뿌린 것보다 많았다.

미국은 우리의 혈맹이다. 문재인 대통령이 미국에 갔을 때 알링턴 국립묘지부터 들른 이유다. 미국은 전맹錢盟이기도 하다. 미 연준은 통화스와프계약을 통해 달러를 빌려주고, 한국은행은 미국 국채에 투자한다. 이제 백신과 반도체 같은 중요 물자를 서로 의지하는 물맹物盟으로 진화하고 있다. 그 옛날 '돈 먹는 하마'가 믿음직한 파트너로 발전한 것은 우리의 긍지요, 미국의 보람이다.

의심을 거둘 때 ⫼⫼⫼⫼⫼⫼⫼⫼⫼⫼⫼⫼⫼⫼⫼⫼⫼⫼⫼⫼⫼⫼⫼⫼

평소의 신뢰가 위기 때 힘이다

———

신뢰받지 못하는 사람은 어려울 때 도움받기 어렵다. 국가도 마찬가지다. 평소 국민의 신뢰가 없으면, 위기가 닥쳤을 때 정부의 행동반경이 크게 줄어든다. 나폴레옹전쟁 당시 영국과 프랑스의 상반된 모습은 국민 신뢰도의 중요성을 잘 보여준다.

명예혁명 이후 영국 정부는 재정 사정을 의회에 항상 보고했다. 영국 국민들은 그렇게 투명한 정부를 신뢰했다. 18세기 들어 전쟁이 유난히 많았고 그때마다 국가부채가 늘어났지만, 평화가 찾아오면 정부가 세수를 늘려 이내 국가부채를 다시 낮췄다. 부채 상환 능력을 의심받지 않는 영국 정부는 국채 발행을 통해 전쟁 비용을 여러 세대에게 골고루 분담시켰다.

프랑스는 달랐다. 절대왕정은 물론이고 대혁명 이후에도 프랑스 국민이 재정 사정을 좀처럼 알 수 없었다. 혁명정부는 국채 원리금을 금 대신 지폐로 갚기도 했다. 그래서 영국과 전쟁을 치를 때는 프랑스 정부가 더이상 국채를 발행할 수 없었다. 하릴없이 세금에만 의존했다. 전쟁을 겪는 세대가 세금까지 더 내는 고통, 즉 세대 간 불평등을 감수했다.

화폐제도에서도 차이가 있었다. 전쟁중에 영국은 금본위제도를 잠시 이탈했지만 프랑스는 그럴 수 없었다. 발권 기관이 파산해서 화폐가 휴짓조각이 되는 사태를 이미 두 번이나 경험했기 때문이었다.

첫번째 파산은 1720년 로열은행의 파산이었다. 왕실의 이름을 달고도 파산하는 바람에 프랑스에서는 은행banque이라는 말이 거짓말의 대명사가 되었다. 은행 대신에 금고caisse나 계산소comptoir, 동아리société라는 말을 써야 의심이 풀렸다. 그런데 대혁명 때 '발권 금고'가 혁명정부에게 무리하게 대출하는 바람에 1793년 또 파산했다.

1799년 11월 나폴레옹이 이집트 원정에서 돌아와 쿠데타를 일으킬 무렵에는 화폐제도가 완전히 붕괴되어 있었다. 나폴레옹이 1800년 오늘날의 프랑스은행을 세웠지만, 아무도 그 은행을 믿지 않았다. 보나파르트 가문이 그 은행의 대주주가 되고, 예금까지 맡기는 시범을 보여도 반응이 시큰둥했다. 사정이 그러하니 나폴레옹마저도 불태환화폐는 강요할 수 없었다.

나폴레옹은 영국에 앞서서 정부 불신이라는 적부터 꺾어야 했다.

그래서 만기가 도래된 국채는 무조건 금으로 갚았다. 전쟁 비용은 세금을 더 걷거나 오스트리아 등 주변 점령국들에게서 갹출해서 조달했다. 그래도 여의치 않자 북미 식민지(오늘날 미국 중부 15개주)까지 미국에 팔았다.

나폴레옹이 신뢰 회복에 매달리는 동안 친인척들은 이권 개입에 혈안이었다. 친형 조제프부터 그랬다. 조제프는 코르시카섬에서 자랄 때 홀어머니를 도와 코흘리개 동생들을 건사했다. 나폴레옹은 그런 형에게 마음의 빚이 있었다. 나폴레옹을 등에 업은 조제프는 모든 이권 사업에 아귀같이 달라붙었다. 이탈리아 군납 문제를 두고서는 조제핀(나폴레옹의 아내)과도 다투어서 나폴레옹이 뜯어말려야 했다.

조제프와 손을 잡으면 안 되는 일이 없었다. 그래서 사업가들 사이에서 '만사형통萬事兄通'이라는 말이 나왔다. 나폴레옹이 세인트헬레나섬에 유배되었을 때 돌이켜보니 형 재산이 자기 것의 세 배였다. 그 일부는 프랑스은행 대출 커미션이었다.

보나파르트 형제들은 프랑스은행의 대주주로서 경영에 깊숙이 개입했다. 나폴레옹은 금리 결정에도 간여했다. 그는 프랑스의 금리가 영국보다 높은 것을 국가적 수치로 여겼다. 그래서 1806년 프로이센군을 대파한 직후 프랑스은행 총재에게 "연 6퍼센트 금리가 부끄럽지도 않소?"라고 쓴 한 줄짜리 편지를 보냈다. 그러자 총재가 당장 대출금리를 연 5퍼센트로 낮췄다.

이듬해 러시아군까지 격파한 뒤 다시 압박했다. "프랑스은행의 설립 목적이 무엇이라 생각하오? 나는 저금리 대출로 경제를 살리는 것이라고 믿소만"이라는 황제의 메모를 받자 총재는 금리를 다시 연 4퍼센트로 낮췄다.

정치권은 중앙은행에게 항상 무엇을 요구한다. 영국과 전쟁하는 나폴레옹은 저금리 대출을, 코로나19와 전쟁중이던 우리나라 국회는 고용 안정을 요구했다. 그런 요구를 따르느라 신뢰를 잃으면 위기가 닥쳤을 때 중앙은행의 행동반경이 줄어든다. 그래서 배짱과 기개가 필요하다.

까마귀의 역설
——

알리바이를 부재증명이라고 한다. 범죄 현장에 없었다는 증거다. 그러나 없다는 사실의 증거는 없다. 예를 들어 UFO나 네스호의 괴물을 봤다는 증언들은 많지만, 그런 것이 없다는 물증은 딱히 없다. 피의자의 알리바이도 '없었음'이 아니라 다른 곳에 '있었음'의 증명이다.

증거는 가설을 입증하는 도구다. 증거가 많을수록 가설의 신빙성은 높아진다. 예를 들어 서울, 뉴욕, 도쿄, 런던의 까마귀들이 모여 '모든 까마귀는 검다'는 가설이 증명된다. 거기에 파리, 베를린, 모스크바, 베이징의 증거가 보태진다면 그 가설이 더욱 힘을 얻는다.

그렇지만 단 한 마리의 흰 까마귀가 발견되는 순간 '모든 까마귀는 검다'는 가설은 무너진다. 실제로 그런 일이 있었다. 아주 오랫동안 사람들은 '모든 고니(백조는 일본말이다)는 희다'고 믿었다. 조상대대로 흰 고니 외에는 본 적이 없었기 때문이다. 그러나 1697년 호주에서 검은 고니가 발견되었다. 그 순간 '모든 고니는 희다'는 오랜 상식이 무너졌다.

그런데 증거로써 가설을 검증하는 데도 한계가 있다. 20세기 물리학자들이 그것을 경험했다. 19세기 과학자들은 성능이 좋아진 망원경으로 천왕성까지 관찰했다. 그 궤도는 뉴턴 이론에 조금씩 어긋났다. 그래서 내린 결론은 천왕성 밖에 또다른 행성이 있다는 가설이다. 실제로 1846년 해왕성이 발견되었다. 그때 사람들은 뉴턴 이론이 다시 한번 입증되었다면서 박수를 보냈다.

몇 년 뒤 수성의 궤도에서도 똑같은 현상이 발견되었다. 그러자 해왕성을 발견했던 바로 그 과학자가 태양과 수성 사이에도 미지의 행성이 있을 것이라고 장담했다. 그리고 '벌컨Vulcan'이라고 이름까지 지었다. 그러나 그 행성은 끝내 발견되지 않았다. 그 수수께끼는 20세기 초 밝혀졌다. 수성의 궤도가 흔들린 것은 태양의 중력 때문에 빛이 살짝 굴절되었기 때문이다. 아인슈타인의 상대성이론이다. 뉴턴 이론에 균열이 생겼다.

천왕성의 불안정한 궤도는 뉴턴 이론의 입지를 강화시켰고 수성의 불안정한 궤도는 뉴턴 이론의 입지를 약화시켰다. 증거로는 가설의 운명을 정할 수 없는 것이다. 증거의 힘은 생각보다 약하다. 그래서 철학자 칼 포퍼는 모든 과학 이론은 잠정적 가설일 뿐이라고 말했다.

수학이나 철학은 과학과 다르다. 증거가 아닌 추론만으로 뻗어나간다. 그래서 수학이나 철학의 명제들은 아주 견고하다. 철학자 월러드 콰인은 "철학자에게는 물음표가 필요 없다. 따옴표와 마침표만 있으면 된다"라고 말한다. 철학의 확실성에 관한 웅변이다.

하지만 철학에도 허점은 있다. '모든 까마귀는 검다(p이면, q다)'라는 말은 '검지 않은 것은 까마귀가 아니다(q가 아니면, p가 아니다)'라는 말과 그 의미가 완전히 같다. 따라서 '모든 까마귀는 검다'라는 가설을 입증하려면 '검지 않은 것은 까마귀가 아니다'라는 가설을 입증하면 된다. 그 증거는 우리 주변에 무진장하게 널려 있다. 파란 하늘, 빨간 사과, 주홍 연필, 노란 개나리, 하얀 드레스가 다 그 증거다. 하지만 그런 증명은 어딘가 어색하다. 논리적으로 맞는다고 해도 직관적으로는 받아들이기 어렵다.

까마귀도 아니고, 검지도 않은 무수한 것으로 '모든 까마귀는 검다'를 입증하는, 그 기발한 착상을 까마귀 역설raven paradox이라고 한다. 까마귀 역설의 함정은 엉터리 범주에 숨어 있다. 까마귀나 검은색은 동질적이며 무엇을 의미하는지가 분명하다. 반면 '까마귀가 아닌 것'이나 '검지 않은 것'은 아무 공통점도 없는 잡동사니일 뿐이다. 그런 잡동사니들은 UFO나 네스호의 괴물이나 마찬가지로 허구다. 허구로써 가설을 입증하려는 것은 바보짓이다.

까마귀 역설은 증거가 중요한 게 아니라는 것을 가르친다. 중요한 것은 증거를 바라보는 우리의 마음가짐이다. 별로 동질성이 없는 잡동사니들을 증거라고 생각하면 엉뚱한 결론에 이르게 된다. 일하기 싫어하거나 소극적인 사람들이 그렇다. 자신이 어떤 일을 할 수 없다는 증거와 근거들을 부지런히 제시하지만 그 증거와 근거는 대부분 공통점이 별로 없다. 잡동사니에 의존하는 그들의 주장 또는 변명은 허망하다.

코로나19 위기로 경제가 전례없이 어려웠다. 그때 큰 타격을 입은 사람들은 전례 없는 대책을 학수고대했다. 하지만 소심한 당국자는 몸을 사렸다. "우리는 해결 능력이 없다"라면서 이런저런 이유를 대기 바빴다. 일단 규정을 들먹였다. "○○○법 제×조와 □□□□법 제××조 때문에 그 일은 할 수 없다"라고 둘러댔다. 하지만 그 법률 조문들 사이에는 별로 공통점이 없다. 근거가 될 수 없는 잡동사니 증거들을 끌어모아 '할 수 없음'을 주장했으니 한국판 까마귀 역설이 아닐 수 없었다.

정주영 회장은 도전가였다. 그는 안 된다는 백 가지 이유보다 된다는 한 가지 이유를 찾으려고 했다. 소극적인 사람들이 번지르르한 변명을 늘어놓으면 "이봐, 해봤어?"라며 핀잔을 주었다. 그가 말하는 "해봤다"란 실제적 개념이다. 무엇을 말하려는지가 분명하다. 무기력한 사람들이 부지런하게 찾는 잡동사니 부작위不作爲 알리바이들과는 차원이 다르다. 현실이 어려울수록 정주영 회장의 긍정 마인드가 빛난다.

"이봐, 해봤어?"

거듭 말하건대 '없다'는 증거는 없다. 알리바이는 '없었음'이 아니라 다른 곳에 '있었음'의 증명이다. '없다' '안 된다' 말하기보다는 '다른 곳에 있다'거나 '다른 방법으로는 가능하다'는 증거를 찾는 편이 훨씬 빠르다.

풍요로움은 돈에서 나오지 않는다 ||||||||||||

돈의 노예가 되지 않기

금문교Golden Gate Bridge는 미국 샌프란시스코의 상징이다. 아름다울 뿐만 아니라 공학적으로도 대단하다. 바람과 물살이 엄청 빠르고 지진이 잦은 불리한 자연환경을 다 극복했다. 태평양을 오가는 거대한 상선과 군함을 모두 통과시켜야 한다는 제약 조건도 만족시켰다.

착공한 지 4년 만에 완공한 것은 더욱 대단하다. 공사보다도 자금을 구하는 것이 훨씬 힘들었다. 대공황이 한창일 때라 정부도 민간도 나서지 않았다. 사업이 거의 결렬될 즈음 뱅크오브아메리카가 나섰다. 3500만 달러의 채권 발행 전액을 인수한 덕분에 간신히 공사가 시작되었다.

그때 채권 전액을 인수한 아마데오 지아니니는 이탈리아 이민자의 아들이다. 그는 모텔 방에서 태어나 열 살 때 아버지까지 잃었다. 부득불 십대부터 세상에 뛰어들어 34세에 작은 마을금고를 세웠다. 그것을 키우고 키워서 만든 것이 뱅크오브아메리카다. 지아니니가 맨손으로 일군 것은 그것만이 아니다. 트랜스아메리카라는 당대 최대 생명보험사도 그가 세웠다.

그러나 지아니니는 큰부자가 아니었다. 1949년 그가 죽을 때 남긴 유산은 결혼할 때 수준이었다. 그는 가끔 재산을 계산해보다가 "자칫하면 백만장자 되겠네!"라고 놀라면서 기부를 늘렸다. 그는 자식들에게 "사람들은 돈을 갖고 싶어하지만 돈을 갖는 사람은 없어. 돈이 그 사람을 가질 뿐이지"라고 가르쳤다.

흙수저는커녕 흙먼지로 태어나서 기업인으로 성공한 뒤 기부왕이 된 점에서 지아니니는 카카오의 김범수 회장과 비슷하다. 그러나 지아니니는 대학 문턱에도 못 가봤다. 돈을 더 벌기 위해서 주가조작을 했다는 의심과 수사를 받지도 않았다. 그에게도 시련은 많았다. 그러나 좌절하지 않았다. 샌프란시스코 대지진을 겪은 뒤 '이생망(이번 생은 망했다)'이라고 주저앉지 않았다. '벼락 거지'를 걱정하며 '빚투'에 안달하지도 않았다. 그는 마음이 부자였다.

피를 나누는 사이

　전쟁은 언제나 참혹하다. 1859년 이탈리아의 솔페리노에서 벌어진 전투에서는 열흘 동안 무려 4만 명의 사망자가 발생했다. 사업차 여행을 하다가 우연히 그 현장을 목격한 앙리 뒤낭이 큰 충격을 받았다. 1862년 자신이 목격한 참상을 담아 『솔페리노의 회상』이라는 책을 발표했다. 그리고 박애 운동에 뛰어들었다.

　앙리 뒤낭은 타고난 금수저였고, 그의 본업은 은행가였다. 그런데 박애 운동에 몰두하다보니 본업을 소홀히 했다. 자기 재산을 다 날린 것은 물론이고 자기한테 재산을 맡긴 친구들까지 파산시켰다. 그런 점에서 뒤낭은 실패한 은행가였다.

　그가 설립한 국제적십자위원회의 진로도 순탄치 않았다. 이슬람 문화권에서는 적십자 대신 적신월, 즉 붉은 초승달을 고집했다. 이스라엘의 반발은 훨씬 심했다. 자신들이 형벌수단으로 삼았던 부끄러운 십자가를 로고로 쓰는 것을 상당히 불쾌하게 생각했다. 십자가 대신 '붉은 다윗의 별'을 고집하면서 국제적십자위원회와 거리를 두었다. 2006년에 이르러 콘돌리자 라이스 미국 국무장관의 중재로 겨우 화해했다.

　1864년 8월 22일 16개 국가가 제네바에 모여 국제적십자위원회를 결성하기로 협약했다. 1903년 대한제국도 가입했다. 한국전쟁중 대한적십자사는 피란민들에게 구호물자를 배급했다. 국제적십자위원회에 연락해서 밀가루와 의약품을 빨리 받아오려면 영어를 잘해야 했다. 이승만 대통령이 영국에서 공부한 윤보선을 대한적십자사 총재로 임명했다.

그때 윤보선은 한국은행 금융통화위원회 위원이었다. 금수저로 태어나 본업은 금융인, 부업은 박애가라는 점에서 앙리 뒤낭과 똑같았다. 윤보선은 한국은행 총재를 찾아가 재정감독을 맡아달라고 부탁했다. 헌혈 사업을 담당하는 적십자사와 '경제의 피(돈)'를 공급하는 한은을 '혈맹'으로 본 것이다. 2002년까지 52년 동안 역대 한은 총재들이 보수를 받지 않는 그 명예로운 겸직을 흔쾌히 수락했다.

양심이냐, 실리냐

————

코로나19 위기가 조금씩 해소되면서 전 세계적으로 물류 대란이 벌어졌다. 그 시작은 2021년 3월 말에 벌어진 수에즈운하 사고였다. 큰 배가 드러누워 폭 200미터의 뱃길을 가로막는 바람에 전 세계가 발을 굴렀다. 190킬로미터의 운하를 건너는 데는 15시간밖에 안 걸리지만 아프리카대륙을 따라 1만 킬로미터를 우회하는 데는 며칠이 걸리기 때문이다.

지중해와 홍해를 잇는 운하 구상은 지리상의 발견 이후 계속되다가 1869년 실현되었다. 프랑스 사업가 페르디낭 드레셉스가 10년 공사 끝에 성공했다. 수에즈운하가 개통되자 그는 더 큰 욕심을 냈다. 이번에는 대서양과 태평양을 잇는 파나마운하를 뚫는 것이다. 그때 드레셉스는 이미 74세였다. 하지만 길이가 수에즈운하의 절반도 안 되므로 금방 끝낼 수 있다고 자신했다.

착각이었다. 유럽인들은 아프리카에서 겪지 못했던 말라리아와 황열병, 그리고 긴 우기 앞에서 고전했다. 지구의 자전 때문에 대서양와 태평양의 바닷물 높이가 달라 수압이 엄청 높다는 것도 큰 장애물이었다. 풍토병과 사고로 2만 명 이상 사망했고, 공사는 계속 지연되었다. 드레셉스는 결국 1889년 파산했다.

이후 파나마운하 사업은 미국으로 넘어갔다. 미국은 그것을 4천만 달러라는 헐값으로 사면서 영구 소유까지 꿈꿨다. 그런 야무진 계획에 콜롬비아가 동의하지 않자 운하 지역만 따로 떼어내서 파나마공화국으로 독립시켰다. 어리바리한 신생국에게서 영구조차권, 치외법권, 군사작전권을 얻어냈다.

파나마공화국에는 군대가 없다. 그나마 운하까지 없다면 국가의 존재이유가 없다. 그래서 파나마 정부는 미국에게 소유권 반환을 끝없이 졸랐다. 1977년 미국의 카터 대통령이 마침내 운하 반환 협정에 서명했다. 국제법과 양심에 따른 결정이었지만 공화당은 그것이 매국 행위라며 맹비난했다. 결국 카터는 재선에 실패했다.

양심을 따르다보면 손해를 보기도 한다. 그걸 각오해야 진짜 양심이다. 정치인들이 양심을 따를 때 국격이 높아진다.

자유와 풍요가 무기보다 강하다

2020년 5·18민주화운동 기념식에서 윤석열 대통령이 "우리 대한민국 국민 모두는 광주 시민입니다"라고 선언했다. 1963년 6월 미국 케네디 대통령이 베를린의 현지 주민 앞에서 "우리 모두는 베를린 시민입니다"라고 연설했던 것의 오마주다.

제2차세계대전 직후 독일은 넷으로 쪼개져 승전국인 미국, 영국, 프랑스, 소련에게 관리받았다. 다만 화폐는 라이히스마르크를 공동으로 사용했다. 그런데 1948년 초 미국, 영국, 프랑스가 각각의 점령지를 서독으로 통합하고, 새 화폐 도이치마르크를 도입하기로 했다. 기존 화폐 라이히스마르크의 가치가 폭락하면서 동독 경제가 흔들렸다. 위성국가를 돌보는 부담이 커진 소련이 서베를린 봉쇄로 응수했다. 도로와 철도가 끊긴 서베를린에는 40일 치 식량과 석탄밖에 없었다. 물가가 폭등하고 200만 시민은 패닉에 빠졌다.

아이젠하워 미국 대통령이 가만있지 않았다. 공군과 해군 수송기를 동원해 물자를 공수하면서 만약 수송기를 공격하면 핵전쟁도 불사하겠다고 엄포를 놨다. 그리고 28만 회에 걸쳐 쉴새없이 물자를 실어날랐다. 323일 만에 소련이 봉쇄를 풀었다.

이후 서베를린은 자유와 풍요를 선망하는 동구권 국민들의 탈출구가 되었다. 이탈자가 10만 명을 돌파하자 소련이 다시 고민에 빠졌다. 1961년 6월 소련은 동서 베를린 사이에 철조망을 철거하고 높은 콘크리트 장벽을 세웠다. 서베를린에서 서방 군대의 철수를 요구하며 대치 국면으로 돌입했다. 2차 베를린 위기다. 케네디 대통령은 콧방귀를 뀌었다. 현장을 찾아가 "우리 모두는 베를린 시민입니다"라며 단결을 과시했다.

1989년 11월 9일 그 베를린장벽이 붕괴되었다. 장벽을 무너뜨린 것은 총과 대포가 아니다. 자유와 풍요다. 체제는 군사력만으로 유지되지 않는다. 자유라는 정신적 가치와 풍요라는 물질적 자부심이 뒷받침되어야 한다. 북한은 그걸 모른 채 연신 미사일만 날리고 있다.

9장
그리고 사람

성공과 실패의 한끗 차이 ||||||||||||||||||||||||||||||||||

혁신은 실패에서 나온다

—

급변하는 사회에서도 옛것은 중요하다. 공자는 온고지신溫故知新, 즉 옛것을 익혀야 새것을 알 수 있다고 했다. 실학자 박지원이 주장한 법고창신法古創新도 같은 뜻이다. 그러나 옛것과 전통만 지나치게 고집하면 융통성을 잃은 바보가 된다. 스페인 침략군에 맞서던 아메리카 원주민들이 그랬다.

스페인군에 잡힌 아즈텍의 황제 모테쿠소마 2세는 밤중에 몰래 탈출하면서 일부러 고함을 질러 경비원들을 깨웠다. 당연히 탈출에 실패했다. 그다음 황제인 콰우테모크는 포위망을 뚫고 배로 도망칠 때 일부러 크고 화려한 배에 올라타는 바람에 집중 포격을 받았다. 역시 실패했다. 황제는 어떤 상황에서도 당당해야 한다는 고대사회의 전통을 고수한 탓이다.

'러일전쟁의 영웅'이라 불리는 일본의 노기 마레스케乃木希典 장군도 마찬가지다. 러시아 극동 함대가 정박하고 있던 뤼순항구를 점령하려면 항구가 내려다보이는 해발 203미터의 작은 야산을 먼저 점령해야 했다. 러시아군은 그 야산 꼭대기에 콘크리트로 요새를 만들고 철조망을 두른 뒤 기관총으로 무장하고 있었다.

노기 장군은 공격이 쉽지 않다는 것에 개의치 않았다. 평지에서 산꼭대기로 매일 아침 육탄 돌격을 명령했다. 그때마다 사망자가 속출했다. 13만 명의 병사 중 6만 명이 전사했고, 그중에는 노기의 두 아들도 있었다. 마침내 요새를 차지했지만, 상처뿐인 영광이었다. 결국 노기는 할복자살로써 자신의 미련함을 후회했다.

융통성과 순발력은 전쟁터만이 아니라 일터에서도 중요하다. 일제 강점기의 김교철이 좋은 예다. 그는 조선총독부 장학생으로 뽑혀 도쿄고등상업학교(현재 히토쓰바시대학교)를 졸업한 뒤 32세에 한일은행 군산지점 지배인이 되었다. 당시 군산은 일본으로 쌀을 수출하는 경제 중심지였다.

그러나 한일은행은 작은 은행이었다. 군산에서 큰 은행들과 경쟁하기 위해서는 현지에 맞는 영업 전략이 필요했다. 그래서 김교철은 쌀가마니를 담보로 잡았다. 당시 군산에서는 쌀가마니를 오늘날의 반도체와 비슷하게 여겼다. 쌀가마니가 없으면 쌀의 운반과 수출이 불가능했고, 경제활동이 중단되었다. 담보로 제공할 땅과 건물이 없는 쌀장수들은 쌀가마니를 들고 한일은행을 찾았다.

그는 가는 곳마다 전례 없는 영업 방식을 고안해냈다. 원산에서는 북어를, 서울에서는 쌀 창고 열쇠를 담보로 받고 상인들에게 대출했다. 그런 기발한 영업 방식에 힘입어 해방 후 조흥은행장 자리까지 올랐다. 김교철은 자기 직업을 아주 자랑스러워했다. 일본 유학을 마친 셋째 아들 김정렴(훗날 재무장관)도 조선은행에 취직시켰다.

그러나 은행원의 융통성과 순발력이 너무 강하면 독이 되기도 한다. 김정렴의 상관인 장기영이 그랬다. 한국전쟁이 시작되자 서울의 지식인들은 가재도구도 못 챙긴 채 급하게 부산으로 피란했다. 생존 능력이 떨어지는 고학력자들은 염치 불고하고 친척집에 얹혀서 눈칫밥을 먹는 신세가 되었다. 그러자 한국은행 부총재 장기영이 기발한 방법을 생각해냈다. 직장의 명성만 보고 몇 달 치 월급을 신용대출하는 것이다.

은행 내규에도 없는 위험천만한 모험이었다. 결국 제대로 갚는 사람이 없었다. 꼿꼿하기로 소문난 변영태 외무장관(시인 변영로의 형)만 갚았다. 장기영은 그 일로 인해 사퇴를 종용받았다. 당시 장기영이 가계 대출을 무리하게 추진한 이유는 생활난에 시달린 지식인들이 좌경화하거나 반체제로 돌아서는 것을 막기 위함이었다. 약간의 대출 손실은 전쟁중의 체제 유지 비용이라고 생각했다. 그러나 일개 은행원이 혼자서 추진하기에는 너무 큰 원고심려遠考深慮였다.

어느 시대 어느 분야에서나 정공법과 임기응변, 고지식함과 순발력, 원칙과 파격이 대립한다. 대체로 한국인들은 원칙과 기초에 약한 반면, 순발력과 응용력은 강하다. 코로나19 바이러스와 싸우기 위해 우리 의료진이 고안해낸 '드라이브스루' 검진 방법은 세계를 감동시켰다. 35년 전 새만금 간척 사업 때는 정주영 회장이 폐유조선으로 바닷물을 막아 전 세계를 놀라게 했다. 이쯤 되면 '콜럼버스의 달걀'이라는 말은 '정주영의 배'로 고쳐야 한다.

순발력과 응용력이 항상 성공할 수는 없다. 세상의 모든 혁신은 많은 시도와 실패를 자양분으로 삼는다. 하지만 실패와 실수만 문제 삼으면 아무도 새로운 도전을 시도하지 않는다. 규정과 전례만 따지게 된다. 그러므로 혁신은 열심히 일하다가 그릇을 깨는 실수가 용납될 때 분출된다.

개인의 의지도 중요하다. 한 번의 실패와 실수에 좌절하면 아무것도 이룰 수 없다. 포수인치包羞忍恥, 즉 수치심을 품고 견디는 기개가 필요하다. 장기영이 그랬다.

장기영은 유난히 아이디어가 많아서 호가 백상百想이었다. 남달랐던 그의 꾀와 배짱이 한국은행에서는 독이 되어 결국 그릇을 깼다. 하지만 그는 훗날 언론인, 경제부총리, 국회의원, IOC 위원으로서 큰 족적을 남겼다. 질풍노도와 같았던 그의 삶은 한국은행에서 그릇을 깬 실수를 포수인치한 결과다.

이병철 회장에게서 배운다

———

스페인의 투우는 황소의 정수리를 향해 투우사가 창을 내리꽂는 것으로 끝난다. 그 마지막을 일컫는 말인 '자비의 일격coup de grace'은 역설적이면서도 진실을 담고 있다. 어차피 죽을 목숨이라면 빨리 숨통을 끊어주는 것이 자비를 베푸는 일이다.

서서히 기울어가는 사양산업에게 코로나19 위기는 자비의 일격이었다. 126년 전통의 미국 시어스백화점이 오랜 영업난 끝에 2018년 파산 보호를 신청했는데, 하필 코로나19 위기가 터졌다. 결국 2021년 역사 속으로 사라졌다. 다른 백화점들도 같은 운명이다. 미국에서 가장 오래된 백화점인 로드앤테일러가 2021년 문을 닫았고, J. C. 페니(2020년)와 니만마커스(2021년)는 법정 관리 끝에 주인이 바뀌었다. 미국만 그런 것이 아니다. 일본에서도 1700년에 세워져 320년의 역사를 자랑하던 오누마백화점이 코로나19 위기를 견디지 못하고 2020년 파산했다.

한때 백화점은 대중 소비 시대를 알리는 희망의 전령이었다. 일본 개화기의 오복점吳服店, 즉 포목점들이 그런 변화를 간파하고 영업 방식을 서양식으로 바꿨다. 그리고 이름을 백화점으로 바꿨다. 이제는 전통 의상(기모노)을 넘어 모든 것을 다 판다는 뜻이었다.

1904년 서울의 남촌(지금의 충무로)에 일본계 히라타平田백화점이 진출했다(이 백화점의 자리는 큰불과 관련이 많다. 백화점에 이어 카바레,

호텔 등 사람들이 몰리는 시설이 들어섰는데, 그때마다 대형 화재를 겪었다. 지금의 대연각빌딩 자리다). 이에 맞서 북촌, 즉 종로의 조선 상인들은 '만물상萬物商'이라는 연합 상점을 세웠다. 이름으로라도 일본계 히라타백화점을 100배 정도 앞서고 싶었던 것이다.

이후 조지야丁字屋, 미나카이三中井, 미츠코시三越 등 일본계 백화점들이 속속 들어섰다. 조선인 가게들은 그 방식을 모방하면서도 '백화점'이라는 말은 피했다. 일본 냄새가 난다는 이유였다. 대신 '부인상회'라고 불렸다. 종업원들이 전부 여자였기 때문이다.

그런데 1931년 종로에도 마침내 조선인이 차린 백화점이 문을 열었다. 화신백화점이었다. 이름도 기분 나쁘고 총독부의 비호까지 받았던 탓에 평판은 그리 좋지 않았다. 조선식산은행 대출금으로 지어진 6층짜리 건물에는 엘리베이터까지 있었다. 원래 귀금속 전문점(화신상회)이었기 때문에 화신백화점은 사치와 허영을 상징했다. 한껏 치장한 사람을 마주치면 "저기 화신백화점 지나간다"라며 비아냥거렸다.

그런 배경이 있었기 때문에 백화점은 서민들과 거리가 멀다는 인식이 강했다. 그런데 훗날 미츠코시백화점 자리에 생긴 신세계백화점이 그런 통념을 깨뜨렸다. 신용카드를 통해서였다.

신용카드는 1914년 미국에서 탄생했다. 그때는 매출과 대금 회수 간격이 길고 부도율도 높았다. 그래서 신용카드 거래는 외상 거래라고 간주되었고, 거의 모든 가게가 이를 외면했다. 그런데 뱅크오브아메리카가 1959년 컴퓨터를 통해 고객 정보를 전산화하고 판매-대금 납입-결제청구 간격을 바짝 붙였다. 그러자 급속히 대중화되었다.

이런 사정을 국내에서 가장 먼저 안 것은 신세계백화점이었다. 1963년 백화점 업계에 뛰어든 삼성의 이병철 회장은 신용카드가 매출 확장에 아주 유용할 것임을 직감했다. 1969년 백화점 고객과 그룹 임직원들에게 신용카드를 뿌리기 시작하자 손님들이 그 카드를 가지고 몰려들었다.

그때 은행들은 아무것도 몰랐다. 1978년에 이르러서야 미국 비자카드사의 제휴 제안을 듣고 외환은행이 신용카드를 발급했고, 1982년 다른 은행들이 그것을 좇아 BC카드사를 설립했다. 결국 신용카드의 가능성을 포착하는 데 신세계백화점이 은행들보다 10년 이상 앞섰다.

신용카드는 사용 기록을 남긴다. 오늘날에는 정치 후원금이나 공직자의 업무 추진비 등이 올바로 쓰였는지 감시하는 수단이 되기도 한다. 정부가 재난 지원금을 나눠줄 때도 쓰인다. 이병철 회장도 미처 몰랐던 쓰임새의 진화다.

세상이 급격하게 변하고 있다. 백화점이나 신용카드가 앞으로 또 어떻게 진화할지 아무도 모른다. 이럴 때 변화에 둔감하면 투우사가 자비의 일격을 해주길 기다리는 황소 신세나 다름없다.

이병철 회장의 사업적 후각은 남달랐다. 은행보다 앞서서 신용카드 발행을 시도했다. 또한 누구보다도 일찍 반도체 사업의 무궁한

가능성을 깨달았다. 매년 11월 19일 그의 기일에 맞춰 일가가 서울 장충동 사저에 모인다. 그를 기리는 것은 가족만이 아니다. 한국 경제가 그의 프런티어 정신을 그리워한다.

문제와 부딪쳐야 세상이 바뀐다 ‖‖‖‖‖‖‖‖‖‖‖‖‖

시대에 맞선 사람들

요즘 젊은이들을 'MZ세대'라고 부른다. 세대를 구분하고 이름 붙이는 관행은 제1차세계대전이 끝난 뒤 미국에서 시작되었다. 그 출발은 '상실의 세대'였다. 낙관과 희망이 지배했던 19세기 말의 '벨 에포크Belle Époque', 즉 좋은 시절과 단절된 희생자들이라는 의미였다.

상실의 세대를 이은 것은 '위대한(그레이티스트) 세대'였다. 미국이 세계 최강국으로 발돋움하는 영광을 목격한 행운아들이다. 하지만 제2차세계대전과 냉전을 겪으면서 가치관의 대혼란이 찾아왔다. 그 혼란을 겪는 젊은이들을 '침묵의 세대'라고 불렀다. 그들은 획일화된 산업 사회를 거부하고 재즈 음악과 동양 사상에 심취했다. 뭔가 색달랐다.

침묵의 세대를 상징하는 인물은 제임스 딘이다. 그는 〈이유 없는 반항〉〈자이언트〉 등 많은 작품에서 보여준 삐딱한 눈빛 연기를 통해 반항의 아이콘이 되었다. 그의 출세작은 성경 속 카인과 아벨 이야기를 모티브로 한 〈에덴의 동쪽〉이다. 부자간의 애증과 출생의 비밀 등이 버무려진 비극이다. 거기서 그는 어두운 가정에서 자란 섬세하고 예리한 동생 칼을 연기하며 청년들의 고민과 방황을 대변했다.

〈에덴의 동쪽〉의 원작자는 존 스타인벡이다. 스타인벡 자신은 상실의 세대에 속했다. 그래서 주로 미국 사회의 어두운 면과 모순을 그렸다. 대공황 당시 하층민들의 처절한 삶을 그린 그의 『분노의 포도』는 독자들의 심금을 울려 뉴딜정책의 원동력이 되었다. 사실주의에 입각한 그의 작품이 난국 돌파에 기여한 것이다.

1955년 제임스 딘이 자동차 사고로 죽었다. 7년 뒤인 1962년 존 스타인벡이 노벨문학상을 받았다. 대공황의 비참한 모습을 외면하지 않고 그대로 그린, 그의 사실주의 문학관에 대한 치하였다.

난국을 돌파하려면 일단 문제와 맞서야 한다. 작가 F. 스콧 피츠제럴드는 상실의 세대에 속했지만, 낭만적 이상을 버리지 않았다. 그의 대표작인 『위대한 개츠비』는 이런 식으로 끝을 맺는다. '그리하여 우리는 앞으로 계속 노를 젓는다. 물살에 떠밀려 끊임없이 과거로 후퇴하는 운명 속에서도.' 오늘날 미국인들이 애송하는 이 명문장은 미국 사회의 역동성을 웅변한다.

대답보다 질문이 중요하다

———

몇 년 전 우리나라에서 큰 인기를 끌었던 드라마 〈SKY 캐슬〉과 비슷한 이야기가 중국에도 있었다. 〈샤오셔더小舍得〉라는 드라마다. 명문 중학교에 들어가기 위해 초등학생들에게 고등학교 수준의 어려운 공부를 강요하는, 중국의 교육 현실을 신랄하고 코믹하게 풍자한 작품이다.

어린아이를 과중한 과외 공부로 내모는 일을 중국인들은 '지와鸡娃'라고 부른다. 병아리의 피를 뽑는다는 뜻이다. 그 점에서는 우리나라도 만만치 않았다. 소위 '명문 중학교' 입학을 위해 병아리의 피를 뽑는 듯한, 아동 학대 수준의 과외 공부가 필요했다.

중학교 입시 경쟁은 한국전쟁이 끝난 뒤 불었던 베이비붐의 영향으로 시작되었다. 정부가 부지런히 중학교를 지었지만, 교육의 질과 시설은 평준화되지 못했다. 학생들이 지망하는 학교가 한정되다보니 학교에 서열이 매겨졌다. '전기 중학교' 입학시험에 떨어진 아이들은 '후기 중학교'로 발길을 돌리거나 재수를 해야 했다. 어린 학생들에게는 큰 상처였다.

1964년 12월 7일 전기 중학교 입학시험이 치러졌다. 자연 18번 문제는 "찹쌀로 엿을 만들 때 필요한 것"이 뭔지 물었다. 정답은 디아스타아제였는데, 상당수 학생들이 '무즙'을 골랐다. 이 무즙에도 약간의 디아스타아제가 들어 있다.

학부모들이 이의를 제기하자 서울시 교육감이 복수 정답을 허용할지 말지 우왕좌왕했다. 교육 당국이 갈팡질팡하는 모습에 화가 난 어머니 20여 명이 12월 22일 교육감실에 난입했다. 그리고 실제 무즙으로 만든 엿을 들고 "이 엿 먹어봐라" 하며 밤샘 농성을 했다. "엿 먹어라"라는 욕이 이때 나왔다.

교육 당국과 어머니의 다툼은 법정으로 갔고, 판사는 무즙도 정답으로 인정했다. 그 덕에 18번 문제를 틀려서 후기 중학교로 입학했던 학생들이 2학기에 원하던 전기 중학교로 전학했다. 그런 소동 끝에 1969년 중학교 입학시험이 폐지되고 무시험 추첨제도가 도입되었다. 어머니와 어린 학생들은 환호했다.

2021년 대입 수능 시험에서 또 오류가 발견됐다. 이번에도 생명과학 과목이 문제였다. 전원 정답 처리되고 평가원장이 책임을 지고 사퇴했다. 애초에 질문이 잘못되면 답이 꼬인다. 비단 시험뿐만 아니라 인생도 그러하다. 수험생들에게 그걸 알려주려고 가끔 소동이 빚어지는 걸까?

현재에 충실하라

T. S. 엘리엇은 "4월은 가장 잔인한 달"이라고 말했다. 우리나라에서는 4·19 혁명과 세월호 사건이 4월에 있었다. 그 중간쯤에 와우아

파트 붕괴 사고가 있었다. 완공된 지 넉 달도 안 된 아파트가 한밤중에 무너져 잠을 자던 30여 명이 죽었다. 1970년 4월 8일이었다.

사고 직후 조사해보니 모든 것이 엉터리였다. 깎아지른 산중턱의 아파트 단지를 불과 6개월 만에 지었다. 당시 평당 건축비가 평균 4만 원인데, 고작 1만 8천 원에 지었다. 시공업체는 하청업체에게 커미션을 받은 뒤 잠적하고, 하청업체는 서울시가 공급한 철근과 시멘트를 빼돌렸다. 그 일부는 경찰서장이 소유한 근처 목욕탕을 짓는 데로 흘러갔다. 공사 감독자들이 뇌물을 먹은 것은 물론이다.

사고 직후 군 출신의 김현옥 서울시장이 사퇴했다. 그의 별명은 불도저였다. 강변북로와 세운상가, 여의도 윤중제, 북악스카이웨이, 남산 1·2호 터널, 서울역 고가도로 등을 4년 만에 다 완성했다. 와우아파트는 3년간 아파트 10만 호를 짓는다는 큰 계획의 일부였다. 그는 아주 먼 미래만 바라보며 모든 불가능을 불도저로 밀어버렸다.

그 시절 정반대의 인물도 있었다. 산업은행 출신의 서진수 한국은행 총재는 별명이 '먼로주의'였다. 세상과 동떨어져서 한국은행을 존재감 없는 고립된 조직으로 이끌었기 때문이다. 그런데 와우아파트 사고가 나던 즈음 우량 기업에게는 일정 금액을 자동 대출하도록 했다. 정치권이 미리 언질해준 업체에는 대출 심사를 생략토록 한 것이다. 그는 신사적이며 겸손했지만, 힘센 사람과 부딪히는 상황은 피했다. 자기 목소리를 죽이고 요구받은 일을 군말 없이 따랐다. 코앞만 바라봤으니 재임중의 업적은 찾기 힘들다.

김현옥과 서진수는 보는 관점과 일하는 방식이 완전히 달랐다. 그래도 위험하기는 마찬가지다. T. S. 엘리엇은 「번트 노턴」이란 시에서 과거의 시간과 미래의 시간, 그러니까 있을 수 있었던 일과 있었던 일은 한끝으로 모이는데 그 끝은 언제나 현재라고 말한 바 있다. 현재에 충실하지 않으면 미래에 충실할 수 없다.

돈보다 값진 행동 |||||||||||||||||||||||||||||||||||||||||||||||

아령과 요령

———

당나라와 송나라 때 뛰어난 문장가 여덟 명을 '당송팔대가'라고
부른다. 그중에서도 소순, 소식, 소철 삼부자를 '삼소三蘇'라고 한다.

우리나라에서 삼소에 맞먹는 사람을 찾는다면, 단연 '변씨삼절
卞氏三絶'이다. 수원 출신인 변영만, 변영태, 변영로 세 형제다. 막내
인 변영로는 시조 「논개」를 쓴 시인으로 유명하지만 원래 기자였
다. 손기정 선수가 베를린올림픽 마라톤에서 금메달을 따자 일장기
가 붙은 상반신을 지운 채 "세계를 제패한 두 다리"라는 제목으로
보도했다. 다리만 찍힌 사진을 본 조선총독부는 사상이 불순하다
며 그를 해고했다.

맏형 변영만의 항일 활동은 더 적극적이었다. 안중근 의사의 의거

를 변호하려다가 제지당한 뒤 인권변호사가 되어 총독부와 늘 대립했다. 해방 후에는 반민족행위특별조사위원회 위원장을 맡았다. 그런데 이승만 대통령이 그 위원회를 해체했다. 그러자 초대 법무장관 제의를 물리치고 교수가 되었다. 기이하게도 법학이 아닌 어문학을 가르쳤다. 한학, 영문학, 국문학, 심지어 산스크리트어까지 가르쳤다.

변영만에게 법무장관직을 거절당한 이승만 대통령은 둘째 변영태에게 초대 외무장관 자리를 제의했다. 변영태는 형과 의절하는 아픔을 감수하고 그 제의를 수락했다. 장관 변영태의 현실감각은 탁월했다. 독도 분쟁을 국제사법재판소로 회부하자는 일본의 속셈을 간파하고 단칼에 거절했다. 그리고 "독도는 의심의 여지가 없는 한국 땅"이라는 절대 명제를 확립했다.

이후 패전국 일본이 국제통화기금에 가입하자 변영태는 한국이 외톨이가 될 것을 근심했다. 하지만 그 자신은 해외에서 늘 외톨이였다. 귀한 외화를 낭비할까봐 호텔방을 나가지 않았다. 그저 집에서 가져간 아령으로 체조하며 고독하게 시간을 보냈다.

그의 아령은 묵직했다. 요즘 공직자는 법인카드를 쓰면서 여러 방법으로 요령을 피운다. 심지어 가족들이 법인카드를 쓰기도 한다. 자기 자신에게 엄격했던 변영태의 '아령 정신'이 그립다.

어떤 극일

1918년 1월 우드로 윌슨 미국 대통령이 의회 연설에서 밝힌 민족자결주의 원칙은 조선의 지식인들에게 한줄기 빛이었다. 1년 뒤인 1919년 2월 1일 중국 지린성에서 39인의 지식인이, 2월 8일에는 일본 도쿄에서 11인의 유학생이, 그리고 3월 1일에는 서울에서 33인의 사회 지도자가 연쇄적으로 독립선언서를 발표했다.

당시 도쿄에는 조선 유학생이 천 명 넘게 있었다. 그들의 유학 목적은 조선의 권익 신장에 있었으므로 일본에서 교육을 받으면서도 반일 감정이 컸다. 게이오대학교 이재학과(경제학과) 3학년 김도연도 그중 하나였다. 그는 2·8 독립선언을 주동한 죄로 9개월의 금고형을 받는 바람에 졸업 자격을 잃었다. 그러자 다시 미국으로 건너갔다.

천신만고 끝에 미국 경제학 박사가 된 김도연은 1932년 귀국한 뒤 연희전문학교 교수가 되었다. 하지만 총독부가 식민 교육을 강요하는 상황에 염증을 느끼고 곧 교단을 떠났다. 그리고 사업가가 되어 항일운동에 뛰어들었다. 창씨개명을 거부하여 요주의 인물로 찍히고, 조선어학회 사건에 연루되어 또 한번 형무소로 끌려갔다. 해방이 되자 정치에 투신하여 초대 재무장관이 되었다.

이승만 대통령은 대한민국을 일본처럼 산업국가로 만들려고 했다. 그런데 미국이 동의하지 않았다. 농업국가인 한국은 공업국가인 일본에게 식량과 지하자원을 공급하는 것이 순리라면서 '경제 안정

15원칙'을 요구했다. 성장보다 인플레 억제와 무역 적자 해소가 더 급하다는 뜻이었다.

김도연이 묘안을 짰다. 한국이 산업국가를 지향하면서도 미 연준과 같은 독립적인 중앙은행을 통해 물가 안정을 포함한 '경제 안정 15원칙'을 지키겠다고 미국을 설득했다. 한국은행 설립안이었다. 정부로부터 독립된 중앙은행의 설치는 일본도 감히 꿈꾸지 못한 파격적인 금융 선진화였다. 김도연에게는 그것이 그만의 극일이었다.

대한민국을 살찌운 탈북민

1945년 8월 15일 일본이 패망했지만, 남조선에 미군이 들어온 것은 9월 8일이었다. 9월 2일 일본에게 정식 항복문서를 받느라 시간이 걸렸다. 미군이 법적 절차를 하나하나 밟는 사이 소련군은 다짜고짜 탱크를 끌고 내려와 8월 24일 평양을 접수한 뒤 실효적 지배에 돌입했다.

소련군의 첫번째 조치는 조선은행권 유통을 전면 금지하고 소련 군표를 화폐로 쓰는 것이었다. 그 조치는 북한 주민들의 강한 반발로 열흘 만에 취소되었다. 소련군의 행태는 그런 식이었다. 남한의 미군과는 비교할 수도 없이 난폭하고 즉흥적이었다.

술 취한 소련군 병사가 한밤중에 은행원의 집에 쳐들어가서 머리에 장총을 겨누며 은행 금고문을 열라고 협박하는 일도 있었다. 술값이 필요했던 것이다. 조선은행 해주지점 김유택(훗날 한국은행 총재, 부총리) 지배인은 그렇게 돈을 털리자 김일성 정권에 환멸을 느꼈다. 정든 고향을 버리고 혈혈단신 서울로 향했다. 한국전쟁 직전 아내와 아들(김철수 전 상공장관)을 서울로 불러들이기 전까지 눈물로 밤을 지새웠다.

비슷한 무렵 평양지점의 유창순(훗날 한국은행 총재, 국무총리), 청진지점의 장기영(부총리, IOC 위원), 신의주지점의 신병현(훗날 한국은행 총재, 부총리)도 비슷한 경험 끝에 서울로 향했다. 평양지점의 김성환(훗날 한국은행 총재)은 한국전쟁까지 기다렸다가 부산에서 합류했다.

그들 탈북민은 기상천외한 세금들로 중산층이 파괴되고 집단학습으로 지식인이 모멸받는 모습을 보고 고향을 등졌다. 아인슈타인처럼 나치를 피해 미국으로 피신한 유대인 과학자들이 미국 사회의 저력으로 자리잡았듯 소련군과 김일성을 피해 남하한 탈북 엘리트들은 훗날 남한 사회의 큰 저력이 되었다.

운명의 개척과 굴복 ||||||||||||||||||||||||||||||||||||||||||||||||||

운명을 바꾼 선행

운명은 거부할 수 없다지만 스스로 운명을 바꾸는 사람이 있다. 프랑스의 장바티스트 베르나도트가 그렇다. 그는 왕과 왕정을 거부하던 열렬한 공화주의자였다. 하지만 외국에 가서 스웨덴 왕 칼 14세가 되었다.

17세에 프랑스군에 졸병으로 입대한 베르나도트는 평민 출신이었기에 장교가 될 수 없었다. 그러나 혁명의 소용돌이 속에서 신분제도가 철폐되는 바람에 운좋게 장교로 진급했다. 그리고 참가하는 전투마다 큰 공을 세웠다. 나폴레옹은 그를 원수로 임명하고 혁명의 아이콘으로 키웠다.

그는 전투의 귀재였다. 프로이센의 뤼베크성은 철통같은 요새로 유명했지만, 베르나도트는 반나절 만에 성문을 뚫고 들어가 그 안에서 저항하던 프로이센군을 제압했다. 성안에는 전투 의지가 전혀 없는 2천 명의 스웨덴 병사도 있었다. 이미 다른 전투에서 패한 뒤 본국으로 돌아갈 배만 기다리던 그 처량한 포로들을 베르나도트는 가혹하게 다루지 않았다. 그들의 고단함을 측은히 여겨 정중히 예우한 뒤 귀국시켰다. 어떤 보상도 기대하지 않았다.

4년 후 스웨덴 왕실에 문제가 생겼다. 왕위를 계승할 사람이 없어 후계자를 두고 국론이 분열되었다. 그때 베르나도트가 후보로 급부상했다. 강력한 군사력을 갖춘 나폴레옹의 최측근인 그는 러시아를 견제하기에 유익했다. 위기에 몰린 스웨덴 포로들을 따뜻이 돌보는 인간미도 있었다.

외국 왕실에서 왕위 제안을 해오자 베르나도트는 농담으로 받아들였다. 하지만 초빙이 거듭되자 스웨덴 왕으로 즉위했다. 이후 노르웨이를 병합하여 거기서도 왕이 되었다. 그 발단은 1806년 11월 6일 뤼베크성에서 존재감 없는 외국인 포로들에게 베푼 아주 작은 선행이었다. 『명심보감』은 "선행을 쌓으면 반드시 경사가 따라온다積善之家必有餘慶"라고 일깨운다. 예수는 "너희가 여기 내 형제 중에 지극히 작은 자 하나에게 한 것이 곧 내게 한 것이니라"라고 가르쳤다.

은행원의 뚝심

다카하시 고레키요高橋是清는 풍운아 중의 풍운아다. 사생아로 태어나 남의 집에서 자랐으며, 십대 초반에는 남에게 속아 미국에서 노예 생활까지 했다. 간신히 탈출한 다카하시는 귀국해서 당시 대장성 고문이었던 영국인 알렉산더 샌드의 통역사가 되었다. 그리고 그를 도와 일본은행법을 만들었다. 자기가 만든 법률에 따라 일본은행 지점장 자리에 오르고 나중에 총재가 되었다. 그리고 재무장관과 총리까지 맡는다.

알렉산더 해밀턴의 일생도 비슷하다. 그는 카리브해에서 아버지를 모르는 사생아로 태어나 술집 점원으로 살았다. 이후 미국 독립 전쟁에 뛰어들어 큰 공을 세웠다. 그리고 자기가 만든 헌법에 따라 초대 재무장관이 되었다.

한국에도 비슷한 사람이 있다. 다카하시가 총리가 되던 해 태어난 신병현은 조선은행 직원이 되어 평안남도 진남포에서 해방을 맞았다. 소련군을 피해 월남했다가 미국인을 도와 한국은행법을 만들었다. 금융통화위원회니 통화신용정책이니 하는 말은 그가 만든 단어다. 훗날 그는 자기가 만든 한국은행법에 따라 한국은행 총재가 되었다.

풍운아 다카하시는 뚝심이 대단했다. 군부 개혁을 위해 군벌과 맞서는 일을 두려워하지 않았고, 그 바람에 쿠데타의 표적이 되었다.

신병현의 뚝심도 대단했다. 5·16 군사정변 직후 신병현은 미국 백악관 앞에서 쿠데타 반대 시위를 벌였다. 일인 시위의 시초였는데 그 바람에 요주의 인물로 찍혔다. 유신시대가 끝날 무렵에야 귀국이 허용되었다. 귀국한 뒤 스태그플레이션과 싸우는 한국은행 총재가 되었다. 제5공화국 시절 물가 안정은 사실 김재익 경제수석이 아닌 신병현의 공이다. 3년 6개월 동안 부총리 겸 경제기획원장관으로서 인기 없는 정책들을 우직하게 밀어붙였다. 그때 별명이 '곰바우'였다.

1999년 4월 4일 곰바우 신병현이 미국에서 타계했다. 고국의 외환위기를 걱정하며 잠 못 이루던 끝이었다. 상황이 어려울수록 신병현 같은 뚝심이 필요하다.

라인강의 기적을 일으킨 사람

화폐경제는 중앙은행과 화폐와 주권, 이 세 가지 요소로 구성된다. 논리적으로는 주권(헌법), 중앙은행, 화폐 순이지만, 현실은 다르다. 스웨덴의 헌법은 1719년에 제정되었고, 중앙은행은 그보다 빠른 1668년 설립되었다. 그래서 스웨덴 헌법에는 '릭스방크'라는 고유명사가 등장한다.

독일의 순서도 이상하다. 독일을 점령한 연합군이 1948년 도이치마르크라는 신 화폐를 먼저 발행하고, 이어서 1949년 헌법이 제정되었다. 독일 중앙은행 분데스방크는 한참 뒤인 1957년에야 설립되었다.

분데스방크 설립이 늦은 것은 나치의 악몽 때문이다. 히틀러는 제국은행(당시 중앙은행 역할을 했던 은행)을 전쟁의 도구로 이용했다. 재정정책 대신 통화정책을 통해 아우토반을 건설하고 군비를 확충했다. 연합군은 그런 일의 재발을 막기 위해 1948년 실험적인 중앙은행 렌더방크를 세웠다. 은행 지점장들끼리 모여서 통화정책을 결정하고 정부는 어떤 입김도 넣을 수 없는, 오늘날 유럽중앙은행의 원조였다. 그러나 연합군이 세운 그 중앙은행에는 독일이 잠재적 전쟁집단이라는 생각이 깔려 있다. 그것이 불쾌했던 독일인들은 연합군이 만든 중앙은행을 해체하고 다시 세웠다. 지금의 분데스방크다. 미 연준에 뒤지지 않는 독립성을 가질지는 불확실했다.

그때 독일 사람들은 분데스방크의 초대 총재 카를 블레싱을 믿었다. 그는 나치에게도 호락호락하지 않아 제국은행 이사에서 해임된 사람이다. 그 무렵 애국 장교들이 히틀러를 제거하려고 했다. 톰 크루즈 주연의 영화로도 소개된 '발키리 작전'이다. 그러나 1944년 7월 20일 폭탄이 제대로 터지지 않는 바람에 히틀러는 살고 주동자들은 전원 즉결 처형되었다. 만일 그들이 거사에 성공했다면 블레싱에게 중앙은행을 맡기려고 했다.

결국 블레싱은 총재가 되었다. 예상대로 블레싱은 12년간 총재로 일하면서 좌고우면하지 않았다. 뚝심 있게 물가 안정을 지킴으로써

'라인강의 기적'을 가능케 했다. 블레싱은 독일 경제의 블레싱(축복 blessing)이었다.

시대를 잘못 만난 비극
———

베토벤이 청력을 잃어 불우했다고 하지만, 사실 인복은 많았다. 그는 커피를 끓이기 전에 매번 커피 원두 60알을 셀 정도로 편집증이 심하고 알코올중독기까지 있었다. 굶어죽기 십상이었던 그가 역사에 이름을 남길 수 있었던 까닭은 그의 괴팍한 성격을 잘 참아준 후원가들 덕이다.

조선 후기 실학자 유수원은 진짜 불우했지만, 청력을 잃고 주변의 도움을 받은 면에서는 베토벤과 비슷했다. 24세에 과거시험에 급제할 만큼 명석했으나 역적 집안 출신인데다 소론少論에 속해서 지방을 떠돌았다. 풍토병에 걸려 청력까지 잃었다. 스스로 농객聾客, 즉 귀머거리라 비하하며 좌절했다.

유수원이 처량하고 답답한 심정으로 쓴 『우서迂書』는 '세상 물정에 어두워 실용적이지 못한 글'이라는 뜻이다. 그러나 이를 보고 감탄한 독자들이 "그가 헛되이 나이를 먹는 것이 아깝다"라며 왕에게 그를 천거했다. 탕평책을 추구하던 영조는 유수원을 불러 필담을 나누면서 그 총명함을 확인했다.

유수원은 시대를 앞섰다. 화폐 공급과 물가는 비례한다고 주장하며, 재정 고갈을 이유로 돈을 더 찍는 것을 만류했다. 공공재인 화폐는 잘 순환하는 것이 생명인데, 화폐가 부족하다고 느끼는 근본 원인이 부의 편중에 있다고 진단했다. 후대의 정약용보다 생각의 수준이 훨씬 높았을 뿐만 아니라 20세기 경제학자 케인스의 『화폐개혁론』과도 일맥상통한 주장이었다.

그러나 모함 앞에 무너졌다. 역모 누명을 쓰고 고문을 당한 뒤 능지처참되었고, 자식들은 교수형을 당했다. 유능한 사람이 그 유능함을 두려워하고 시기하는 다수의 횡포에 의해 희생된 셈이다. 그가 만일 다수파 노론老論한테 음해받지 않았다면 세상은 달라졌을 것이다.

1737년 영조가 『우서』를 읽고 단양군수 유수원을 면접했다. 그리고 사헌부로 불렀다. 오늘날에도 대통령이나 기관장들이 글을 읽고 인재를 발탁한다. 측근의 근거 없는 모함을 잘 걸러내야 탕평책이 성공한다.

아버지의 악행을 대신 사죄한 아들

일제강점기는 우리 민족에게 고통과 분노의 시간이었다. 친일파 후손들도 그때의 기억이 편치는 않다. 생물학자 우장춘이 그랬다.

그는 명성황후 시해범 우범선과 일본인 어머니 사이에서 장남으로 태어났다. 그래서 1950년 귀국할 때 주변에서 그의 안녕을 염려하는 사람들이 많았다. 하지만 "나는 한국인"이라며 고집스럽게 배를 탔다. 그리고 아버지의 업보를 씻는 마음으로 부산에서 여생을 보냈다.

1953년 일본의 어머니가 돌아가셨을 때 이승만 대통령은 우장춘의 변심을 의심하며 출국을 금지했다. 6·25전쟁중 현역 해군 소령으로 근무할 정도로 애국심이 컸던 우장춘은 그 의심까지 감내하며 아홉 번의 광복절을 정직하고 담담하게 맞았다. 출생 자체가 한일 근대사의 비극이었던 우장춘의 충정은 과학으로 빛난다. 씨 없는 수박 말고도 제주도의 감귤과 유채꽃, 병충해에 강한 강원도 감자는 그가 아버지를 대신하여 사죄하는 마음으로 만든 것들이다.

친일파의 후손 중에는 그렇지 않은 사람도 있다. 우범선과 함께 명성황후 시해에 가담했던 구연수의 장남 구용서(일본명 구하라 이치로)가 그렇다. 구연수가 조선총독부 고위 경찰이었던 덕에 그의 아들 구용서는 도쿄상대에서 유학을 마친 뒤 조선은행에 단독으로 채용되었다. 거기다가 조선인임에도 도쿄에서 근무하는 전무후무한 특혜를 누렸다. 거기서 친일파 송병준의 손녀 송지혜(일본명 노다 미에코)와 결혼했다. 광복 직후 귀국해서는 그런 과거를 꽁꽁 감추고 있다가 한국은행 초대 총재 자리에 올랐다.

우장춘과 달리 자신의 모든 것을 감추고 속였던 구용서는 해마다 광복절이 괴로웠으리라. 자기가 짊어져야 할 업보는 피했지만, 역사의 평가는 사후에도 계속된다.

경제사에 획을 긋다 ‖‖‖‖‖‖‖‖‖‖‖‖‖‖‖‖‖‖‖‖‖‖‖‖‖‖‖‖‖‖‖‖

시인의 감각으로 탄생한 금융 용어들

11월은 초록이 지쳐 단풍이 드는 계절이다. 감수성이 없더라도 늦가을 낙엽을 밟으며 걷다보면 누구나 조금씩 시인이 된다.

그런데 어떤 시인은 굉장히 세속적이다. 지천으로 널린 낙엽을 보고 인플레이션부터 떠올렸다. 김광균이다. 그는 1940년 초 발표한 「추일서정秋日抒情」이라는 시에서 낙엽을 폴란드 망명정부의 지폐에 빗댄다. 폴란드 망명정부가 뿌리는 돈이 낙엽처럼 무가치하다는 탄식이다.

김광균은 겨우 열세 살의 나이에 등단하여 정지용, 김기림 등과 함께 모더니즘을 개척한 시인이다. 본업은 고무 공장 사장이었다. 본인은 문학에 좀더 시간을 바치고 싶었지만 여의치 않았다. 동생이 일찍 죽는 바람에 가업을 이어받아 회사를 경영해야 했다. 사업을 하다보니 외국 사정에는 밝았다. 1939년 9월 나치가 폴란드를 침공하자 누구보다 빨리 그 사실을 입수하고 시의 소재로 끌어왔다. 아주 독특하고 모던한 발상이었다.

김광균은 사업이 바빠서 세 권의 시집밖에 남기지 못했다. 그러나 그의 자취는 금융계에 많이 남아 있다. 미군정 시절 김진형(훗날 한국은행 총재)과 장기영(훗날 경제부총리) 등 금융계 중견 간부들과 수요회라는 친목 모임을 만들고 스폰서가 되었다. 그리고 수요일 점심시간에 만나 일본이 남긴 금융 용어들을 우리말로 바꿨다. 수표(소절수小切手), 어음(수형手形), 환(위체爲替), 환전(양체兩替) 같은 말들이 그때 확정되었다.

그는 표현의 대가였다. 푸른 종소리가 분수처럼 흩어진다거나 길이 구겨진 넥타이처럼 풀어졌다는 식의 은유와 직유들은 지금 봐도 감각적이다. 이제 그는 떠났지만, 그의 걱정, 즉 추일서정은 남아 있다. 세계 도처에서 돈의 가치가 낙엽 같다는 걱정들이 많다.

수학자는 우주의 시를 읽는다

2022년 필즈상을 받은 미국 프린스턴대학교의 허준이 교수는 한국에서 자랐다. 그래서 그가 '수학계의 노벨상'이라는 큰 상을 받은 것이 우리에게도 기쁨이다. 흥미롭게도 그는 한때 시인을 꿈꿨다고 한다. 자랄 때는 기형도의 시집에 심취했고, 지금은 아일랜드 시인 데이비드 화이트의 작품을 사랑한다. 오직 종이와 펜에만 의존해서 상상을 펼친다는 점에서 수학과 시는 통한다는 것이 허준이 교수의 생각이다.

비슷한 생각을 가졌던 수학자가 또 있다. 19세기 러시아 수학자 소피야 코발렙스카야는 "시인의 영혼이 없으면 수학자가 될 수 없다"라고 단언했다. 그녀는 귀족 가문에서 태어났지만 여자라는 이유로 고등교육을 받을 수 없었다. 학업을 위해서 위장 결혼까지 감행하며 독일로 탈출했다. 그러나 독일도 마찬가지였다. 많은 대학교가 입학을 거부하는 바람에 여기저기 떠돌며 강의실 밖에서 수업을 엿듣거나 따로 개인 교습을 받았다.

천신만고 끝에 유럽 최초의 여성 수학 박사가 되었다. 하지만 가르칠 곳이 없었다. 여자라는 이유로 무보수 시간강사 직마저 거절당했다. 작은 가게에서 허드렛일을 하며 생계를 이어나갔다. 생활고에 쫓기던 그녀가 6년 만에 다시 펜을 잡고 논문을 썼다. 그 논문의 시적 아름다움에 감탄한 스톡홀름대학교가 그녀를 교수로 초빙하면서 그녀에게 새 인생이 열렸다. 프랑스에서 발표한 논문은 너무나 경이로워서 프랑스학술원이 규정을 고치고 상금을 올려줄 정도였다. 그러나 그 영광은 잠깐이었다. 남편은 자살하고, 그녀는 급성폐렴에 걸려 41세에 요절했다. 열두 살짜리 딸을 남기고.

그녀는 편미분방정식의 세계를 열었다. 그녀가 남긴 '코시-코발렙스카야 정리'는 시처럼 아름답고, 시처럼 널리 읽힌다. 물리학, 공학을 넘어 경제학에서도 쓰인다. 파생금융거래의 기초가 되는 '블랙-숄즈 방정식'도 거기서 출발한다. 시심을 가진 허준이 교수는 코발렙스카야보다 더 위대한 업적, 아니 시를 오래오래 쓰시길.

자본주의를 고친 자유주의 엘리트
—

산 좋고, 물 좋고, 정자까지 좋은 곳은 찾기 어렵다. 아무리 경치가 빼어난 곳이라도 무언가 하나쯤은 아쉬운 것이 있게 마련이다. 사람도 마찬가지다. 단테가 평생 짝사랑했던 베아트리체는 감히 넘볼 수 없는 부유한 집안에서 태어났고 눈부시게 아름다웠지만, 24세의 나이에 요절했다.

영국에도 같은 이름의 비어트리스가 있었다. 그녀는 집안도 좋고, 얼굴도 예쁘고, 사교적이며 거기에 교양과 식식까지 넘쳤다. 그녀를 만나본 청년들은 절망감에 빠졌다. 대화 도중에 뿜어나오는 그녀의 우아함과 총명함 앞에서 '넘사벽', 그러니까 감히 넘을 수 없는 고차원의 벽을 느꼈다.

웬만한 남자들은 그녀의 눈에 차지 않았다. 아니, 남자에게 관심조차 없었다. 훗날 수상이 된 조지프 체임벌린도 퇴짜를 맞았다. 그녀는 온통 사회 발전에만 관심이 있었다. 다만 급진 개혁에는 동의하지 않았다. 로마의 파비우스 장군처럼 지구전을 펼쳐야 개혁이 성공한다고 믿고, 그의 이름을 빌려 '페이비언협회'를 세웠다.

오늘날 싱크탱크의 원조인 페이비언협회는 '마이너리티 리포트'라는 조사를 통해 영국 사회의 빈곤 문제와 하층민들의 비참한 삶을 고발했다. 노동조합은 물론, 의무교육까지 반대하던 윈스턴 처칠도 그것을 읽은 뒤 생각을 바꿨다. 페이비언협회가 없었다면 자본주의의 질곡이 계속 축적되다가 사회적 소요 사태로 분출되었을 것이 틀림없다. 그녀가 세운 협회 덕분에 영국에서 최저임금제와 실업보험과 건강보험이 일찍 도입되었다.

결혼에 무관심하던 그녀가 34세에 갑자기 결혼을 발표했다. 그때 아버지는 말문이 막혔고 친구들과 청년들은 허망했다. 고르고 고른 신랑감이 너무나 평범했기 때문이다. 그래도 금슬은 굉장히 좋았다. 1943년 4월 30일 85세의 비어트리스 웹이 남편 곁에서 행복하게 눈을 감았다. '자유주의 엘리트' 비어트리스는 부부 사랑에서도 '넘사벽'이었다.

창조와 모방의 갈림길

———

인기 작곡가 유희열의 표절 시비 때문에 음악계가 한참 시끄러웠다. 본인이 사과문을 발표하고 방송에서 하차한 뒤에도 여진은 오랫동안 계속되었다. 아리스토텔레스가 『시학』에서 "모방은 창조의 어머니"라고 말했지만, 모방과 표절은 경계가 모호하고, 한국 사회는 모방보다 표절에 초점을 맞췄다.

아리스토텔레스의 말처럼 위대한 예술은 모방에서 시작된다. 피카소는 벨라스케스를 모방하던 끝에 추상화를 탄생시켰고, 김정희는 해서체를 흉내내다가 추사체를 만들었다. 괴테는 민간설화를 재구성하여 『파우스트』를 썼고, 셰익스피어는 고대로마시대 오비디우스의 『변신 이야기』를 수많은 작품으로 변형했다. 모두 표절의 언저리다.

셰익스피어가 모방한 작품 중에는 보카치오의 『데카메론』도 있다. 흑사병을 피해서 성당에 모인 남녀 열 명이 하루에 하나씩 이야기를 풀어 열흘 동안 총 100개의 이야기를 완성한다. 그 첫번째는 고리대금업자 이야기다. 당시에는 이자 수취가 불법이었다. 돈이 돈을 낳는 일은 조물주의 생명 창조에 도전하는, 신성모독이라고 여겨서다. 서양에서 이자 수취가 합법화된 것은 1515년 피에타법, 즉 '가난한 사람을 위한 법'이 제정되면서부터다. 가난한 사람들은 돈을 빌려서라도 일을 해야 굶어죽지 않는다는 생각에서 대금업을 합법화했다. 그때 법정최고금리는 연 5퍼센트였다.

흑사병을 배경으로 한 『데카메론』 속 이야기는 대체로 음울하지만, 밝은 이야기도 있다. 세번째 날 아홉번째 이야기는 여자가 남자에게 먼저 사랑을 고백해서 결혼하는 이야기다. 셰익스피어는 그 이야기를 표절 또는 모방해서 『끝이 좋으면 다 좋아』라는 희곡을 썼다.

셰익스피어가 남긴 많은 작품을 표절로 볼지 창작으로 볼지 의견이 분분하다. 무덤 속에서 셰익스피어는 "끝이 좋으면 다 좋아"라고 말하겠지만, 모방당한 입장이라면, 그렇게 웃어넘기지 못할 이가 많을 것이다.

맺음말

이 책을 펴내기 위한 막바지 작업을 할 즈음 할리우드 영화 〈듄 2〉를 봤다. 워낙 유명한 영화라서 따로 설명할 필요는 없으리라. 공상 과학을 다룬 그 영화에 인상적인 장면이 있었다. 예지력을 통해 미래를 볼 수 있더라도 과거를 알지 못한다면 볼 수 있는 것은 단지 미래의 한 장면일 뿐이라는 대화였다. 그렇다. 과거를 모르면 미래를 알 수 없다. 『역사란 무엇인가』를 쓴 E. H. 카는 "역사가는 과거를 상상하면서 미래를 기억한다"라고 했다. 과거와 미래는 이어져 있다는 말이다.

요즘 사람들은 미래에만 관심이 있다. '미국이 언제쯤 금리를 낮출까?' '비트코인이 미래의 화폐가 될까?' 하는 궁금증이 그 예다. 당장의 물가상승률을 보고 금리를 조절하는 것은 쉽다. 물이 뜨거우면 찬물을 섞는 작업과 별반 다르지 않다. 이는 전문가가 아니더라도 쉽게 할 수 있다. 핵심은 물가 흐름을 미리 짚는 데 있다. 그런데 물가에 필연적으로 영향을 미치는 고용과 생산이 물가와 불안정한 관계를 보인다. 그러므로 경제구조의 변화를 두루 살펴야만 비로소 물가와 금리의 향배를 조금 알 수 있다. 결국 경제정책을 결정하고 금융 상품에 투자하려면, 과거를 짚어야 한다.

화폐의 미래에 관한 추측은 유구하다. 이성계가 조선을 건국할 때도 화폐의 미래를 점쳤다. 그때 태조 이성계는 종이돈(저화楮貨)이 답이라고 결론 내렸다. 결과적으로는 맞았지만 정당한 추측은 아니었다(철학에서는 이런 결과를 두고 '인식 정당성이 없다'고 말한다). 이성계의 생각을 비롯해서 수없이 많았던 과거의 논의들은 모른 채 비트코인만 눈앞에 두고 화폐의 미래를 운운하는 것은 가소롭다.

이제 이 책을 다 읽고 책장을 덮는 독자들은 역사를 강조하는 필자의 생각을 이해하리라 믿는다. 아울러 오욕칠정에 이끌려 '돈을 밝혀온 세계사' 속에서 돈이 전부는 아니라는 결론에도 공감하기를 바란다. 이 책의 맨 처음 글을 기억하는가? 돈 자체가 감사한 마음을 오래 기억하려는 기록물로 출발했다는 사실을 명심하길 바란다. 계산적이고 천박한 인간에게 그런 측면도 있다. 이것이 '돈이 밝혀주는' 세계사의 역설적인 결론이다.

2024년 성하를 맞으며

돈 밝히는 세계사

문학, 철학, 역사를 넘나드는 최소한의 경제 교양

초판 인쇄 2024년 7월 5일
초판 발행 2024년 7월 16일

지은이 차현진
기획·책임편집 신기철 | 편집 심재경 김혜정
디자인 이정민 | 저작권 박지영 형소진 최은진 오서영
마케팅 정민호 서지화 한민아 이민경 안남영 왕지경 정경주 김수인 김혜원 김하연 김예진
브랜딩 함유지 함근아 고보미 박민재 김희숙 박다솔 조다현 정승민 배진성
제작 강신은 김동욱 이순호 | 제작처 한영문화사

펴낸곳 (주)문학동네 | 펴낸이 김소영
출판등록 1993년 10월 22일 제2003-000045호
주소 10881 경기도 파주시 회동길 210
전자우편 editor@munhak.com | 대표전화 031)955-8888 | 팩스 031)955-8855
문의전화 031)955-3579(마케팅), 031)955-3571(편집)
문학동네카페 http://cafe.naver.com/mhdn
인스타그램 @munhakdongne | 트위터 @munhakdongne
북클럽문학동네 http://bookclubmunhak.com

ISBN 979-11-416-0675-6 03320

www.munhak.com